如何培养学生的
批判性思维
写给教师的MiCOSA教学法

卡罗尔·罗宾逊·萨纳图（Carol Robinson-Zañartu）

［美］帕特丽西娅·多尔（Patricia Doerr）　　　　　　著

杰奎琳·波特曼（Jacqueline Portman）

祝莉丽　译

中国人民大学出版社
·北京·

作者简介

卡罗尔·罗宾逊·萨纳图（Carol Robinson-Zañartu），匹兹堡大学博士，曾独著或合著50多部关于教育的专业出版物，目前已申请并管理过1 100多万美元的联邦政府拨款，用于培养研究生或帮助缺乏教育资源的学生，特别是印第安人和西班牙裔学生。她历任教师、心理咨询师、校长和大学教授。在担任圣迭戈州立大学心理学系主任期间，她对校内教师和心理咨询师进行了培训，使他们能够根据学生的文化背景、课程内容或课程标准，在课堂上对学生进行评估和干预，帮助学生提高思维技能。她活跃于各个协会，历任国际认知教育和心理学协会（the International Association for Cognitive Education and Psychology）执行委员，美国学校心理学家学会（NASP）和美国教师教育认证委员会（NCATE）首席评审员，加利福尼亚州中介式学习协会（the California Association for Mediated Learning）前主席等。她曾为学区和大学提供各类咨询，并应邀为州、国家或国际专业协会做了近100次演讲。作为大学教授，她为研究生讲授认知技能的动态评估，并致力于研究如何通过课堂干预增强学生思维能力。

帕特丽西娅·多尔（Patricia Doerr），加利福尼亚州路德大学硕士，获特殊教育硕士学位和残疾儿童教育文凭（伦敦大学）。她曾在英国和美国讲授中小学特殊教育和通识教育课程，也做过大学阅读讲师。她曾担任特殊教育和语言艺术顾问、某县语言艺术和课程评估领域专家，以及私人治疗室的教育治疗师等。她撰写了大量语言艺术类的书籍和手册，并获优秀教师奖。她是加利福尼亚州阅读和文学课程"成果"（RESULTS）和"英语课前聚焦方法"（A Focused Approach to Frontloading EL Instruction）培训师、南海岸写作计划主持人和研究员、跨年级写作培训师和"智力阶梯"项目（MindLadder Project）顾问。作为加利福尼亚州中介式学习协会委员，她致力于研究多种思维技能开发模型，并多次在专业协会、中小学及大学进行演讲，介绍这些思维技能在课堂上的应用。

杰奎琳·波特曼（Jacqueline Portman），西班牙语学士，毕业于罗切斯特大学拿撒勒学院，为国家委员会认证的双语教师，拥有西班牙语等学科教学资格（圣迭戈州立大学）。她曾为1~6年级的小学生讲授远程和双语课程，也曾为大学生讲授思维在课堂上的引导作用。作为当地小学课程专家，她负责推进地区教职人员的发展和培训。作为国际儿童西班牙语文学专家，她曾发起"西班牙语二语学习"活动、参与编写地区英语和西班牙语写作教程、修订并翻译了地区数学课程，并举办语言艺术双语讲习班。她曾任"智力阶梯"项目顾问，以及加利福尼亚州中介式学习协会委员。过去15年间，她致力于向各学区、州及国家推广应用于课堂内外的认知教育程序。目前，结合正在讲授的五年级课程，她已成功地将技术和评估纳入了《通用核心州立标准》。近10年，她的课堂已成为圣迭戈州立大学研究生用于思维技能应用及练习的实验室。

前　言

　　你有没有遇到过这样的同事，听到你的想法后，他们和你一样兴奋，然后你发现，你们的工作相辅相成，思想的协同增效让你创造力倍增？几年前，我们三人就出现了这种协同增效。我们三人的教育经历各不相同，但我们有一个共同的追求，那就是帮助学生在有意义的环境中提高思考和学习技能。在研究者和实践者的工作基础上，我们每个人在课堂上都取得了巨大的成功。在分享和展示工作的过程中，我们发现，缺少后续阅读和好的学习书籍成了我们前进路上的绊脚石。我们找不到一本既实用又易于阅读的书，可以向教育工作者介绍如何巧妙组织和构建语言和教学，从而真正地帮助学生提高思维应用技能。我们找不到可以将课堂思维技能的"引导"作用与课程内容和标准结合起来的教学资源，也就无法帮助学生在现有的文化基础上进行知识迁移。鉴于这种情况，我们认为全力以赴推进这项工作势在必行。我们用字母缩写 MiCOSA 来表达该教学法的核心含义，意思是"课堂中的引导：批判性思维与开放性系统化教学方法"（Mediation in the Classroom：An Open Systems Approach）。

　　在编写本书的过程中，我们一直在思考几个问题：如何更好地帮助学生投身飞速变化的时代并从中胜出？学生如何有效提高所需技能，以达到通用核心课程标准，为未来的竞争做好思想和行动准备？如何确保 MiCOSA 教学法兼顾学生不同的文化、语言和学习方法，并尊重这些差异？要回答以上关键问题，我们需要广泛研究各类教学方法，并探索多年的课堂经验。

　　尽管当今有很多主打批判性思维的教材，但教师们却时常面临不知如何提高批判性思维技能的困境。这就是我们创建 MiCOSA 教学法的初衷。本书向教师介绍了如何使用引导框架（精心设计的对话）帮助学生在课程计划内提高、掌握和使用 21 种精选思维技能，从而提高其批判性思维。教师们可以利用此引导框架，帮助学生在不同背景下迁移思维技能，将家和学校甚至更远的地方联接起来，从而帮助学生对关键问题做出回应，以新的方式探索问题，更深入、更清晰、更准确地思考老师提出的问题和要求。

MiCOSA 教学法让教师在现有知识的基础上，以新的视角审视原有想法。例如，MiCOSA 教学法让我们结合学生原有知识与家庭背景文化知识，在注重课程内容和标准的基础上，积极开发思维技能，并将其应用于新的课程设计。同时，它还将各类应对式评估、新的思维评估及其迁移联系起来。此外，MiCOSA 教学法注重 21 世纪的环境、批判性思维习惯的养成，以及学生的多样性特点，支持他们发展个人能力和协作能力，通过创造性实践和项目学会创新和自我表达。预览本书的同僚曾说："这些年来，大家都提倡教学生思考，但没人告诉我们如何教他们进行思考，更没人告诉我们如何分析自己的思想。你们写的这本书让我感激涕零。"在补充内容中，我们还将介绍利用引导框架帮学生培养情感弹性。

本书主要特点

我们创建该教学法是为了帮助新老教师、行政人员、教师教育工作者和教辅人员等同僚在更深层次更高水平上理解教育，把学生培养成具有批判精神和创新精神的思想者。基于研究和用户需求，本书旨在设计一套集理念、技能、过程和实例为一体的教学法供教师学习使用，并力求其内容和理念适用于教学实践。因此，该教学法具有以下特征：

- 以 21 世纪所需技能为基础，并将其贯穿于 MiCOSA 教学法的概念、案例设想和策略。
- 以阐释 21 种思维技能为主线，力争使学生掌握课程内容，达到课程标准，具备 21 世纪所需的批判性思维，顺利通过各类思维技能测试。
- 以引导框架为手段，通过教师设计的对话和互动，帮助学生进一步掌握思维技能，使其完成各场景间的技能迁移。
- 以《通用核心州立标准》为指导，在课堂教学和课程计划中贯穿《通用核心州立标准》的各项要求，并从中提炼所需思维技能，确保 MiCOSA 教学法的 21 种思维技能以《通用核心州立标准》为指导，并为其修订提供借鉴意义。
- 推介 200 多种课堂策略，助力思维技能融入课程设计和教学。每种思维技能都有很多建议支撑，供教师不受课程内容和年级的约束自由选择。每条策略都建立在熟悉的技巧之上，可以衍生出很多融入课堂的新策略，详见本书和 PDToolkit 网站相关内容。

- 包含 21 种 MiCOSA 教学法思维技能卡片和海报，均印有图解和文字提示，帮助学生衔接和迁移思维技能。教师可以从 PDToolkit 网站下载卡片，用来支持、强化和衔接学生在不同课程领域的学习内容。教师可将海报贴在教室内，提醒学生在学习中应用这些思维技能。

- 展示真实课堂案例，帮助教师了解并应用相关概念。所有课堂案例均来自真实课堂。

- 以视频短片展示课堂教学。教师可以在 PDToolkit 网站上观看相关视频，极具"真实性"的视频能够帮助教师在总结他人经验的基础上，思考如何在课堂中提高学生特定技能。

- 重视学生复杂的文化背景。作为该教学法的重要手段，这对培养学生具备 21 世纪多元文化能力与全球意识至关重要。

- 采纳最新评估理念。MiCOSA 教学法采用独特的评估方法，帮助教师评估学生对各种思维技能的掌握情况。

- 提供《MiCOSA 课程设计指南》（简略版和详细版），帮助教师基于该教学法进行课程设计，整合思维技能、课程标准、评估方法、学生特点和教学内容。

- 展示教师对本书的反馈。在介绍各种思维技能时，我们会要求教师思考学生对该项技能的掌握情况，如："你班里有哪些学生不擅长_____"。在讨论完该技能的引导方法或相关问题后，我们会要求老师反思"如何引导班里不擅长_____思维技能的学生（上文提到的学生）"。

- 提供 MiCOSA 教学法结构化应用指南，介绍该教学法的应用方法，供个人、团队或学校使用，并提供参考资料。

本书的配套网站（PDToolkit 网站）

本书的读者可登录 PDToolkit 网站，获取各类配套资料，以配合本书阅读。读者可免费使用 12 个月，之后可按年付费订购。主要配套资料如下：

- 34 个 MiCOSA 教学法应用视频。
- 120 多种辅助策略和活动。
- 21 种思维技能的卡片和海报（可下载）。
- 思维技能评估问卷和访谈表。
- 教学设计范本与可下载的样表。
- 行政人员与教辅人员指南。

本书的概述与结构

本书围绕四个主题展开论述：MiCOSA 教学法的背景和理念、主要内容、实施方法，及其对未来的意义和启示，旨在深入探讨如何在 21 世纪培养学生的批判性思维，这种思维为何如此重要，以及如何在课堂上有效使用它。

第一编：MiCOSA 教学法的背景和理念（第一章）

第一编旨在介绍 MiCOSA 教学法的基本概念。第一章探讨学生在 21 世纪所需的新技能，以及提高学生思维的方法，指出 MiCOSA 教学法的三种核心理念：（1）以学生原有知识和文化为基础；（2）以引导对话为主要手段；（3）以培养 21 种批判性思维技能为目标。这三个理念相辅相成、相互促进。

第二编：MiCOSA 教学法的主要内容（第二章～第六章）

第二编旨在详细介绍 MiCOSA 教学法的主要内容，辅以课堂案例和支持策略，体现上述三种核心理念，即学生原有知识和文化基础、引导对话和 21 种思维技能。第二章探讨文化、语言、社区对学习的影响，以及教师如何利用 MiCOSA 教学法整合学生的文化背景、现有知识、固有思维和当前学习内容。第三章介绍贯穿全书的引导框架，并逐一讨论和描述各种类型的引导对话，以帮助学生独立、灵活、自主地掌握并使用各种思维技能，其中包括：（1）目的互动型；（2）引导意义型；（3）衔接思维型；（4）自我调节型；（5）培养能力型。

第四、五、六章介绍利用 MiCOSA 教学法培养的 21 种思维技能，这些思维技能与课堂教学息息相关，可以应对身边各种变化。我们将这些思维技能搭建成三阶段框架：收集信息的思维技能（第四章）；转换信息的思维技能，包括经常提到的批判性思维或执行技能（第五章）；传达信息的思维技能（第六章）。在每一章中，我们会先介绍某种思维技能的定义，然后通过情景实例展示学生对该思维技能的使用效果。接下来，我们会介绍如何在课堂上引导或帮助学生改变思维技能。最后，为每种思维技能提供了多种支持发展策略。

第三编：MiCOSA 教学法的实施方法（第七章～第十章）

第七章介绍如何帮助教师整合课程标准与思维技能。鉴于学生需要掌握新技能，以应对未来的学习，第八章介绍如何利用结构化方法帮助学生有意地进行技能迁移。此外，还概述了如何利用狭义大概念（CBI）和广义大概念（BBI）指导教学。第九章介绍主要思维技能的评估方法，配合基于问题的形成性评估，能够引导学生学习掌握相关技能。第十章提供《MiCOSA 教师课程设计指南》和《MiCOSA 课程设计指南》，帮助教师全面掌握该教学法。

第四编：MiCOSA 教学法的意义和启示（第十一章）

成功掌握某种思维技能，会激励学生在未来的学习中秉承批判性思考，也会提高他们面对挑战和困难时的适应能力。在第十一章中，我们研究证明，良好的师生关系对提高学生心理承受力至关重要。利用 MiCOSA 教学法引导框架，你将了解教师如何帮助学生提升心理承受力。

MiCOSA：结构化教学法

本书提供的资源可被多元化利用，其中，利用结构化小组研讨进行学习设计是重要手段之一。下表将帮助教师和学校实施 MiCOSA 教学法。秉承两段式方法，我们既可以帮助部分教师按照自己的节奏逐步进行，也可以指导整个学校进行为期两年的全面实施。该指南介绍了系列阅读和系列活动，供教师补充和回顾各章节内容，并将其与课堂内容相衔接。多数章节附有活动组织者笔记，读者可以从 PDToolkit 网站上下载。更多信息详见 PDToolkit 网站《行政人员与教辅人员指南》。

在第一阶段，我们列出了系列阅读和系列活动，旨在帮助教师逐章学习。在每一章中，教师可以反思自己的课堂教学或学生的课堂表现，并根据表中活动组织者的建议组织各章节的小组研讨。PDToolkit 网站提供各活动的组织信息及表格，最终帮助教师完善课程综合设计，完成教学任务。

第一阶段：MiCOSA 教学法的实施：逐章进行

	章节主题	活动笔记用以复习各章学习内容。可在 PLC 上与同事分享。
第一章	MiCOSA 教学法及其在 21 世纪的背景	阅读、讨论、提出问题。
第二章	原有知识和文化基础	给学生家长写信，了解学生的家庭、文化背景和原有知识。(* 样本信)
第三章	强化思维的引导对话	了解明日课程，设计五种对话。(* 组织者)
第四章	收集信息的思维技能	了解本周课程，确定每日介绍的此类思维技能，为每种思维技能构建衔接原则。(* 组织者)
第五章	转换信息的思维技能	了解本周课程，确定每日介绍的此类思维技能，为每种思维技能构建衔接原则。(* 组织者)
第六章	传达信息的思维技能	了解本周课程，确定每日介绍的此类思维技能，为每种思维技能构建衔接原则。(* 组织者)

第七章	课程标准：确定思维技能并明确教学目标	利用第七章介绍的方法，基于相关课程标准，确定教学目标和思维技能目标。也可以结合课程与思维，设定共同目标，本周重复四次。(*组织者)
第八章	知识迁移：提炼大概念	本周，介绍狭义大概念（CBI）和广义大概念（BBI）及其迁移原则，并将其在教学中实践三天。(*组织者)
第九章	评估的力量	基于课程标准，确定核心理念、课程目标和核心问题，围绕教学内容和思维技能目标设计预评估、课后评估和形成性评估。可以利用 MiCOSA 教学法提供的《学生思维技能调查表》。(PDToolkit 网站)(*组织者)
第十章	课程设计：整合各类元素	完成一堂课完整的教学设计。利用《MiCOSA 教学法教学设计指南》样表，以引导对话的方式。(*PDToolkit 网站提供的《MiCOSA 教学法课堂设计指南》)
第十一章	提高对学生的期望，增强学生心理承受力	找出需要增强心理承受力的学生，对其进行为期四天的保护培养，可以利用本章或 PDToolkit 网站上的某些策略。

* 建议活动组织者参见 PDToolkit 网站。

第二阶段：利用 MiCOSA 教学法进行教学设计：团队合作

第1个月：依托团队，设计并试讲一堂课	第1周：在本学年中，教师所在年级及小组应每两周审查一次课程标准，确定要培养的某种新思维技能。利用 MiCOSA 教学法的思维技能评估法，明确学生的优势和劣势，确定其技能发展目标。 第2周：调整前期课程模式，将其纳入 MiCOSA 教学法框架，并融入思维技能、引导对话和衔接原则。基于所学知识，与团队尝试设计一些对话和问题，注意体现 CBI、BBI（及相应基本问题）、预评估、后评估、形成性评估。 第3周：将教学设计与团队及同事分享，请他们给出反馈和完善意见，找出其中的亮点和创新点。 第4周：进行第一堂 MiCOSA 课堂试讲。展示相关思维技能和基本问题（网络和教室），介绍帮助学生的衔接原则。在会议、网络或论坛中向同事进行汇报，介绍从各类评估结果中得到的反馈、取得的成果、补充或调整的内容，并与其分享成功。

第2个月：设计并讲授两节课，获得团队支持和反馈	第1周：依托团队，投入第二堂 MiCOSA 课的教学设计。 第2周：进行第二堂 MiCOSA 课堂教学。展示相关思维技能和基本问题（网络和教室），介绍帮助学生的衔接原则。如有可能，可将此思维技能融入本周其他课程中（结合衔接原则），让学生思考所学技能如何助其完成新的任务。 第3周：在年级（或主题）会议上汇报你的收获，分享课程设计，听取改进意见。在本周内完成第三堂课的教学设计。 第4周：进行第三堂 MiCOSA 课堂教学。展示相关思维技能、基本问题和衔接原则。与团队同事交流思想，找出优缺点，并讨论评估反馈。
第3~8个月：依托团队，设计并讲授两堂课；利用衔接原则拓展学生的学习内容	第1周：依托团队，投入下一堂 MiCOSA 课的教学设计。 第2周：进行 MiCOSA 课堂教学。展示相关思维技能和基本问题（网上、教室内），介绍帮助学生的衔接原则。如有可能，可将此思维技能融入本周其他课程中，让学生思考所学技能如何助其完成新的任务（结合衔接原则），及其在校外生活中发挥的作用。鼓励学生思考评估对学习的促进作用。 第3周：在年级（或主题）会议上汇报你的收获，分享课程设计，听取改进意见，讨论评估反馈。结合对教学进度和评估的反馈，开始下一堂课的教学设计。 第4周：进行 MiCOSA 课堂教学。展示相关思维技能和基本问题，介绍帮助学生的衔接原则。与团队同事交流思想。
第9~10个月	年级小组：分别与高年级和低年级小组进行交流，分享年度课程计划及年内开发的课程，并讨论学生目前的成长状况。在学校教学和课堂评估的基础上，利用 MiCOSA 教学法学生思维技能评估问卷进行再评估，以便向后续教师传递信息、与其分享典型课堂和工作经验，从而了解学生未来的发展情况法，以及当前的教学方向。 主题小组：与两个主题小组进行交流并分享年度课程计划，每人分享一节年内开发的课程，从而让你了解学生从其他老师学到的知识，以及低年级学生的学习情况，为今后的课堂设计积累更多想法。

　　教师将在第一阶段完成一整堂课的教学设计，因此必须承担更多工作，面对更多不确定性，这样才能在第二阶段展示教学成果！在第二阶段或第二年，教师可以在第一个月放慢节奏，确保有足够的时间进行回顾和修改，并认真听取他人对其第一堂课的反馈意见。在第一堂课的教学过程中，教师要展示相关思维技能（网络、公告栏或教室）。随着学生衔接原则的形成，教师也要介绍

相关衔接原则（结合课程内容和思维技能）。此后，教师及其小组成员每月都要设计并讲授两堂新的 MiCOSA 课程（或用 MiCOSA 教学法讲授以前的课程）。在教学过程中，教师应随时展示思维技能和学生的衔接原则（网络、公告栏或教室）。很多教师会发现该思维技能也可以应用于其他课堂。在让学生思考所学技能如何助其完成新的任务时，教师会惊讶于学生的表现，因为他们很快就可以相当自然地衔接迁移了。

6 个月后，教师们会完成对所有思维技的介绍，并带领学生进行复习。到第 24 周，课堂将成功整合多种思维技能。即使在长达 4 周的时间里，教师一直在忙于 MiCOSA 教学法的准备和测试工作，但最后两个月，教师可以基于多种思维技能的整合和修改，帮助学生确定并巩固较薄弱的思维技能。年终岁尾之际，每位教师都将上满 21 堂课，也会分享到同事的 21 堂同年级（高年级）课程。

21 世纪要求学生具备较强的创新能力、执行能力、合作能力和领导能力，这正是我们开展这项工作的强大时代背景。我们期待您的加入，共同努力培养更为强大的接班人！

卡罗尔·罗宾逊·萨纳图

帕特丽西娅·多尔

杰奎琳·波特曼

致　谢

谨以此书献给致力于教学和教改，激励我们推进 MiCOSA 教学法的人士：

- 感谢鲁文·福伊尔斯坦博士（Dr. Reuven Feuerstein），他工作有热情，不惧困难，善于发现能力超群的学习者，他的理论和课程为我们的工作奠定了基础。

- 感谢行动大师摩根斯·詹森博士（Dr. Mogens Jensen），感谢他深邃的思考、卓越的才智和惊人的创造力，更感谢他对青少年可塑性的探索。

- 感谢特尔·詹森博士（Dr. Tre Jensen），他将生涩的概念"翻译"成易懂可行的策略，供家长和孩子在日常生活中共同实践。

- 感谢拉里·埃默森博士（Dr. Larry Emerson），他基于本土世界观和文化设计的课程，展示了青少年责任感和风采的转变，他的指导和示范让我们受益匪浅。

- 感谢阿萨·希利亚德博士（Dr. Asa Hilliard）的热情和友谊，感谢他认可并相信引导对话可以开发学生的潜能，感谢他引导文化平权教学，树立了出色的非裔美国学者的典范。

- 感谢路易丝·坎贝尔博士（Dr. Lois Campbell）的热情和感召力，她感染了教育工作者，把他们聚到一起，促进学校教学引导方式的理论和实践发展。

- 感谢卡罗尔·根里希博士（Dr. Carol Genrich）为教育工作者提供的认知视角，使他们可以看到教学背后的思考及学生的反馈。

此外，我们还要感谢各位家人、朋友和同事，是他们的支持让这项工作取得了丰硕的成果：

- 感谢那些从小被"教育引导"，又在社区和学校等处发挥引导作用的孩子们：布兰登、弗雷迪、菲利佩、丹、尼克和卡拉。感谢我们的搭档汉斯和比尔，感谢我们的好朋友和同事对本项目坚定不移的支持和信心。

- 感谢圣迭戈州立大学的多位研究生。目前，作为职业教育工作者，他们实践着本书中的方法，帮助孩子改变自己的学习和生活。他们是克里斯特尔·阿圭勒、诺埃·阿尔瓦拉多、马琳·阿门塔、塔妮娅·阿里亚加、阿莉萨·阿什利、约兰达·巴尔巴、克里斯蒂娜·本顿、迪安德拉·本顿、纳塔利娅·卡多佐、塔妮娅·卡斯特罗、埃米·克拉里、安杰莉卡·孔特雷拉斯、阿曼达·埃斯特拉达、凯瑟琳·加尔万、阿曼多·戈迪内斯、利塞特·戈麦斯、利利安娜·冈萨雷斯、奥尤基·冈萨雷斯、奥斯卡·格拉杰达、杰茜卡·古铁雷斯、阿姆纳·哈桑、孔强、珍妮弗·伊纳巴、阿亚科·埃基达、切尔赛·吉米、安迪·金、玛丽萨·洛佩斯、尼古拉斯·麦金托什、谢雷尔·麦克莱恩、德里克·莫伦布鲁克、米歇尔·莫里森、范·阮吉、克里斯蒂娜·诺吉拉、卡伦·努涅斯、伊夫琳·安提弗罗斯、萨拉·奥弗顿、纳塔利娅·庞蒂诺、雅各芭·普赖斯、马洛里·雷坎尔、莫妮卡·罗洛夫、迪德拉·史密斯、亚萨曼·塔莱加尼、基尤·唐、罗谢尔·特莱布利科、贾妮丝·佐、博阿·熊。

感谢圣马科斯校区帕洛马小学的孩子们，感谢教学行政人员埃里克·福塞思特、丹·特鲁希略、伊丽莎白·奥图尔、特雷西·加西亚、安东尼·巴雷拉，在过去几年中，他们与我们合作实践，支持孩子们的学习。

- 感谢科尼霍谷联合学区的行政人员蒂姆·史蒂文斯博士、埃莉·洛夫博士和安东尼奥·卡斯特罗博士对这项工作早期的热情支持。感谢梅多斯小学和洛斯·塞里托斯中学的学生，他们曾在开发 MiCOSA 教学法策略工作中添砖加瓦。

- 感谢同事们提出的宝贵意见，特别感谢萨斯基亚·玛丽亚·博姆、玛丽科·凯维、埃莉·洛夫和卡斯加·布彻。

- 感谢鲁迪·瓦卡多次赴帕洛马小学录制视频。

- 感谢汉斯·多尔赴洛斯·塞里托斯中学录制视频。

- 感谢菲利佩·萨纳图利用技术专长，出色地为我们完成视频编辑工作，感谢他在整个项目中提供的支持。

- 感谢詹姆斯·比伦德博士为本书命名提出的绝佳建议。

- 感谢培生公司的各位编辑、保障人员和审阅人员，是他们共同努力推进了本书的出版工作。最后，我们要由衷地感谢培生公司杰出的执行开发总编琳达·毕肖普，感谢她目光敏锐、把握变化、充满信心、热情支持，为我们的工作赋予新的希望。

目　录

第三编　MiCOSA 教学法的实施方法

第四编　MiCOSA 教学法的意义和启示

第一编

MiCOSA 教学法的
背景和理念

Part I

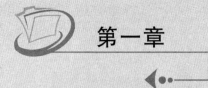

第一章

MiCOSA 教学法及其
在 21 世纪的应用背景

批判性思维在 21 世纪至关重要，MiCOSA 教学法有助于保证学生具备批判性思维所需的基础思维技能和高级思维技能。MiCOSA 是一个缩略语，其意思是"课堂中的引导：批判性思维与开放性系统化教学方法"。

学生在教室内如火如荼地分组研究移民问题。其中，第一组向大家阐释移民为何离开家乡迁往美国；第二组研究移民对美洲原住民的破坏性影响；第三组查阅移民和部落领袖的第一手资料，比较他们的观点；第四组则通过网络电话，询问家人为何及如何来的美国。老师坐在学生中间，一眼望去很难找到老师，他专心地倾听学生的讲解，不时地问一些发人深省的引导问题，引导学生更深入地进行批判性思考。

在 21 世纪，学生接触的信息激增，获取信息的途径也多种多样。然而，这些信息来源差别很大，有专家的也有新手的，有原始可靠的信息源也有纯粹的道听途说。如果学生能够区分有用信息和无关信息、有效信息和无效信息，并能够有效地对信息进行分类、选择、组合和创造，那么他们将比那些随意使用信息的学生有更大的优势。

向学生传授这些所需的思维技能，意味着教师们不再只关注课程内容，而是同样关注获取、使用和创造课程内容的过程。教师们需要一个框架，来学习如何教授思维技能并将思维技能整合到丰富的课程内容中。MiCOSA 教学法提供了这种教学框架。

21 世纪的背景

面向 21 世纪的教学要求老师转变角色。因为新思想的产生的速度要远远快过教科书的出版速度，你必须让学生准备好应对尚未出现的问题（Darling-Hammond，2010），利用尚未开发的技术，使用尚未普及的概念。你必须要求学生进行批判性思考、跨群体协作，并创造新的想法。为了解决这些问题，商界和教育界的领头人（Partnership for 21st Century Skills，2009；The New Commission on the Skills of the American Workforce，2007）列出了 21 世纪学生所需的多种能力和技能，其中包括：

- 批判性思维和解决问题的能力。
- 创新性思维。
- 使用技术的能力。
- 协作、团队合作和领导能力。
- 跨文化能力、沟通能力和全球意识。

通过 MiCOSA 教学法，你可以将这些 21 世纪所需的能力与技能融入到一个框架中，让学生积极思考他们在做什么，如何将他们的知识迁移到项目或课程之外。你将帮助他们培养新的思维技能，帮助他们更好地解决问题，拥有更强的自主性和创造力。

21 世纪的学习

在 21 世纪，使学生充分理解英语、数学、科学及文学、历史、艺术中的相关概念依然是学校教育的核心。但是现在，我们将把这些概念与批判性思维和协作等 21 世纪技能相结合。例如，你可能会让学生一起分析同一话题的几个信息来源（包括纸质信息源、电子信息源、视频或采访），而不是让学生阅读一段文字然后回答与所读信息相关的问题。然后，学生可以通过这些信息来对比关键要点，进行辩论，然后总结出选择某种信息源的理由。这其中可能包括如何在"现实世界"中使用该信息解决问题。将 21 世纪所需的技能融入到学习中可以提高学生的参与度、记忆力和迁移学习的能力。如果查看《通用核心课程标准》，你会发现很多技能都包含在内。MiCOSA 教学法将告诉你如何将这些技能融入教学。

批判性思维和解决问题的能力。批判性思维体现在运用多种思维技能认真做出合理判断。当学生批判性地思考时，他们会提出问题、收集相关信息、寻找证据、考虑各种可能性、不急于做出判断、提出假设、进行验证和分析，并最终对这一过程进行整合。当学生深入思考寻找问题答案，在合作解决问题或创建项目的过程中交换并讨论想法时，就会产生批判性思维。当他们撰写文章或带着多重目标阅读时，也会产生批判性思维。这些技能是可以学习的，因此，批判性思维是 MiCOSA 教学法的核心。

利用批判性思维完成相关任务，作为实施 MiCOSA 教学法的方式，可以帮助学生掌握 21 种思维技能，使他们能够吸收、内化、验证并使用这些技能。作为引导者，你要根据学生的背景和文化培养其个性化的思维技能，并与学生的原有知识和相关信息整合起来。你将成为他们思维的推动者。系统搜索和利用多个信息源等思维技能可以帮助学生有效收集和选择批判性思维所需的信息。寻找关联性的思维技能也与批判性思维息息相关。

兰托斯（Lantos，2006）建议通过创造环境来传授批判性思维，教师要创造一种环境，让学生可以从扑面而来的大量事实中进行筛选，确定相互联通的途径。然而，我们无法确定设置问题是否可以帮助学生进行"筛选"。选择信息需要多种的思维技能。例如，学生必须先收集和掌握多个信息源，学会保持专注，并精准选择有用的信息，然后再运用"寻找关联"、"比较判断"和"因果假设"等批判性思维技能来寻找最具创新的共性。

MiCOSA 教学法将告诉你要传授哪些集批判性与创新性为一体的重要技能，以及如何传授这些技能。

创新性思维。 除对有效的相关信息进行批判性分析和选择之外，你还希望学生构建或创造新的知识。你想让他们具有创新性思维，能够提出新的原创性想法。创新性思维需要批判性思维中的一些技能，如寻找关系和进行假设，同时，它还要用到"灵活、原创、流畅、完善、头脑风暴、改进、想象、联想思维和隐喻思维"（Teacher Tap，2010）。创造可以是相对的，也就是说，某些学生认为是全新的想法，其他人可能很早就提出来过。这是真正的创造或创新吗？在培养 21 世纪思想家的背景下，这当然是创新。要学会创新，而随之而来的振奋会激发进一步创新。

在 MiCOSA 教学法中，批判性思维和创新性思维不可分割、相互激发。你将学习如何有效地利用 MiCOSA 教学法传授 21 种思维技能，从而提高学生的批判性和创新性思维。

使用技术。 技术有助于学生发展思维技能，进行批判性思考和知识创造。通过 MiCOSA 教学法，教师将帮助学生利用各种技术将思维技能付诸收集、转换和使用信息的实践，并交流心得。MiCOSA 教学法提供了很多基于创新技术开发思维技能的策略，包括使用电子"智能板"、iPad、维基网站（wikis）、白板和袖珍图表。

协作、团队合作和领导能力。 协作有助于思维开发。例如，罗戈夫（Rogoff，1998）认为，若父母、孩子及其同伴通过与文化相关的活动来培养协作性认知技能，则孩子的思维能力将得到提高。任何有意义的问题，无论是基于学生的文化背景，还是当前时事，都可以成为激励学生参与团队项目的基础。参与有意义的项目，除了锻炼脑力，还可以得出有意义的结论（Trilling & Fadel，2009）。在实施 MiCOSA 教学法过程中，教师应组织学生在课堂上相互协作，提高其各层次的思维能力。在此过程中，学生的领导能力也将得到提高。

在实施 MiCOSA 教学法的课堂，学生将端正学习态度、相信自己的能力、学会应对问题、掌握相关技能，从而创造性地解决问题。作为教师，你要相信学生有能力与他人进行有效的互动和协作，你要以真诚的态度和适当的方式传达你对他们的信任，这对学生的成功至关重要。当课程结束时，若学生的能力和创造性得到了提升，并取得优异的成绩，那么他们的成功就是你的成功，更是他们家庭和社区的成功。

MiCOSA 教学法简介

MiCOSA 教学法提供了一套符合 21 世纪需求的教学框架，该框架包含了学习的新目标和实现新目标的方法。该教学法的核心是 21 种思维技能，教师应相信学生可以取得进步，并且知道如何帮助学生取得进步，这也是 21 种思维技能的基础。

如前文所述，MiCOSA 是"课堂中的引导：批判性思维与开放性系统化教学方法"（Mediation in the Classroom：An Open Systems Approach）的首字母缩写。

M 代表引导

MiCOSA 中的 M 代表引导。作为思维和学习的引导者，教师是"红娘"，是了不起的倾听者和帮助者，也是中间人和辅助者，他们寻找机会"让学习成为可能"。例如，你可以在学生的恐惧和潜力之间"牵线"，为其尝试新事物创造一个安全的空间；你可以认真了解学生在家庭文化环境下既定的思维技能，并将这些技能引入到新的学习中。作为引导者，你可以帮助学生将看似复杂的任务转化为可操作的内容和过程，也可以让其体验新鲜事物，从而促进思维能力的提高。当学生着手解决新的难题时，你将助其应用所"掌握"的思维能力。

iC 代表在课堂上

MiCOSA 教学法是为老师设计的。因此 MiCOSA 的 iC（在课堂上）代表了老师和学生在学习过程中的重要关系。"课堂"可能会延伸到社区、公园、博物馆或网络，它代表着你为学生提供的良好学习环境，用以学习并实践 21 世纪思维技能。

课堂活动既包括文化活动也包括各种科技活动。在学习中有意运用思维技能以获取和转换信息，将有助于学生更好地理解和参与课堂活动。例如，在制作面团或巧克力饼干、学习滑雪或解代数方程等学习活动中，你都可以让学生关注相关的思维和学习技能。在下面的案例中，老师就将帮助学生把在家常用的规划思维技能运用到学校活动中。

谢里尔，非常感谢你为募捐活动烤制饼干并带来给我们品尝！让我们看看你在烤饼干时用到了哪些思维技能。你需要仔细规划各个步骤——你要研究食谱，准备食材，按顺序混合食材，控制烘焙时间和温度，然后将饼干冷却到刚好温热给我们品尝。饼干味道很好，我很满意，也很欣赏你对思维技能的应用。你定好目标，细致规划，按序制作。基于这种规划技能，你知道所在小组完成活动的方法了吗？你们需要设定什么目标、执行什么计划、按照什么步骤和顺序？

在未来的课程和学习中，谢里尔的老师将帮助她和同学们将规划思维技能与新的学习"衔接"起来。从而强化这项思维技能，使学生可以灵活掌握它。

OSA 代表开放性系统化教学方法

MiCOSA 中的 OSA，即开放性系统化教学方法，是该教学法框架的理念体系。开放性系统教学意味着让学生的思维具有可塑性和可变性（Jensen，2012）。作为教师，你将利用 MiCOSA 帮助学生开发 21 种思维技能。由于各种思维技能相互影响，并非孤立存在，所以这种复杂的关联性被称为思维体系。

若课堂的重要人物被替换，课堂一定会发生变化，同样，学生的思维系统也会随着新元素的"进入"而发生改变。若学生掌握了一两种新思维技能，其他思维技能也会受到影响，从而促进更多思维技能的开发。思维系统是开放的，你可以帮助学生形成新的思维习惯。

相反，"封闭式"系统教学方法忽视学生原有思维技能（或认知功能），不注重提高学生的实际能力。在"封闭式"系统中，教师依靠测试来定义学生的能力和上限，不敢让其挑战自己、面对困难。在这种情况下，教师的作用微乎其微。

学习并不是大脑的孤立活动，环境、历史、文化和教育都会对大脑活动产生影响。每个学生的学习"系统"都有其特点。因此，教师不能用同样的方法对待简和贾里德，也不要假设他们会朝同样的方向发展。

MiCOSA 教学法的核心要素

MiCOSA 教学法基于最佳学习实践，整合原有教育理念与最新教育理念。例如，我们都知道要以学生的原有知识为教学基础，教学中增强学生的心理承受力，研究制定出切实的课程安排，使学生掌握学习内容并达到课程标准，以及进行有效的反馈评估。MiCOSA 教学法就基于这些大家熟知的理念，并加入了引导对话，帮助学生开发满足 21 世纪需求的 21 种特定思维技能。

MiCOSA 教学法包含三个紧密相连的核心要素，它们共同构成教学框架，贯穿于课程设计、课程标准、教学目标、知识扩展和评估反馈等环节中。Mi-COSA 教学法可以激励学生，帮助他们在各个领域中进行技能迁移。

MiCOSA 教学法的三个核心要素是：（1）原有知识和文化基础；（2）引导对话；（3）21 种思维技能。图 1－1 描述了它们间的相互关系。在研究 MiCO-SA 教学法的要素时，你要学习：

- 在课堂中整合学生原有知识和文化与 21 种思维技能。

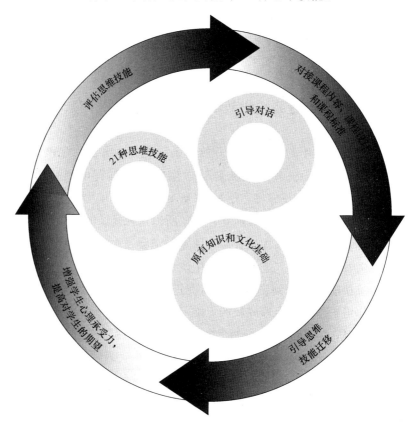

图 1－1　MiCOSA 教学法

- 通过引导对话帮助学生掌握 21 种思维技能。
- 传授 21 种思维技能，使学生掌握收集和迁移信息方法，并交流所学。

原有知识和文化基础

MiCOSA 教学法基于学生原有知识和文化基础，使其掌握新的知识与思维技能。学生原有知识和文化基础可能与学校所教内容不同，是基于家庭环境的熏陶和社区生活的习得。MiCOSA 教学法鼓励教师接受这些不同观点，将其视为学习机会。若教师能在学生原有知识的基础上引入新概念，将更有助于学生的理解（Bransford，Brown & Cocking，2000；Lehrer & Chazan，1998；Shepard，2000）。

学习者会尝试着整合新信息与已知信息，以便更深入地理解原有信息及其与新信息之间的联系。因此，若教师想要在课堂上利用学生的原有知识，不能只简单地问学生都了解什么相关知识，而是要设计一些问题，从而了解在某种文化背景下，学生是如何理解相关知识的。此外，你要认真听取关键词，了解学生的能力水平并口头进行认可。这样，你可以帮助学生提高心理承受力，并加强与学生之间的联系。重视学生的原有知识和文化基础，可以夯实整个班级或小组的学习基础。

引导对话

引导对话应经过精心设计，并发挥重要作用。它能够帮助学生应用原有知识，将思维技能与课程内容联系起来，并改变行为以整合思维技能与课程内容。例如，你可以说："贾马尔，你认真收集和整合了多个与课程相关的信息源，这令我印象深刻。你详细描述了这些信息源，说明已经较好地掌握了这种方法。"这些引导性对话有助于学生衔接各学习环节。不要直接给出答案，要帮助学生将当前知识与原有经验联系起来，使之产生意义，并寻找解决方案。例如，你可以说："同学们，每个小组都讲述了发生在家里的故事，进而分享了家庭成员分工探索大自然的情况。这能否帮助你发现大自然与物理定律之间的联系？"通过不断创造机会、不断帮助学生成功、不断进行实践应用，你可以有意识地帮助学生融会贯通新的思维技能。

引导对话这一概念源自哪里？维果茨基（Vygotsky，1962，1978）提出，基于孩子个人经历和社会文化的引导可以帮助孩子提高智力。福伊尔斯坦（Feuerstein，1979）和詹森（Jensen，2003）都提出并研究了具体的引导过程。他们的工作为提高思维和学习技能提供了临床证据。基于他们的工作和课堂实践，我们开发了五类供课堂使用的引导对话：

（1）目的互动型。

（2）引导意义型。

（3）衔接思维型。

（4）自我调节型。

（5）提高能力型。

当师生进行引导对话时，学生会对其思维产生自我认识，并开始"调节"行为和学习过程，从而提高学习成绩。对具有不同文化背景的普通学生和优等生，以及患多动症（ADHD）和有学习障碍的学生的研究表明，引导对话可以帮助学生进行自我调节（Lane，Harris，Graham，Weisenbach，Brindle & Morphy，2008；Perin & Graham，2006）。

21 种思维技能

学生需要利用思维技能获取并拓展知识。各项思维技能相辅相成，帮助学生从原有知识和文化基础中汲取营养。例如，在各自的家庭文化中，学生在判断是非、确定家庭成员关系或预设各成员态度时，已经学会了使用"比较判断"和"排序分类"思维技能。学生会把原有思维技能经验带到课堂，在充分掌握这些思维技能的基础上，将其迁移到新的环境中（Bransford，Brown & Cocking，2000；Jensen，2004）。因此，学生的参与度和理解能力都会得到提高。

表 1-1 将 MiCOSA 传授的 21 种思维技能分为三类：

（1）收集信息的思维技能。

（2）转换信息的思维技能。

（3）传达信息的思维技能。

表 1-1　MiCOSA 教学法传授的 21 世纪的 21 种思维技能

收集信息的思维技能	转换信息的思维技能	传达信息的思维技能
系统搜索	设定目标	善用关键词
保持专注	制订计划	精准表述
善用关键词	比较判断	恰当用语
比对多源信息	排序分类	调节反馈
判断空间位置	寻找关联	团队合作
把握时间位置	视觉化	
保持信息精准	逻辑推理	
	因果假设	
	归纳总结	

每种思维技能具备以下几个标准：第一，每种思维技能都是可变的，可以通过引导得到提高；第二，每种思维技能都易于对接课程及其标准，特别是《通用核心州立标准》；第三，每种思维技能都在学生所需的批判性思维中发挥重要作用。"设定目标"、"制订计划"、"因果假设"、"比较判断"和"寻找关联"等与课程密切相关的批判性思维技能是 MiCOSA 教学法需要传授的核心技能，这些有助于学生转换信息。

然而，进行批判性思考，无论是假设还是处理复杂关系，学生的首要任务都是充分收集相关信息。若没有仔细阅读相关指示，学生就无法完成任务。若对某些单词和概念不甚了解，学生也无法取得学习进展。其他思维技能也可以帮助学生收集信息，如同时收集和使用多个信息源，甄选关键词（单词、标签和概念）以及做到精准等。

此外，有些学生可能擅长整合概念，在头脑中生成新的想法，却不善于表达信息。那么，掌握团队合作、恰当用语、自我调节反馈等技能都是大有裨益的。因此，这些技能也属于 MiCOSA 教学法传授的 21 种思维技能。你会经常综合应用这些思维技能，但在详细学习每种技能的过程中，你会发现这种分类是很有必要的。

在接下来的章节中，我们会逐项详细介绍上述三类技能，与课堂案例相结合，为学生制定系列策略，助其加强各项思维技能。附件 A 列出了 200 多种 MiCOSA 教学法提供的辅助策略和活动，读者可参阅本书或 PDToolkit 网站相关内容。

将 MiCOSA 教学法的核心要素延伸至课堂

了解 MiCOSA 教学法的核心要素后，教师就可以进行知识扩展了，你将能够：

● **发现课程标准涉及的思维技能，并结合课程内容制定课程目标。**学生必须具备丰富的知识储备，才能成为有能力的思想家（Bransford，Brown & Cocking，2000）。然而，要打下深厚的基础，学生必须有能力利用批判性思维技能整合所学知识。当学生利用批判性思维了解到事物间的联系、模式和关系后，才可以更深入地探索并打造自己的专长（Boshuizen，2009；Rikers，Van Gerven & Schmidt，2004）。MiCOSA 教学法传授的思维技能与教学内容、课程标准，包括《通用核心州立标准》完美契合。通过发现课程标准涉及的思维技能，教师将会结合课程内容制定课程目标，从而促进学生思维技能和批判性思维的发展，并助其加深对学习的理解。

● **在课程之间迁移课程内容和思维过程，将课程标准中的狭义大概念转化为生活中的广义大概念。**你希望学生掌握学习内容，但更希望他们能够转换并应用所学内容。这就要求学生能够自觉或本能地从老师的讲解中总结广义大概念，并将其应用于新的环境。这就是所谓的知识迁移。为帮助学生掌握知识迁移，MiCOSA 教学法借鉴了威金斯与麦克泰格（Wiggins & McTighe，1998，2008）及安斯沃思（Ainsworth，2003）所说的"广义大概念"（Big Ideas）。掌握广义大概念与思维技能的迁移，可以帮助学生深入理解课程内容，这种技能将在他们走向社会后仍将起着重要的作用。

● **评估（预评估、形成性评估和总结性评估）并聚焦思维技能教学工作，及时获得学生学习情况反馈。** 评估是一个动态过程，可以激励和促进学生的学习。评估可以帮助教师利用有效反馈明确教学需求，并在教学中激励学生接受新挑战、寻找新联系、进行自主创新。由于 MiCOSA 教学法将思维技能整合到教学内容和课程标准中，所以其评估既要基于课程内容和目标，也要基于思维技能目标。此外，针对学生思维技能的评估也可以帮助教师进行形成性评估和总结性评估。

● **提高学生的学习积极性和心理承受力。** 学习积极性让学生充满激情、动力、信心和毅力，敢于面对困难，完成艰巨任务。这种解决问题的信心和能力就是人们常说的心理承受力，它是学生取得成功的要素。较强的学习积极性可以直接提高学生的参与度和学习成绩（Arkansas Department of Education，2009；Zins，Weissberg，Wang & Walberg，2004）。实施 MiCOSA 教学法过程中，教师可以通过引导塑造三位一体的积极氛围（学生、教师、家长），全面提高学生的学习积极性和心理承受力。

● **设计整合 MiCOSA 教学法所有要素的课程。** 教师指南将告诉你如何设计课程，以深度整合 MiCOSA 教学法的核心要素与教学内容。在此过程中，你可借鉴 MiCOSA 教学法提供的辅助策略。

踏上一段崭新的旅程，你将引导学生深入思考，积极学习。本书是助你传授技能的利器，让你通过批判性思维和文化关联扩展本职工作。在本书或 PD-Toolkit 网站上，你还可以获得很多 MiCOSA 教学法的相关案例和策略。如果你所在学校或团队也在使用本书，请参见《MiCOSA 课程设计指南》（见前言）制订一份计划。你将不虚此行，因为通过学习，学生将有能力高效获取信息。通过引导，你将帮助他们掌握并应用 21 种思维技能，为批判性思维夯实基础。

小结

● 面向 21 世纪，教育工作者和雇主都迫切需要具备相应技能的学生或员工。这种需求也推动了教育重心的转移，要求 21 世纪的教师由注重课程内容转向重视学习过程，使学生由被动学习者变为具有批判性思维、协作能力、团队精神和创造力的主动学习者。

● MiCOSA 教学法框架基于开放性系统的方法，旨在传授批判性思维技能。它强调三个核心要素：原有知识和文化基础，引导对话和 21 种思维技能，皆在与核心课程标准和批判性思维密切相关。

● MiCOSA 教学法的核心要素——原有知识和文化基础、引导对话和 21 种思维技能，体现基于《通用核心州立标准》的课程目标，让教师全面了解课程设计的方法。MiCOSA 教学法秉承各领域思维技能的整合原则，可以帮助学生总结广义大概念并进行知识迁移。MiCOSA 教学法的核心要素可引导教学评估，其中，针对思维技能的评估可进一步完善教学评估。提高学生的学习积极性可助其完成知识迁移，保障 MiCOSA 教学法各要素的顺利实施，并使学生在学习上取得成功。

参考文献

Ainsworth, L. (2003). *Unwrapping the standards.* Lead + Learn Press. Retrieved from www.leadandlearnpress.com

Arkansas Department of Education, State Personnel Development Grant. (2009, October). *School-wide discipline, behavior management, and student self-management: Focusing on social skills instruction and selecting an evidence-based social skills program.* Little Rock, AR: Author.

Boshuizen, E. (2009). Teaching for expertise: Problem-based methods in medicine and other professional domains. In K. A. Ericsson (Ed.), *The development of professional performance: Approaches to objective measurement and designed learning environments* (pp. 379–404). UK: Cambridge University Press.

Bransford, J. D., Brown, A. L., & Cocking, R. R. (Eds.). (2000). *How people learn: Brain, mind, experience and school: Expanded version.* Washington, DC: National Academy Press.

Darling-Hammond, L. (2010). *The flat world and education: How America's commitment to equity will determine our future.* New York, NY: Teachers College Press.

Feuerstein, R. (1979). Ontogeny of learning. In M. T. Brazier (Ed.), *Brain mechanisms in memory and learning.* New York: Raven Press.

Jensen, J. (2004). *Principles of generative phonology.* Amsterdam, The Netherlands: John Benjamins Publishing Company.

Jensen, M. R. (2003). Mediating knowledge construction: Towards a dynamic model of assessment and learning. Part II: Applied programs and research. *Educational and Child Psychology, 20*(2), 118–142.

Jensen, M. R. (2012). *The mind's ladder: Empowering students in the knowledge economy—Dynamic assessment and classroom learning guidebook 3.0.* Roswell, GA: Cognitive Education Systems.

Lane, K. L., Harris, K. R., Graham, S., Weisenbach, J. L., Brindle, M., & Morphy, P. (2008). The effects of self-regulated strategy development on the writing performance of second-grade students with behavioral and writing difficulties. *Journal of Special Education, 41*, 234–253.

Lantos, J. (2006, September). Critical thinking is critical. *Los Angeles Times.* Retrieved from http://articles.latimes.com/2006/sep/16/opinion/oe-lantos16

Lehrer, R., & Chazan, D. (1998). *Designing learning environments for developing understanding of space and geometry.* Mahwah, NJ: Lawrence Erlbaum Associates.

Partnership for 21st Century Skills. (2009). *P21 framework definitions.* Retrieved from www.p21.org documents/P21_Framework_Definitions.pdf

Perin, D., & Graham, S. (2006). Teaching writing skills to adolescents: Evidence-based practices. *Perspectives on Language and Literacy* [Special issue], *32*, 10–14.

Rikers, R. M. J. P., Van Gerven, P. W. M., & Schmidt, H. G. (2004). Cognitive load theory as a tool for expertise development. *Instructional Science, 32*, 173–182.

Rogoff, B. (1998). *Cognition as a collaborative process.* In D. Kuhn & R. S. Siegler (Eds.), *Cognition, perception and language,* Vol. 2, *Handbook of child psychology* (5th ed., W. Damon [Ed.], pp. 679–744). New York: Wiley.

Shepard, L. A. (2000). The role of assessment in a learning culture. *Educational Researcher, 29*, 4–14.

Teacher Tap: Professional Development Resources for Teachers and Librarians. (2010). *Critical and creative thinking.* Retrieved from http://eduscapes.com/tap/

The New Commission on the Skills of the American Workforce. (2007). *Tough choice or tough times.* National Center on Education and the Economy (executive summary). Washington, DC. Author. Retrieved from www.skillscommission.org/pdf/exec_sum/ToughChoices_EXECSUM.pdf

Trilling, B., & Fadel, C. (2009). *21st century skills: Learning for life in our times.* San Francisco, CA: Jossey-Bass.

Vygotsky, L. S. (1962). *Thought and language.* Cambridge, MA: MIT Press.

Vygotsky, L. S. (1978). *Mind in society: The development of higher psychological processes* (M. Cole, V. John-Steiner, S. Scribner, & E. Souberman, Eds. and Trans.). Cambridge, MA: Harvard University Press (Original work published 1935).

Wiggins, G., & McTighe, J. (1998). What is backward design? In *Understanding by design* (1st ed., pp. 7–19). Upper Saddle River, NJ: Merrill Prentice Hall. Retrieved from http://nhlrc.ucla.edu/events/startalkworkshop/readings/backward-design.pdf

Wiggins, G., & McTighe, J. (2008). Put understanding first. *Educational Leadership, 65*(8), 36–41.

Zins, J. E., Weissberg, R. P., Wang, M. C., & Walberg, H. J. (Eds.). (2004). *Building academic success on social and emotional learning: What does the research say?* New York: Teachers College Press.

第二编

MiCOSA 教学法的
主要内容

Part Ⅱ

第二章

原有知识和文化基础

学生原有知识和文化背景是其社会情感基础和认知基础，可为学生在校期间乃至整个一生提供丰富的给养。

课堂中每位学生都有其独特的故事。尽管深藏在意识深处，但这些故事会影响他的行为、态度、志向和动力。随着时间的推移，这些故事会反复出现，还会随着学生家庭、文化、社区和学校的变化而不断发展。

学生的故事会影响师生及同学间的互动。每位学生都会从过往经历中有所收获，从而构建起自己的人生（Winslade & Monk，2000，2007）。在这些故事中，他们有时候会把学校描绘成教书育人的乐园，有时候则会把教室看作遭受羞辱的地方。你可以通过学生的行为、声音、社交表现读懂他们的故事。

也许是因为学生那些影响深远的故事都藏在意识深处，所以对学生塑造自我信念尤为重要，比如，是否有能力？是否讨人喜欢？在课堂上或社会中是否具有价值？（Gay，2000；Rosaldo，1989）

个人经历的重要性

作为教师，你也会成为学生故事中的角色。作为个人、教育工作者、社会经济和文化群体的一员，你在学生故事中发挥的作用不尽相同。如果某位学生的故事表明其能力不足，缺少协作，那么教师就会助其重写或修改故事（White & Morgan，2006）。故事的重点是赋予希望和提高效率，让学生通过改变行为塑造信念。

学生的故事具有治愈和赋能的作用，这在一定程度上体现了学生个人经历的重要性。例如，南加利福尼亚某学区针对拉丁裔中学男生开展了一项名为"相遇"的项目（Reveles，2000），旨在向学生们宣传拉丁裔男性克服困难、直面难题、弘扬拉丁文化的故事。该项目以故事为基础，涉及历史、文化、精神、经济和社会等方方面面。参与此项目的学生会将这种不怕困难的精神与学校学习联系起来，在学习成绩、课堂表现、出勤率和行为举止等方面都取得了长足的进步（Aganza，2011；Aganza & Cline，2009）。在被问到参加此项目后有何改变时，这些拉丁裔男生纷纷表示，身为拉丁裔，他们很自豪，将来要努力考上大学，成为领导人，还说会努力提高学习成绩，提升自己，在学业和人生中都取得成功。

"相遇"项目是帮助学生"改变人生经历"的一个范例。同样，你的学生也可以用此类故事激励自己，释放潜能。对那些拉丁裔男生来说，"相遇"项目中的故事将会嵌入他们以后的人生经历，为他们带来希望，抹去消极"故事"。

教师要在课堂上挖掘学生的潜能，助其掌握文化，拥有健康人生。在课堂上，学生来自不同的家庭和社区，拥有不同的文化背景，对世界都有其独特的看法。教师可以让他们与大家分享自己的看法。比如，学生对"为人处事"会有不同的认识——如何打招呼、如何尊重他人、是否应该大胆发言等。不论是拉丁裔美国人、印第安人，还是非裔美国人、欧洲裔美国人和亚洲人，其原有知识大多基于所处文化或社区环境。在进行 MiCOSA 教学法时，教师可以利用这些原有知识，并基于学生原有知识和文化基础进行教学。

激活并利用原有知识和文化基础

激活并利用原有知识和文化基础可以帮助学生从被动学习者变为主动学习者。巴西教育家保罗·弗莱雷（Paulo Freire，1972，1995）曾在书中介绍了某种教育体系的消极影响，他将这种教育体系称为"存钱式"教育。他指出，这种教育体系把学生看成"空的银行账户"，把教师看作知识和信息储户。尽管多数教师都在寻找更有意义的方式与学生相处，但在某些课堂上，教师急于让学生"了解"所有课程内容的紧迫感使"存钱式"教育体系再次兴起。这种单向的"教"使学生变成了被动的"接受者"。据弗莱雷观察，这种消极状态会导致学生参与度低，学习效果不佳。因此，在谈到如何提高学生的参与度和学习效果时，威廉·巴特勒·耶茨（William Butler Yeats）曾写道："教育不是注满一桶水，而是点燃一团火。"

莉萨·德尔皮特（Lisa Delpit，2008）的范例可以很好地说明如何基于学生原有文化"点燃一团火"。她长期就职于一所非裔美国人为主的中学，发现很多女孩因为过于关注自己的发型和外貌而无法专心学习。她推测很多非裔美国女孩背包里都有一瓶"悦仙子润肤霜"，于是她与科学教师商量，准备利用一节课介绍这种润肤霜和其他化妆品的成分。从那节课开始，学生们开始主动学习各种化学品的名称、性质、作用及其对人的影响。她请非裔数学家上了一堂课，为学生讲解非洲脏辫的编法和发饰。她还安排了相应的课堂活动，包括设计发饰、举办各种发饰发型展等。由于大部分编脏辫的学生都来自非洲，于是她让学生们采访编脏辫的人，了解他们的祖国，以及他们为什么离开祖国，然后根据采访制作一张非洲语言学地图。在原有安排中穿插这些课程提高了学生们的参与度，也加深了他们对主题的切身了解。

布兰斯福德、布朗和科金（Bransford，Brown & Cocking，2000）对如何处理学生原有经历和知识提出了三点重要论述，供教师在实施 MiCOSA 教学法时参考。

- 利用与某话题相关的原有知识。
- 错误的原有知识会阻碍学生的进步。
- 若教学实践与学生的文化实践相冲突，学生很难应用掌握的知识。

面对这种情况，MiCOSA 教学法提供以下三种方法：

（1）激活学生的相关知识。利用 MiCOSA 教学法，基于某个学习场景，教师可以"激活"并利用学生原有的相关知识和思维技能。

（2）纠正原有知识中的错误信息。如果原有知识导致学生对新信息的错误解读，教师就要助其重建原有知识结构，解开误解，回到正轨。

（3）调节文化实践与教学实践的冲突。如果学生基于社区的文化实践与某些教学实践相冲突，教师可以调整教学实践，帮助学生在两种环境中进行转换。

仔细探讨上述三种方法，你会想到一些做法和策略，将这些理念付诸实践。此外，你还要探索文化与学习的关系，以及如何借助学生的原有知识和文化基础，将其培养成 21 世纪的合格公民。

激活学生的现有知识

如果教师在课程设计过程中考虑学生不同的知识和文化背景，并将其与课程内容相整合，其教学效果会得到显著提升（Gay，2010；Nieto & Bode，2008）。从认知上讲，这样会唤醒学生已有的神经通道，为学生进一步学习打好基础。从情感上讲，这种做法重视学生的经历、家庭和社区环境，会增强学生的动力。

思考学生现有知识与课程的关联。学生的"现有知识"可能正与你的研究主题息息相关，还可能与你的教学内容和教学方式有关。因此，教师应利用学生的原有知识和文化背景。

例如，你正在研究自然科学，计划让学生比较蛇与熊的生命周期，你需要了解预估学生两个方面的背景知识：第一，基于原有知识和经验，他们对蛇和熊有何了解？第二，他们对生命周期有何了解？见过蛇皮或熊迹的学生们就此展开了热烈讨论。教师应了解学生从家庭或社区学到的知识，这样可以丰富全班的经历。也可以邀请社区领导或长者分享各自的经历和看法，从而从容有序地开展调查研究，让学生思考自己所见所闻，并将其与课程内容相整合，在原有的文化基础上继续学习。

比较生命周期需要学生探寻生命与季节、气候、特殊环境之间的关系。因此，学生收集完信息后，教师要让他们进行比较、寻找关系，或进行推理，这就需要运用批判性思维技能。对学生而言，比较和寻找关联信息的过程既新鲜又富有挑战。然而，教师若想让学生熟练掌握并灵活运用各种思维技能，就必须基于学生原有知识，提前为学生讲解介绍这些思维技能。因此，学生的原有知识和文化基础对思维技能的运用极为重要。

如何在学生运用思维技能之前激活其原有知识？教师可以先让学生介绍自己基于原有知识或经验掌握的思维技能，从而使其进一步了解并熟悉相关思维技能在家庭、文化、科学、学校等多种背景中的应用情况。这样也有助于学生日后在其他背景下迁移和使用这些思维技能。

例如，关于比较类思维技能，教师可以对学生说："让我们来聊聊比较类思维技能，看看大家对此了解多少。想想你这周在家是否做过比较？比如想法、原因、价格、原料，以及任何你比较过的东西。"然后，教师可以从学生的回答中提炼出比较的定义，再了解学生是否从比较类思维技能中获益。这样就为自然科学的衔接奠定了基础，在自然科学课堂上，学生就会将比较类思维技能应用到生命周期的比较研究中。

在教学过程中，教师随时需要激活并利用学生的原有知识。你可能会自然而然地在介绍和讲解中引入学生的故事和想法。那么，引导—认可—整合三步法会让你受益颇多。

引导学生分享。教师有很多方法引导学生讲述原有知识。有的会开门见山："你们对熊了解多少？"引导学生思考自己知道什么（K）、想知道什么（W）、如何寻找答案（H）、学到了什么（L）。在此过程中，教师可以用"KWL"（或 KWHL）图表来记录学生的回答。你可以在教室显示屏或电子白板上展示"思维导图"，并逐步填充学生的想法。有的教师会使用网络版 KWL 图表，如 Inspiration 网站上的图表，还有的教师会让学生在自己电脑上记录想法。

为了引导学生说出想法，教师可以设计系列开放性问题或提示。例如，在引导学生思考比较类思维技能时，你可以说："想想日常生活中你是如何运用比较类思维技能的？比如购物、日常起居，或家庭决策的时候。"这可以让学生分享很多想法。

让学生进一步进行批判性思考，可以更全面更深入地引导学生说出原有知识。例如，在介绍当地岩层的课程中，教师除了记录学生的原有知识，还应该进一步追问："你觉得这些岩层是怎样形成的？你从家人或社区那里听说过什么？历史、天气和这些岩层有什么关系吗？岩层的形成还有什么其他因素？"教师可以提供一些标本或图片，或让学生自己收集。

培养协作类思维技能需要借助多文化能力和技术。教师应推动"团队合作"思维技能的发展，不能只强调个人成功或团队竞争，要让学生考虑团队的利益，鼓励学生相互学习帮助。培养协作类技能和批判性思维的方法很多，但对新手而言，可以考虑以下两种典型方法：

● 让学生以小组合作的方式回答开放性问题。首先，小组内一人对该问题做出回答，然后第二人复述他/她听到的内容（比如，"我听到你说……"），然后再做出自己的回答［"我再补充或说明（他们的想法）"］。以此类推，每个人都复述上一位的回答，并补充自己的想法。最后，请小组成员依次对此思维过程进行归纳总结，并选出小组内最佳总结展示给全体同学。你会发现这样的展示强调小组成员的协作回应，会让大家受益匪浅。

● 培养学生"团队合作"思维技能有助于拓展个人思维，学生可以共同实践，相互交流。教师可以再提出一个开放性问题，让学生五人一组进行回答：（1）第一个人分享一个观点；（2）第二个人讲述该观点对自己的影响；（3）第三个人讲述前两个人的观点对自己的影响；（4）第四个人对前三位的回答进行总结；（5）第五个人归纳总结协作思维对整个过程的影响。

在学生的学习过程中，教师应倾听利用他们的想法，同时，也要认可学生的想法。

认可学生的分享。在学生分享的经历中，有些可能让你和学生们感到熟悉，有些却让人闻所未闻。教师要认可学生的分享，让他们相信自己"带给课堂的东西"真的有用。对大部分学生来说，在同学面前被反复认可都是莫大的鼓励。教师可以用两句话来点评，第一句复述学生的分享，第二句话说明学生分享的意义。比如，"在罗比生活的地方，蛇会在冬季冬眠。所以他懂得在非冬眠时间要在树林里小心地行走"。教师应将学生的分享与课堂主题（如蛇的生命周期）结合起来，指出季节与生命周期之间的关联。认可学生分享发言与课堂主题的相关性，会使讨论更加热烈，使研究更加深入。

教师应该注意，每位学生的情况都不尽相同，有些学生在公共场合发言会感到犹豫甚至尴尬，因为在他们的文化中，个人发表言论是不合适的（如某些传统的美洲土著人或亚洲学生）。因此，要求这些学生讲话或点评他们的回答都可能影响他们的参与感。教师要关注这些文化差异，不要让这些学生单独发言，但可以让他们以小组的形式发表看法，或通过小组讨论、维基网站或博客等方式。此外，丰富多彩的展示形式（艺术、语言、音乐）也有利于学生学习效果的提高。

整合学生的分享。第三步是整合学生的分享，使其成为新阶段学习的基础。在教学过程中，教师要随时倾听并整合学生的各种分享，可以让学生以小组为单位，在快速写作、设定目标或小活动中分享彼此的想法。以下三个因素可以说明整合学生分享的重要性：（1）大脑连接；（2）动力；（3）参与。

● **大脑连接**

利用原有知识有助于刺激学生大脑，使其接受新的学习内容。借助现有神经连接，我们可以构建更为复杂的神经网，因此，学生的学习应基于自己的原有知识。

● **动力**

重视学生原有文化背景可以增强其学习动力。通常，学校教育不会照顾到学生不同的文化背景和行事方式，可能会让某些学生感到被疏远或不受欢迎。通过引导、认可和整合学生的分享，你可以解决这个问题。基于不同的文化背景和原有知识，你可以为学生构建情感舒适区，让学生积极融入课堂。

● **参与**

同样，学生了解到自己具有一定学习基础，也会提升学习动力和参与度。

教师可参考以下方法帮助学生整合原有知识和新知识：

● 在教室里展示学生的分享，并将其融入授课内容。

● 基于学生的分享设计与课程内容相关的班级活动。

● 利用信息结构图对学生提供的与课程内容相关的信息进行分类。

● 让学生有意识地描述其原有知识在理解新知识时发挥的作用，或者描述其原有知识结构的变化。

纠正原有知识中的错误信息

学生在分享原有知识时可能会夹杂错误信息，教师应注意倾听，并巧妙地纠正那些错误信息。通常，学生的错误信息有两个来源：一是学生只了解表面知识，根据自己的理解进行了错误的推断。二是学生不够灵活，不会转变思维。此外，教师对关系类思维方式的反应，以及某些文化因素也会导致错误信息的出现。

完善知识，纠正推理。如果学生只了解表面信息，就会仓促得出结论而无法学到深层知识。例如，学生可能知道某个事实，但不了解它的背景，或者不了解该事实会随条件变化而变化。回到熊的话题，兰迪说熊睡在洞穴里，但被问及细节或被追问时，他却无法确定是否所有的熊都睡在洞穴里。为了让学生学到深层知识，教师除了认可学生知道的某些单词、短语或句子，还要让他们解释某些问题，要让他们知道你很希望了解他们深入探究知识时产生的新想法。比如，教师可以问："所有的熊都睡在洞穴里吗？为什么有的熊睡在山坡上或房子里呢？"教师可以在让学生分享的同时，向他们提出这些更具批判性的问题，这样会使讨论更加深入。

重塑僵化的思维。批判性思维需要学生的灵活性——对新的学习方法持开放态度，可以随时改变或调整想法。如果学习内容与原有知识类似，但又有新的元素，学生就要进行灵活的思考。有时，僵化思维会导致学生犯错。例如，学生以前学过某道应用题的解法：第一步，计算各物品总成本；第二步，从付款总额中减去总成本，然后得出剩下的金额。为了让学生了解另一种计算方法，教师要求他们换种解法：第一步，计算各物品的总成本；第二步，减去退回的物品成本，然后得出剩下的金额。虽然学到了新的算法，但某些学生仍会继续使用原来的算法，因为他们认为没必要进行灵活思考，认为只要学会了一种算法，就可以一直用下去。

若某些学生在学习过程中出现僵化思维，就可能止步不前。例如，弗洛拉遇到一道数学应用题：若一个女孩从洛杉矶飞到纽约，再经达拉斯返回洛杉矶，她的飞行总英里数是多少？弗洛拉认为女孩不应该自己买机票，应该让父母给她买，她深陷这个观点不能自拔，于是无法进一步思考计算飞行里程的问题。她的经历使她看不到问题的重点。

同样，在课程中加入更多的批判性思维，有助于培养学生思考和解决问题的灵活性。而头脑风暴和假设练习（"假设……"）可以增强学生对不同问题的理解能力。例如，"你刚刚讲，有个男子在公共汽车上对他孩子的不当行为不管不顾，这让你感到愤慨。让我们再思考一些可能性，如果该男子的妻子在这周刚刚去世，所以孩子才会行为不当，男子才无心理睬孩子的行为，那么你的想法会有变化吗？"

另一种提高学生思维灵活性的方法是要求学生利用新的分类方法对物品或信息进行重新分类。教师可以问："如何将这些物品分类？你会想到哪些独特的分类方法？"若学生能够熟练地提出和回答批判性问题，他们的能力就得到了提升，灵活性也得到了提高。观察孩子根据颜色或大小对积木进行分类的过程，我们能感受到灵活思维的重要性。当被要求按大小分类积木时，有些孩子做到了，却没有想到排序。在这种情况下，教师可以提出某些新的分类标准，并让学生提出相应建议。

改变对非线性思维的反应。有些学生具有非线性（关系性）思维方式。非线性思维可能会使学生由某个提示开始"联想"，而不是像线性思维者那样直接思考"原有的知识"。例如，弗兰金教师要求莉莲所在班级分享关于熊的知识。莉莲说，她在温哥华看过一部电影，讲的是一只熊冬眠在被地震连根拔起的大树根下。认识到学生的联想，教师可以重新理解学生的分享，总结出相应知识供后面参考："啊，是的，有些熊选择在树下冬眠，所以不是所有的熊都在洞穴里冬眠。"在有些学生的文化背景中，人们常常采用非线性思维，讲故事是他们所在家庭和社区的一种教育方式，因此讲故事也是回答问题的最好方式。学生的联想只是一种对话或思维的方式，无所谓准确与否，需要倾听者进行联想和推理。如果教师能够识别非线性思维，就可以利用这一技能。你可以让学生用讲故事的方式回答问题，这也是一种独特的方法。认真倾听学生的分享，理解非线性思维的特点，就可以发现大量与课堂内容有关的信息。

如果教师认为学生在上某节课或某个单元时脑海中有错误信息，同时不想打击学生的参与度、好奇心或创造力，希望学生对该信息有更深入的理解，那么可以试试这几种方法：（1）塑造包容、开放的课堂环境；（2）重构；（3）自查文化近视。

（1）塑造包容、开放的课堂环境，接受不同或复杂的想法。如果你使用 KWL 图表等辅助手段，不要简单地问"你对熊了解多少？"要添加一些限定语，例如，"你认为你知道什么？"这有助于扩展学生思维和激发好奇心。教师应该让学生知道可以畅所欲言，然后去验证他们的想法正确与否，看看他们是否掌握多个信息源。在讨论学生想法时，要考虑不同的背景，通过解释使学生有更深入的了解。教师要善于发现学生发言中的隐含内容，并让学生理解并考虑这些内容。通常，在学生向全班展示之前，教师应帮助其与同伴交流思想，从而完善思维。教师应该给学生安排互相提问的时间，让他们验证自己的想法并进行解释。

（2）重构。"重构"的概念来源于思维框架及思维框架对人们世界观的影响。教师可以帮助学生进行"重构"，让他/她从另一个角度看待事物。重构的典型方法是将问题看成机会，或将弱点视为优势。富兰和迈尔斯（Fullan & Miles，1992）曾在课堂上说："问题是我们的朋友。"他说："说问题是我们的朋友似乎有悖常理，但若我们不积极直面难题，就无法对复杂的情况做出有效回应。我们要把问题看成朋友，只有把自己陷于问题之中，才能想出创造性的解决方案。问题是帮助我们做出深层改变，获得更大满足的朋友。"（Fullan & Miles，1992）

在引导学生分享原有知识时，教师可以通过改变参考框架帮助学生。换言之，不要说"不对——答案错误"，或者"有人能帮助比利吗？"你可以说："你的思考方向没错，请说说你的看法，然后我们一起对你的观点进行阐释、修改或扩展。"

有时，教师可以对学生的回答稍加调整，这种重构可以让学生改变想法，学会灵活思考，甚至重获希望。例如，如果有学生说"我理解不了"，你可以这样回答："你可能现在不理解，但你能说出来就是个好的开始。告诉我你理解了什么，还想知道什么。"这说明你知道学生遇到了挫折，知道如何回应。同时，你也能教会学生如何继续前进、主动解决问题。

（3）自查文化近视。 有时，教师需要检查一下自己的知识体系，而不是草率地判断错误信息。鉴于个人世界观的局限性，你掌握的信息并非全面而准确。你应该停下来思考一下，学生某些不合常理的回答可能基于不同的世界观和经历。

学生在遇到不熟悉或不合常理的事情时，可能会闹出笑话。例如，在中学课堂上，学生正在研究鼹蜥。有个学生说："嗯，它们真的很好吃。"另一个学生打断他说："呀！鼹蜥是不能吃的，你怎么回事？"于是，学生们开始怒目相向。你可以充分利用这些情况开展教学，扩展学生的文化知识和相关信息量。你可以这样说：

- 有时候由于无知，我们会对自己不熟悉的信息妄下结论。看来今天我们可能要学到新知识了，那就是鼹蜥还有一个我们没想到的作用：它们在某些文化中是一种食材。维克多，你能告诉我们更多有关鼹蜥的事情吗？

- 我们班的优势在于大家有着不同的文化背景、不同的生活经历和不同的思维方式。当学习世界各地不同知识的时候，我们将开设一个博客。请各组集思广益为博客起个名字，要反映出我们不断增强的全球意识。谢谢！现在，谁愿意进一步解释一下刚才听到的内容，供大家在博客上分享？

- 这对我来说是个新知识。让我们想想如何获取关于它的更多信息。谁已经知道了？谁愿意上网查一下？大家还有什么想法？还可以利用哪些信息源？

调节文化实践与学校实践之间的冲突

当文化实践和学校实践发生冲突时，学生、家长甚至是所在社区都会感到被冒犯。但若无人抗议，教师可能根本察觉不到。全面了解问题本质能帮你更好地回应并发起引导对话。若想更好地理解文化实践与课堂实践冲突的解决框架，可参考下面两个方法：假定缺陷和沟通方式。

假定缺陷。 你是否遇到过这样的学生，从他们的语言表达能力判断，你知道他们一定会遇到问题，但你也断定他们最终会在学业上取得成功。尽管这只是一种直觉，但研究表明，若教师认为学生的语言能力不足，学生往往会因为这种判断而遇到困难，甚至失败（Stubbs，2008）。例如，斯塔布斯（Stubbs）曾说过，很多英国人觉得某些大城市的人说话"懒散而丑陋"，导致人们也断定这些地区的人不那么聪明，没有野心，缺乏自信，甚至不可靠！还有一个发生在美国的范例，史密斯（Smith，2008）说他从小到大都讲一种南方埃博尼方言（黑人英语）。当他来到数千英里外的一所城市学校就读时，别人因为他的语言而做出判断，给他贴上了智力缺陷的标签。他感到很心痛，经常被嘲笑，被欺负，甚至被划为劣等生。当表达出自己的沮丧后，他又被贴上了爱宣泄的标签。后来，史密斯在一位导师的帮助下成了语言学教授。这位导师知道语言的力量，他帮助史密斯弥补语言差距，增强语言能力。史密斯的故事告诉我们，若青少年因为语言缺陷而受到歧视，那么其情感、社会行为和教育程度都会受到影响。要深入研究这个问题，我们推荐你阅读德尔皮特和道迪（Delpit & Doudy，2008）的《外在的力量：关于课堂语言和文化的思考》（*The Skin That We Speak：Thoughts on Language and Culture in the Classroom*），这本故事集描绘了与语言相关的影响。

沟通方式。人们基于自己的经验和世界观，可能会下意识地判断某些沟通方式的对错。因此，教师有时候会误解学生在课堂上的言语和行为。例如，在某个学生的家庭文化中，人们都用非常直接的方式进行沟通，而你可能认为这样是一种挑衅。这会使你（错误地）认为学生不尊重他人或很强势。在学校里使用第二语言的学生通常需要花费更多的时间思考，在脑海里"翻译"或找到需要的单词。由于他们在回答问题之前经常停顿，所以会因此被误认为反应迟钝。在某些学生的家庭文化中，直视教师会被认为是挑衅；然而，在课堂上，不与教师眼神交流可能被（错误地）理解为不感兴趣、不尊重或逃避。在一项研究中，菲利普斯（Phillips，1983）记录了教师将纳瓦霍学生长时间的沉默误认为走神。事实上，这些学生很善于思考，他们在以自己文化中最恭敬的方式学习。

由于对行为的误解，某些学生会被公开或隐蔽地贴上标签，进而影响别人对他们的态度。教师的高期望（或积极的期望）有助于学生们取得好成绩，所以当你凭直觉发现问题时，不妨假设这是沟通方式的差异。

学校文化和家庭文化不一致。如果新生能在课堂上感受到与自己熟悉的价值观、行为方式、语言和思想，那么就会拥有一个"安全区"，继而迎接新的挑战。学校课堂成了他/她原有知识和文化背景的结构化延伸。他们知道如何理解教师的语言与非语言手势、信号和期望，只需要基于原有经验进行思考。

但是，如果这个新生不熟悉课堂的社交与语言环境，就必须进行三个方面的调整：（1）了解学习内容；（2）熟悉文化新规则；（3）社交情感转化，即放弃熟悉的社会情感支持。若学校文化和家庭文化"不一致"，学生会面临更多认知和情感上的挑战。

具备自主学习能力的学生和对学习有信心的学生最容易完成这些调整。如果你的学生掌握了这种复杂的调整方法，也会有不错的效果。他们可以在两种文化之间穿梭，拥有两种观察世界的视角。但是，如果没有掌握好调整方法，学生的精神极有可能被压垮。

对某些学生来说，学校的规则可能过于复杂，因为他们原来的学习基础并不牢固，规则增多会使情况更加复杂。如果学生对这些规则并不熟悉（认知上或情感上），情况会更加复杂化。因此，课堂上每名学生在学校面临的社交、任务和要求是不一样的。

学生的动力、教师的引导和课程的意义

了解学生的视角、重视学生的身份、将学生视为独特的个体，这些都会提高学生的课堂参与和学习动力（Wlodkowski & Ginsberg，1995）。学生的积极性会激发其成就感，产生真正而持久的动力。沃洛德科夫斯基和金斯堡建议，培养学生积极的态度、强调课程的意义、培养学生的能力可以有效激发学生课堂参与的动力。同样，MiCOSA教学法的五种引导对话和互动方式也有助于学生有效地参与课堂活动：目的互动、引导意义、衔接思维、自我调节、培养能力。在后续章节中，我们将介绍如何利用MiCOSA教学法提升和改善学生的课堂动力。

建立归属感

归属感是一种基本的心理需求——一种学校可以满足的需求（Osterman，2000）。营造相互尊重、相互协作的学习氛围有助于增强学生归属感（Anderman，2003）。学生也会乐于学习、乐于改变。要营造这种学习氛围，你需要帮助学生发现蕴含在自己家庭文化中的思维技能和思维过程。这样做也表明你重视他们、尊重他们，随时准备帮助他们。在发展学生思维技能的过程中，你要善于发现学生的意愿并进行互动，与学生一起发现他们的优点，并提出表扬。

通过有效参与培养积极的态度

增强学生与学习的关联性可以提高学生的参与度和兴趣，还会培养其积极的学习态度（Bernard，2010）。MiCOSA教学法利用学生的原有知识和文化基础，助其更深刻地感受与学习的潜在关联，从而了解学习的意义。为此，教师应明确与学生探讨内容的问题的意义。

当探讨意义的时候，教师通常会用到抽象的批判性思维。例如，在考虑三年级学生应该学习的宇宙知识时，有些教师认为，除了让学生了解宇宙的具体知识，还应该让他们了解万事万物之间的关联，希望学生在好奇心和探索精神的指引下探索宇宙的奥秘。此外，他们还希望学生了解成本效益，以及寻找新资源的可能性："将人送入太空需要花费大量的资金。他们如何证明这笔费用的合理性?"这些"更深层的意义"可以使教师与学生的关联更加紧密。

如果教师在教学中融入学生的文化实践、历史或原有文化背景，就可以减少学生对学习的疏远感，帮助他们紧随课程，获得归属感（Delpit，2008；Kana'iaupuni，Ledward & Jensen，2010）。学习也因此变得更有意义。尽管许多教科书也体现了文化内容，但是盖伊（Gay，2000）解释说，要最大限度地发挥文化内容的作用，教师必须了解这些内容的重要性，并将其有效利用。

通过关联和衔接深化课程的意义

初步确立了课程的意义后，教师要精心设计富有挑战性的课堂活动，以深化学习意义，提高学生的参与度，让学生通过回答问题和参与活动提高学习效果。例如，阿佩尔老师在课堂上和学生讨论一个社区关心的问题——计划开采的新矿是否会影响他们的供水系统。为了研究硬岩开采及其对水质的影响，学生利用多种信息源收集信息，并寻找各信息源之间的关联，再把研究成果与当地社区情况进行对比，从而推断出可能产生的影响。他们创建了一个网站来展示研究成果，上传了插图、数据和主要结论，并列出了多种消息源的链接。在这过程中，他们运用了团队协作和精准表述等思维技能，给当地报社编辑寄了附有网站链接的信件，还给家长和学校工作人员寄了信件。切实解决生活中的问题可以增强学生的学习动力，教师应有意识地让学生使用一些思维技能（比如多方收集资料、比较、寻找关联、保持精准等），为其日后的学习打下基础。

通过 MiCOSA 教学法，教师将有意识地让学生思考如何将知识与技能应用于新的环境。你可以将不同主题整合起来，也可以将学生的学习和未来职业衔接起来。这样，学生会感受到自己思维的重要意义。

培养能力感

学生在学习复杂知识的时候必须对自己的学习能力有信心。面对难题时，能力感会让学生更愿意挑战困难。教师在观察并见证学生能力日益增长的同时，也要告诉他们你的感受，鼓励他们认同自己的能力，分析能力提高的原因。教师可以利用 21 种思维技能培养学生的能力感，对每一项技能都提出具体要求，从而更好地得到学生的反馈。例如，你可以说："莎拉，我注意到你今天为了介绍自己的选举计划而向组员询问一些问题，在问安迪他的候选人与你的候选人对教育投资看法异同之处时，你做了一个巧妙的比较，帮助你们俩进一步思考其中的关联。你注意到了吗？"

支持教师的自我发展

和学生一样，教师心中也有一个故事，希望自己是一位有能力、有创造力的教师。学生故事的主角是家庭、社区和教师，而教师故事的主角是学校和同事。通过精心设计的课程体系，教师帮助学生提出问题、解决问题、共享资源，最终获得能力的提升。这一切都发生在课堂上。

教师身处学习环境中

尽管有时获得闪光思想需要独立思考，但独自面对困难或挑战的过程是痛苦的。当缺乏自信时，每个人都需要安全感和别人积极的帮助。教师有能力帮助学生重获安全感，提高创造力。

教师可以通过协作提高自己和学生的心理承受力。比如，你可以和同事在共进午餐时聊天，可以组织年级会议来应对消极情绪、推动问题解决、分享成功和经验，可以每周或每月都学习新知识，还可以成立一个研究小组。你可以把学生、家长和社区都纳入你的合作范畴。

吉妮娃·盖伊（Geneva Gay，2010）分享了一种与学生进行课堂合作的有趣方法。她建议教师鼓励学生就学校和家庭文化之间的冲突展开批判性对话，并分析不同文化体系中文化现实与理想的一致性与差异性。她认为这种方法能促进教师和学生的协作：

> 作为文化引导者，教师让学生围绕文化冲突展开批判性对话，分析主流文化理想与现实之间的差异。在教师的帮助下，学生可以了解自己的民族，学会尊重其他文化，建立积极的民族关系和文化关系，避免出现偏见、刻板印象和种族主义思想。活动旨在建立多元文化学习环境，让师生在互相欣赏和认同的基础上开展合作，从而能够提升自我，增强信心，消除压力。

将学生和家长视为学习伙伴

作为学习者，教师应将学生、家长及社区当作学习伙伴。在需要了解未知情况时，教师可以随时向社区征求意见、寻求帮助、获得反馈。这些互动会增强你对学生、家长和社区的尊重感，也可以增强学生和社区的认同感。

在许多社区和文化中，互相尊重是建立任何关系的基础。这种尊重不仅包括对父母和长辈的尊重，也包括对年轻人的尊重。在这种世界观中，成年人不会只要求学生尊重他们，也会尊重学生。研究报告表明，尊重家长、学生和社区的教师往往会获得双倍的尊重。若想获得更多信息，你不妨每个月都去接触和了解一个新群体。起初，对方可能会比较谨慎，甚至怀疑，但你的坚持和尊重最终会获得他们的信任。

小结

- 学生的个人经历各不相同，这些经历对他们的学习动力和学习效果有着不同的影响。学校教育是塑造学生个人经历的重要因素，因此，教师可以在此过程中为学生提供帮助。
- MiCOSA 教学法的要素与文化互动式教学息息相关。在此基础上，我们详细介绍了三种方法：（1）激活学生的相关知识；（2）纠正原有知识的错误信息；（3）调解文化实践与学校实践之间的冲突。
- 教师可以通过以下方法提高学生的动力和参与度：（1）包容和相互尊重；（2）基于学生原有知识培养学生的积极态度；（3）帮助学生评估不同背景下的思维能力，强化课程的意义；（4）肯定学生的成功，培养学生的能力感。
- 将家长和社区当作伙伴，有助于消除不同文化、不同社区和不同学校之间的隔阂。作为学习者，教师也能就此重新认识自己。

参考文献

Aganza, J. (2011). *Encuentros*: Positive results in Vista Unified School District 2009–2010. In V. J. Cook-Morales (Chair), *RtI tiers without tears: Collaboration with your bilingual school psychologist*. Symposium presented at the annual conference of the California Association for Bilingual Education (CABE). Long Beach, CA.

Aganza, J., & Cline, Z. (2009). *Encuentros: A culturally responsive curriculum*. Workshop presented at the Bilingual Special Education Conference, Portland, OR: Portland State University.

Anderman, L. H. (2003). Academic and social perceptions as predictors of change in middle school students' sense of school belonging. *Journal of Experimental Education, 72*, 5–22.

Bernard, S. (2010). *Science shows making lessons relevant really matters*. Retrieved from Edutopia.org

Bransford, J. D., Brown, A. L., & Cocking, R. R. (Eds). (2000). *How people learn: Brain, mind, experience, and school*. Washington, D.C.: National Academy Press.

Delpit, L. (2008). No kinda sense. In L. Delpit & J. K. Dowdy (Eds.), *The skin that we speak: Thoughts on language and culture in the classroom* (pp. 34–57). New York, NY: The New Press.

Delpit, L., & Dowdy, J. K. (Eds.). (2008). *The skin that we speak: Thoughts on language and culture in the classroom*. New York, NY: The New Press.

Freire, P. (1972). *Pedagogy of the oppressed*. Harmondsworth: Penguin.

Freire, P. (1995). *Pedagogy of hope. Reliving pedagogy of the oppressed*. New York: Continuum.

Fullan, M. G., & Miles, M. B. (1992). Getting reform right: What works and what doesn't. *Phi Delta Kappan, 73*(10), 745–752.

Gay, G. (2000). *Culturally responsive teaching: Theory, research and practice.* New York, NY: Teachers College Press.

Gay, G. (2010). *Culturally responsive teaching: Theory, research, & practice* (2nd ed.). New York: Teachers College Press.

Kana'iaupuni, S., Ledward, B., & Jensen, U. (2010). *Culture-based education and its relationship to student outcomes.* Honolulu: Kamehameha Schools, Research & Evaluation. Retrieved from www.ksbe.edu

Nieto, S., & Bode, P. (2008). *Affirming diversity: The sociopolitical context of multicultural education* (5th ed.). Boston, MA: Allyn & Bacon.

Osterman, K. F. (2000). Students' need for belonging in the school community. *Review of Educational Research, 70,* 323–367. doi: 10.3102/00346543070003323

Phillips, S. U. (1983). *The invisible culture: Communication in classroom and community on the Warm Springs Indian Reservation.* New York: Longman.

Reveles, F. (2000). *Encuentros: Hombre a Hombre* (Encounters: Man to Man). Sacramento, CA. California Department of Education.

Rosaldo, R. (1989). *Culture and truth: The remaking of social analysis.* Boston: Beacon.

Smith, E. (2008). Ebonics: A case history. In L. Delpit & J. K. Dowdy (Eds.), *The skin that we speak: Thoughts on language and culture in the classroom* (pp. 16–32). New York, NY: The New Press.

Stubbs, M. (2008). Some basic sociolinguistic concepts. In L. Delpit & J. K. Dowdy (Eds.), *The skin that we speak: Thoughts on language and culture in the classroom* (pp. 74–104). New York, NY: The New Press.

White, M., & Morgan, A. (2006). *Narrative therapy with children and their families.* Adelaide, South Australia: Dulwich Centre Publications.

Winslade, J. M., & Monk, G. (2000). *Narrative mediation: A new approach to conflict resolution.* San Francisco, CA: Jossey-Bass.

Winslade, J. M., & Monk, G. D. (2007). *Narrative counseling in schools: Powerful and brief.* Thousand Oaks, CA: Corwin.

Wlodkowski, R., & Ginsberg, M. (1995). *Diversity and motivation: Culturally responsive teaching.* San Francisco: Jossey-Bass.

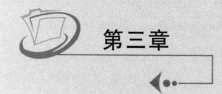

第三章

强化思维的引导对话

与多数思维技能教学法相比，MiCOSA 教学法的最大特点是借助引导对话，利用语言帮助学生积极发展新的思维技能，使其能够在不同背景下灵活运用相关技能。

在超市的货架间走动，我们可以看到家长与孩子的各种互动。在早餐通道的一端，一位愤怒的母亲从她 6 岁儿子的手中抢走了麦片盒。"不准拿这个盒子！"她一边训斥着儿子一边把盒子放回架子上摆好。她儿子哭闹着抗议，这显然不是引导对话！与之不同的是，在通道的另一端，一位父亲正鼓励儿子为家人挑选早餐麦片，他提醒儿子三个重要因素——营养价值、价格和吸引力。男孩从货架上拿了 Sugar Squiggles 这一款麦片，说："爸爸，这张照片很酷，一盒只要 2.99 美元！"父亲引导道："你考虑了两个重要因素——好看、价格合理，太好了，那营养呢？让我们看看它的配料成分，啊！这一款含糖太多了。帮我再找一款看起来很好吃、价格合适、更有营养的麦片。"这对父子在购物期间就没有出现过任何争执！

我们在第一章将引导者定义为"中间人"——伟大的倾听者、帮助者、翻译者、推动者——就像上述场景中第二个家长一样。父母（或其他监护人）与孩子的这种对话是最早的引导行为。在上述例子中，父亲充当了小男孩和他所处环境的"中间人"，引导他在做决定之前收集所有相关信息，进而采取行动解决问题。他引导儿子运用了"对比多个信息源"（如营养价值、价格、吸引力）思维技能，不局限于少量信息（图片中的麦片看起来不错，价格也很合理），把购物变成了一场有意义的教育活动。这段对话展现了几种 MiCOSA 引导对话：父亲帮助儿子运用思维技能，儿子对父亲做出回应（孩子完全参与到学习中）；父亲积极给出指导性评论，培养儿子的思维能力；最后，父亲引导儿子进行自我调节，建议儿子好好思考，再做决定。本章将详细介绍这些思维技能。

作为引导者，你要参照这位父亲的做法，仔细思考根植于学生家庭或文化背景中的思维或经验，并帮助他们将其运用到新的学习中。你要置身于学生和新知识之间，在两者之间架起一座桥梁。你要帮助学生拥有自己的思维能力，并反复地迁移和运用这些思维技能来解决新的难题。

MiCOSA 是"课堂中的引导：批判性思维与开放性系统化学习方法"的缩写，强调学生乐于改变并能够改变。通过引导对话，你可以促成这种改变。你要仔细考虑如何设计对话，以促进学生的改变。通过教师的引导，学生将获得新的思维技能，并习惯于在课程和生活中使用这些技能。引导对话要求教师不做"讲台上的圣人"，要与学生共同学习，分享为人之道。利用引导对话，教师能够帮助学生提高积极性、强化学习意义、增强应对挑战的能力、明确探索意愿、加强自我调节、提高自身能力。

下面五种类型引导对话［根据詹森（Jensen，2012）的研究成果改编］可以有效地提高学生的思维技能：

（1）目的互动型。

（2）引导意义型。

（3）衔接思维型。

（4）引导调节型。

（5）培养能力型。

目的互动型

琼斯老师从袋子里拿出一块鲨鱼下颚骨，让学生猜她拿的是什么。学生们积极地回答。当他们走近时，她做出游泳的动作，然后做出口腔发声的动作。是的，鲨鱼的下颚！她微笑着介绍了教学目的："我们将一起就鲨鱼写一份信息报告。你们将用到一种叫作系统搜索的重要思维技能。想想这两个词，系统和搜索。现在，和伙伴分享一下你对这种思考技能含义的理解，谈一下如何利用这一技能来帮助你写信息报告。"课堂开始活跃起来。

在这段情境中，琼斯老师明确地向学生们传达了她的目的，学生将在撰写信息报告的过程中使用"系统搜索"思维技能。她可以简单地说："同学们，今天我们将学习如何编写信息报告，并使用'系统搜索'思维技能。"然而，为了确保学生们积极参与活动交流，她抛出了一个"钩子"——戏剧性地从包里拿出了一块下颚骨。

明确目的和进行互动可以建立联系并带给学生期待，从而确保互动或课堂是有意义、有趣且成功的。你可以从学生的眼神、肢体语言和言语反应中看到他们的互动。你要花点时间建立这种心理联系，因为没有交流互动，就无法引导认知的改变。

你可能已经要求学生把原有知识和当前学科内容关联起来。在 MiCOSA 教学法中，你将要求他们把新的思维技能和原有知识（包括基于文化的原有知识）关联起来。例如，"我们要运用'制订计划'思维技能。大家可能都和家人、邻居或朋友一起使用过这种思维技能。想一想，分享一个关于计划的范例。然后我们将对'制订计划'思维技能进行定义，看看如何将它应用到我们的工作和生活中。你和家人是如何运用它的?"这段对话有助于明确目的，结合学生的家庭经历可以确保学生在学习中参与互动。

虽然确立目的和进行互动看起来只是开场白，但教师要让这个行为贯穿课程始终，以保持学生的学习积极性。例如，你可以让学生两人一组分享想法或把想法写在白板上。这将使你有机会在讲新知识之前掌握学生的理解情况，并在明确目的的基础上更新互动方式。你可以通过手指黑板等简单动作使学生将注意力聚焦在思维技能上，也可以点名让学生参与互动。这些做法有助于明确目的，保持互动。你还可以改变音量、语速、声调或手势，使学生及时跟上你的思路。

表 3-1 列举了支持创建引导对话的活动，右栏为引导对话范例。

表 3-1　目的互动型引导对话的活动、策略和范例

活动和策略	目的互动型引导对话范例
感官联系 通过看、听、摸等方式使学生联系自身背景和经历。通过音乐、视频、情景再现、教具和阅读明确教学目的，鼓励交流互动。	（1）"本周我们重点运用'寻找关联'思维技能。听听维瓦尔第的这首协奏曲。他将其命名为四季。闭上眼睛，想象一下每个季节的画面。现在开始听，边闭眼想象，边利用'寻找关联'思维技能推断出他描述的季节。我会请你们分享听到的内容和关于四季的想象。" （2）"你们中有谁还没看到演员表就关掉电视或离开房间了? 哇! 看来很多人都这么做。那么，演员表到底有什么作用? 你能从中了解到什么?" 引导并让学生回答。

续表

活动和策略	目的互动型引导对话范例
	"是的，演员表是向所有参与策划和拍摄的人致敬。首先，让我们看看里克·史蒂文斯的威尼斯纪录片的演员表。当文字在屏幕上滚动时，注意出现的各种工作名称。" 学生们完成活动。 "现在，让我们观看影片的开头部分，里克·史蒂文斯在向游客介绍威尼斯。再看一下你列的工作名称清单，思考制作这部影片需要做哪些计划。看完影片后，你们要写下相关计划和工作。接下来，让我们思考在准备拍摄微电影时，如何运用'制订计划'思维技能。"
快速记录（Graves & Kittle，2005） 快速记录要求学生记录想法，不需要纠结语法或拼写。根据不同主题，记录时间为 3 到 8 分钟不等。快速记录要用到学生原有知识，鼓励学生进行总结、联系、推断和假设。格雷夫斯和基特尔（Graves & Kittle，2005）为快速记录提供了有益建议，鼓励学生展开丰富的个人联想。当课堂内容涉及学生原有知识时，或"研讨会"（见下文）之类的活动结束之后，你可以让学生进行快速记录。	(1)"今天，你们要自己编写数学应用题，并与其他小组进行交流，让他们解答你们的问题。在编写应用题时，你会用到'比对多源信息'思维技能。让我们就这个思维技能进行 5 分钟快速记录，你将如何运用它设计问题？你需要哪些信息源来解其他组的应用题？" (2)"昨天我们讨论了《慢男孩》的故事，讨论了责任、毅力和忠诚等问题。昨晚，你们也就这些主题采访了家人。现在，请进行快速记录，看看家人的表现和男孩的表现有什么关联之处。" 学生们完成快速记录。 "现在，我们会再次运用'寻找关联'思维技能来分享快速记录的内容，找出大家的共同点。"
研讨会（Perona，1989；Beers，2003） 研讨会可以在线上进行，也可以在线下进行。每个学生都掌握一个知识点（写在纸上或分享在维基网站上）。在线下研讨会中，学生们在屋内自由活动，在限定的时间（例如 6 到 8 分钟）内尽可能多地与其他人接触并分享自己掌握的知识。如果在线上进行研讨会，学生可以以班级或小组为单位，将知识点发布到博客或论坛中。这样，每个人都会了解到相关的背景知识，会更加公平。线上研讨会可以利用博客或谷歌文档，供教师和学生随时查阅信息。	(1)"我将给每个人发放记录某个知识点的卡片，是关于人体三大系统——消化系统、呼吸系统、循环系统的。在接下来的 6 分钟内，请尽可能多地与同学分享交流彼此的知识点。然后，我们会学习如何利用'比对多源信息'思维技能扩大原有知识面。" (2)"你们每个人都掌握了某个金融类知识点。请在论坛中与至少 8 个人交流分享。" 学生们开始讨论论坛中的内容。 "现在，利用'寻找关联'思维技能找出至少 3 个答案。想出 3 个基于新学知识点的例子。"

引导意义型

在讲"探索"这一主题时，盖茨老师在教室里放了一个大帆船。墙上贴满了海报，宣传船上的不同工作（如厨师、船长、大副、二副和服务员）。她要求学生们通过递交简历和写求职信的方式申请其中的工作。科里平时是一名很有能力、态度积极的学生，现在却双臂交叉着站在那里皱着眉头。盖茨老师走过去，问他有什么问题。科里说："我们为什么要这样做？这是假的——一艘假船，还有假工作。"盖茨老师回答说："科里，你提了一个好问题，但是你可以想想高中毕业后的生活和这次活动有什么关联？我要求你把简历和求职信写得有说服力，在船上找份合适的工作，如果你的第一份申请被拒绝，请再试一次。"

"哦，我明白了！"科里笑了。"你在帮助我们为真正的工作做准备。"

"当然。你已经为两件事情建立了很好的关联，科里！当你运用'寻找关联'思维技能时，就可以理解任务和生活之间的联系了。当你在生活中遇到所谓的无意义事情时，就可以通过寻找关联的方法去发现它的意义。"

科里寻找到了意义。作为教师，你已经帮助学生理解了课堂内容的意义，这有助于提高学生的参与积极性。在利用 MiCOSA 教学法传授思维技能时，教师要随时做出调整。使用新的思维技能有什么意义？它对学生当前和未来的学习有什么帮助？在上面的范例中，盖茨老师引导科里理解了"寻找关联"思维技能的意义，明确了当前课堂活动的意义。她还引导科里了解了这种思维技能的实践意义。

除了引导学生了解思维技能的意义和价值，教师还要指出思维技能在相关背景下的应用。例如，在引导学生使用"对比多个信息源"思维技能时，你可以说："收集完各方信息后，你会很顺利地完成后续任务，因为已经了解任务流程了。"教师应该让学生了解当前课堂活动的价值和意义，以及新思维技能的作用。随着时间的推移，学生的认知会发生有意义的变化。

表 3-2 列举了支持创建引导对话的活动，右栏为引导对话范例。

表3-2 支持引导意义型引导对话的活动、策略和范例

活动和策略	引导意义型引导对话范例
基于项目的学习 这是创造意义的理想方式。完成项目不仅需要思维技能，还需要协作、收集信息、创造力和解决问题的能力。如果这些项目是有意义的（可以应用于实际生活），学生会相信学校教育与他们的生活息息相关。对多数学生而言，在自己的作业（网上作业、PPT、主题演讲或 iMovies 视频）中使用相关技能，可以强化对这种相关性的理解。	"你所在小组在做一项很有意义的项目，为学校网站制作防震手册。你们对地震起因的研究应该会对社会有所帮助。你们在制作防震手册的计划中采取了哪些有益措施？" 引导并让学生回答。 "我发现，'制订计划'思维技能可以帮助你们找出制作防震手册的要素，还可以帮助你们规划时间，从而按时完成项目。"
拼组（Kagan，1994） 将学生们分组，确定每个小组的研究领域，要求学生彼此协作，共享资源。然后，从每组抽出一名组员，使其加入其他小组，共享研究资源。每个人都应积极参与并承担相应职责，由此认识到活动的意义，提高知识水平。	"在与其他小组一起活动时，你会接触更多信息源，将其与你所在小组共享。请与小组成员简要讨论拥有多个信息源的重要性。" 学生讨论和回答。 "你提出的观点很有道理。我也认为接受他人的信息有助于支撑自己的观点，而且可以进行交叉检查，使你的论点更加丰富。大家都有责任为其他组传递准确的信息，因此，比对多源信息有助于确保信息的准确性。"
交换观点（Kagan，1994） 该策略可以在学生学习研究新知识时，引导他们回顾原有知识。学生可以在教室里自由走动，把自己的观点告诉别人，并从别人那里"得到"一个观点。在与全班同学分享观点时，要一一提及曾与之交流的人。通过讨论，学生可以勘正错误信息。为了丰富学生的知识储备，教师可以利用 SAFARI Montage 等数字媒体资源。	"当你开始学习'探索'这一新单元时，要重点理解关键术语'剥削'。利用'寻找关联'思维技能，举三个例子说明你对'剥削'一词的理解，可以思考一下你看到或听到这个词的场合。在与同学交换观点时，讨论你们的关联之处。现在，基于你的理解，你认为'剥削'这个词应该如何在本单元中使用？" 引导学生回答。 "利用'寻找关联'思维技能使学生理解'剥削'这个词的意义。"

衔接思维型

斯塔基老师表扬了班内学生在科学实验课上的出色表现，并利用引导对话将他们今天在科学活动中用到的"提出假设"思维技能与前一天的语言艺术课关联起来。"你们在进行科学实验的过程中学会了'提出假设'，这也是你们在许多科目和现实生活中要用到的重要思维技能。例如，在昨天的语言艺术课上，你们就借助'提出假设'思维技能学习了一个新词 hydropower（水力）。你们知道 hydro 是希腊语词根，表示水的意思，然后假设 hydropower 的意思是水产生的能量。你们仔细阅读了上下文，发现意思说得通，由此证明你们的假设是正确的。想一想，你们还在哪些情况下使用过'提出假设'思维技能？"

采用 MiCOSA 教学法的教师在营造学习环境、设置课程和创造学习体验时，会时刻关注课程在学生生活中起到的作用。也就是说，他们当前的教学是为了学生的将来。斯塔基老师担心学生不会在新环境中灵活运用今天学习的思维技能，因此，她利用引导对话来帮助学生在不同的情境中衔接这些思维技能。

引导对话可以帮助学生在各种情境中灵活衔接和使用相关思维技能。为使各情境中的衔接更加顺畅，教师要向学生明确"衔接策略"，使其脱离课程背景，提炼思维技能及其作用，然后帮助学生衔接或迁移这种"通用原则"，将其应用到新的学习中。有时，教师要创建固定的模式，以帮助学生从具体的内容思维转向抽象的衔接思维。下面举例说明这一过程。

初始问题

在做气象项目时，你是如何比对多源信息的？这样做效果如何？你能否总结出某种衔接策略？

学生经验：我需要比对多源信息，以获取气象项目的相关信息——我利用了电脑、课本、气象频道、家人和个人经验。

初步"衔接"尝试（基于内容）：当我比对多源信息源时，可以从不同角度获取充足信息来完成气象项目。

这种初步"衔接"尝试仅描述了思维技能在当前学习中发挥的作用。虽然这有其意义，但并不是衔接策略，因为它仍然受内容束缚，无法迁移到新的学习中。此时，教师要让学生思考如何让思维技能在新的情境中发挥同样的作

用，并对其进行提炼，思考普适性原则，要让他们试着由"我"向"你"转变，反复核对原则并进行陈述：

> 第二次尝试：创建衔接策略（可迁移）。当我（你）比对多源信息时，可以从多个角度收集信息，找到广阔的视角。

这个原则是不同背景和内容领域之间的桥梁。让我们回到之前的例子，斯塔基老师建议：

　　"让我们讨论一下，在这两种情境中，使用'提出假设'思维技能发挥了什么作用？"斯塔基老师提示道："当我使用'提出假设'思维技能时，我＿＿＿＿＿。"学生们回答道：
　　"当我使用'提出假设'思维技能时，我的猜测是有根据、有目的的。
　　当我使用'提出假设'思维技能时，我可以想出某个问题的几种解决方案。
　　当我使用'提出假设'思维技能时，我的想法会受到许多变量的影响。"
　　"很好。你们刚刚创建了所谓的衔接策略。这些想法有助于我们将思维技能迁移到不同的情境中。"

由此可见，教师可以利用学生经历来复查衔接策略的有效性。例如，斯塔基老师利用衔接策略将家庭情境和社会情境衔接起来，她向学生提出了一个假设："如果你读的博客中出现了对同学的网络欺凌，你该怎么办？利用'提出假设'思维技能来思考对策。"这个问题将学生置于未来可能发生的情境中，使"提出假设"思维技能得到预演。表3-3是衔接假设类思维技能的范例。

表3-3　"因果假设"思维技能的衔接

衔接到……	
前缀判断法：	
通过前缀判断词语的意思	网络欺凌的意思
科学判断法：	
对实验的结果进行假设	网络欺凌的影响

让我们总结一下斯塔基老师是如何培养学生衔接"提出假设"思维技能的。首先，学生在英语课中运用了"提出假设"思维技能（由希腊语和拉丁语词根判断），之后他们将这一技能衔接到科学课的学习中，并最终将其衔接到

可能会真实发生的社会情境——网络欺凌中。在这一过程中，学生通过自己创建的衔接策略，将这种思维技能应用到其他学习情境中。

为了更好地引导衔接思维，教师可以使用 MiCOSA 的 21 种思维技能卡（详见 PD 工具箱）来帮助学生进行总结概括。MiCOSA 的每种卡片上都标有思维技能的名称和相应图标，让学生创建自己的衔接策略。表 3 - 4 是"因果假设"思维技能卡。有些教师将卡片放大贴在教室墙上以示提醒。还有的教师让学生创建思维技能日志（纸质或电子版），来列举衔接思维范例，并附上日常学习和生活中使用这些思维技能的情况介绍。

表 3 - 4　"因果假设"思维技能卡

因果假设
当我使用"因果假设"思维技能时，＿＿＿＿＿＿＿＿＿＿＿＿＿

表 3 - 5 列举了 MiCOSA 教学法 21 种思维技能的衔接策略。

表 3 - 5　衔接策略范例

1. 系统搜索	● 当我使用"系统搜索"思维技能时，不会错过关键信息。 ● 当我使用"系统搜索"思维技能时，会找到所需信息。
2. 保持专注	● 当我使用"保持专注"思维技能时，可以提高理解力。 ● 当我使用"保持专注"思维技能时，可以记住并理解更多信息。
3. 善用关键词	● 当我使用"善用关键词"思维技能收集信息时，可以理解更复杂的阅读内容。 ● 当我使用"善用关键词"思维技能时，可以理解文中的微妙之处。
4. 比对多源信息	● 当我使用"比对多源信息"思维技能时，解决问题变得更加容易，因为我拥有了所需的各种信息。 ● 当我使用"比对多源信息"思维技能时，可以记住一些相关信息，并在解决问题时将其与新信息整合。
5. 判断空间位置	● 当我使用"判断空间位置"思维技能时，可以解释所看到的东西。 ● 当我使用"判断空间位置"思维技能时，可以理解物体的位置与我所处空间的相对关系。

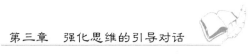

6. 把握时间位置	● 当我使用"把握时间位置"思维技能时，会感到所学内容与自己息息相关，并能在以后运用所学知识。 ● 当我使用"把握时间位置"思维技能时，可以更好地理解历史和未来。 ● 当我使用"把握时间位置"思维技能时，可以更好地对事件进行排序。
7. 保持信息精准	● 当我使用"保持信息精准"思维技能时，不会犯愚蠢的错误。 ● 当我使用"保持信息精准"思维技能时，可以了解到更详细的信息。
8. 设定目标	● 当我使用"设定目标"思维技能时，可以专注于目标并明确计划。 ● 当我使用"设定目标"思维技能时，可以更好地理解所学知识，从而明确学习方向和目的。
9. 制订计划	● 当我使用"制订计划"思维技能时，可以提前进行规划，更仔细地思考各流程，从而使计划更加完整。 ● 当我使用"制订计划"思维技能时，可以清楚地知道如何完成任务，更好地把握在学习中投入的时间和精力。
10. 比较判断	● 当我使用"比较判断"思维技能时，可以使描述更丰富，拥有更多选择。 ● 当我使用"比较判断"思维技能时，可以更好地了解某些物质的属性，以及它们与其他物质的异同之处。
11. 排序分类	● 当我使用"排序分类"思维技能时，可以简化查阅资料的流程，发现新的关联。 ● 当我使用"排序分类"思维技能时，可以高效地归档记忆信息，从而成功地检索信息。
12. 寻找关联	● 当我使用"寻找关联"思维技能时，发现自己充满了创造力！工作也变得更有意义。 ● 当我使用"寻找关联"思维技能时，会发现事物之间的关联，这让我兴奋地大叫。 ● 当我使用"寻找关联"思维技能时，就像找到一块合适的拼图，可以更好地看到整个画面。
13. 视觉化	● 当我使用"视觉化"思维技能时，可以让故事变得鲜活，更好地以书面形式描述我的想法。 ● 当我使用"视觉化"思维技能时，可以有效地促进其他思维并用，帮助我在头脑中形成画面，从而更好地进行推断和假设。 ● 当我使用"视觉化"思维技能时，会感到安全，因为在实际行动之前，可以在头脑中"播放"预测的结果。

14. 逻辑推理	● 当我使用"逻辑推理"思维技能时，可以有效分析信息并得出结论。 ● 当我使用"逻辑推理"思维技能时，可以"读懂字里行间的内容"，理解文中的微妙之处。 ● 当我使用"逻辑推理"思维技能时，可以有效地衔接思维，将其迁移到新的情境中。
15. 因果假设	● 当我使用"因果假设"思维技能时，不会在工作中感到困难，因为有了新的思考方法。 ● 当我使用"因果假设"思维技能时，可以避免重复犯错，因为可以在行动之前仔细思考。
16. 归纳总结	● 当我使用"归纳总结"思维技能时，可以提高理解能力，并乐于分享想法。 ● 当我使用"归纳总结"思维技能时，可以浓缩所学内容，以便日后需要时随时提取。
17. 善用关键词	● 当我使用"善用关键词"思维技能时，可以更清楚地表达想法。 ● 当我使用"善用关键词"思维技能时，可以让他人更好地了解自己，从而更好地与他人分享观点。 ● 当我使用"善用关键词"思维技能时，可以让他人真正理解我表达的内容，而不会产生误解。
18. 精准表述	● 当我使用"精准表述"思维技能时，会认真思考交流内容，准确表达观点。 ● 当我使用"精准表述"思维技能时，可以防止他人对我产生误解或进行不必要的假设。 ● 当我使用"精准表述"思维技能时，可以准确地与他人分享观点。
19. 恰当用语	● 当我使用"恰当用语"思维技能时，可以在交流中准确表达观点，而不会被误解。 ● 当我使用"恰当用语"思维技能时，可以鼓励他人倾听我的心声。
20. 调节反馈	● 当我使用"调节反馈"思维技能时，可以看到自己和他人的反馈，从而高效完成工作。 ● 当我使用"调节反馈"思维技能时，可以调节思想和行为，从而高效完成工作。 ● 当我使用"调节反馈"思维技能时，可以更加熟练地完成所做工作。
21. 团队合作	● 当我使用"团队合作"思维技能时，可以和他人相互激励，助彼此产生新的想法。 ● 当我使用"团队合作"思维技能时，可以借助他人观点和优势，丰富和调整自己的思维。

表3-6列举了支持创建引导对话的活动，右栏为引导对话范例。

表3-6　支持衔接思维型引导对话的活动、策略和范例

策略和活动	衔接思维型引导对话范例
思维技能日志 为了促进思维衔接，可以鼓励学生以思维技能日志的形式记录对各种思维技能的探索。要鼓励学生进行概括（例如"当我使用……思维技能时，我……"），从而将思维技能迁移到日常的学习生活中。 学生在日志中记下各种思维技能的使用范例，他们可以在笔记本上、博客上，或者以小组为单位在维基网站上记录范例。	"本学年，我们主要学习利用思维技能促进学习进步，还要记录下各类思维技能的作用。今天我们来思考'制订计划'思维技能，它可以帮助我们制订成功的计划。请和同桌谈谈你在家制订计划的情况，并将其记录在自己的思维技能日志上。" 在教室里巡视，观察学生的日志。 "当你存钱要买东西时，或为某人计划一个聚会时，你会制订许多计划。那么，现在让我们把这些计划与学校生活衔接起来。 在学校生活中，你何时会用到'制订计划'思维技能？没错！在写文章的时候、做作业的时候，甚至练足球的时候，你都会制订计划。为什么要花时间制订计划？制订计划会对我们有什么帮助？" 请学生回答。 "很好。现在，让我们创建一个衔接策略，这样就可以记住'制订计划'思维技能的重要性了。当我使用'制订计划'思维技能时，我可以……"
思维技能时间 在讲授课程内容之前，提示学生"现在是思维技能时间了！"让学生思考学习本课程可能用到的思维技能，它们可能用到21种思维技能中的任意几个。向学生强调在课程中使用这些思维技能的方法。 教师还可以将MiCOSA的21种思维技能卡张贴在教室墙上，让某位学生从中选择对所学内容最有帮助的思维技能，并解释原因。再找两名学生重复这一过程，目的是让学生了解学习本课程需要用到很多思维技能，尽管课上可能只会重点使用其中一种。	"我们要讲一个新故事，并讨论故事中的主角。需要用到哪种思维技能呢？" 学生可能会说，利用"寻找关联"思维技能。这不仅能帮助他们将整个故事中的事件串联起来，还能帮助他们进行思维排序。 "这种思维技能曾对我们有什么帮助？我们期待它未来发挥什么作用？" 回应学生的想法，考虑具体情况，然后问："我们是否需要更多的思维技能？"

自我调节型

在泽依老师的四年级课堂上，蒂娜显得很沮丧，近乎恐慌。她刚做了第一次主题展示，但不知道如何从当时的界面返回桌面。屏幕上显示的是她主题展示的最后一张图片，但没有图标可点击返回桌面，她不知道该怎么做。泽依进行了引导。他没有直接告诉蒂娜如何解决问题，而是引导她自己发现问题。"蒂娜，说一下你的问题。"（蒂娜进行了解释）泽依老师继续说："蒂娜，注意键盘顶部，看看能否用你的思维技能解决问题。按哪个键可能有用？"（蒂娜盯着键盘顶部认真看。）泽依老师进一步引导着她，帮助她慢慢找到所需的按键。他指了指 F12。"是这个吗？"（蒂娜微笑着说不是，因为那是加大音量的键。）"很好！你在运用逻辑思考进行选择。试试别的键。"很快，蒂娜注意到了"esc"键，然后长舒一口气按下它，返回了桌面。"我知道啦！"她兴奋地说。泽依老师继续说："当你放慢脚步仔细进行选择时，会发现掌握的计算机知识比想象的要多。"

有时，学生们会制造内心障碍，妨碍自己的思维。在上述例子中，蒂娜在自己不了解的技术面前惊慌失措，无法系统地搜索知识。她没有停下来想该怎么做，或者如何解决问题，而是在这种情况下无法自控，陷入了恐慌。泽依老师与她进行了一次引导对话，使她冷静下来，思考该怎么做。他引导她对学习进行自我调节，充分利用所掌握的思维技能，最终找到了解决问题的方法。

自我调节能力强的学生对学习有掌控感。他们有自己的节奏，知道如何、何时使用思维技能帮助自己解决困难。当他们陷入困难时，会运用相关技能和策略。

利用引导对话引导学生进行自我调节，可以助其使用思维技能，发掘自我调控能力。自我调节有助于独立思考。当学生开始掌握"调节反馈"思维技能时，他们收集和处理信息会更成功。

自我调节的节奏至关重要。很多时候，学生需要教师引导他们的学习节奏，帮助他们更慢或更快地学习。例如，为了让学生更仔细认真，你可以将手轻轻地放在学生的手边，然后说："来动动脑筋。我看到你写得飞快，所以我跟不上你的思路。在你写作之前，让我听听你要做什么。"同时你还要引导这么做的意义："我觉得，如果你写作之前停下来思考一下，会有很不同的结果。下次感觉不确定的时候会怎么做？"还有一个例子，在科学课上，你可以帮助学生调整画"艺术画"和"素描画"的速度，以加深理解。解释不同的目的有助于学生进行不同的自我调节。你可以让学生自己进行解释，这样有助于他们独立思考、独立行动。

当你把节奏作为自我调节的一部分进行引导时，要确保学生在改变节奏的同时，也会采取一些配套行动，还要知道调整节奏之后该怎么做。让他们说出一套思维技能或计划。这有助于自我调节的发展。你要告诉学生不同的任务需要不同的节奏。当学生使用有效的节奏时，你要注意学生的口头、身体或视觉行为并进行点评，关注其效果。这样，学生就可以获得外部反馈支持。

通常，学生需要结合新的思维技能来学习控制节奏。当乔恩学物理开始吃力时，蒙哥马利老师引导了另一种学习节奏——学会放慢节奏，同时使用不同的思维技能，利用"系统搜索"寻找可以提供线索的图表。乔恩学会了将这种阅读方式作为一种独特的风格，并投入更多努力。随着时间的推移，他制定了一套策略，并将这些策略自动运用到新的自我调节行为中。

引导自我调节还要帮助学生培养思维和行动的灵活性，这对批判性思维非常重要。例如，在学生学习分数乘法后，你可以提出一两个分数减法问题，看看他们是否能区分和解决这两种问题。决定何时何地使用特定的思维技能和学习技能也需要在自我调节时进行灵活思考。你可以给学生设置需要相同和不同思维技能的各种活动，让他们练习这些思维技能。

有时，这些机会来自课本。例如，五年级关于火山的科学课本在第一章中列出了导致圣海伦斯火山爆发的一系列事件，第二章介绍了火山的类型，第三章讨论了火山爆发的原因。这种课文的多样性使你有机会在学生收集和记录信息时引导和推动他们灵活性思维的发展。

表3-7列举了支持创建引导对话的活动，右栏为引导对话范例。

表3-7 支持自我调节型引导对话的活动、策略和范例

活动和策略	自我调节型引导对话范例
选择"信息结构图" 展示几个网站（freeology.com；edu-place.com；edhelper.com）上的信息结构图，让学生选择最适合其任务要求的结构图，并说明原因。这将有助于学生进行概括，是自我调节的核心，也是培养思维技能的关键一步。鼓励他们说出自己的选择，解释原因，并与其他同学分享，最终目的是让学生选择最适合解决问题的工具去调节自己的节奏。信息结构图可参照Spiratio或Webspiration上的相应内容，不必采用纸质版。	"在阅读不同类型火山的相关文章时，我们要知道如何归纳总结作者的信息。'信息结构图'可以帮助我们在归纳总结信息时调节自己的思维。这一章列出了导致圣海伦斯火山爆发的一系列事件，哪种'信息结构图'（线性、圆形和T形图）能帮你更好地归纳总结信息？为什么？" "没错，线性结构图需要运用'把握时间位置'和'排序分类'思维技能。下一章将介绍火山的类型及特征，你会将选择哪种'信息结构图'？为什么？" "太好了，这种信息结构图可以更好地将信息归类。最后一章讨论了火山爆发的原因，哪一种信息结构图可以更好地呈现这些信息呢？为什么？"

续表

活动和策略	自我调节型引导对话范例
	"是的，T形信息结构图可以帮助你展示火山爆发的原因及其影响。你在做选择时真的进行了批判性思考！"
用图表记录成功 学生用电子表格（如 Excel）创建图表，记录起始状态和每周的亮点，从而更直观地看到自己的进步。学生于每周末写下自我评价（表现出色和需要改进的地方），以练习自我调节能力。该图表可跟踪记录学生的学习（读书）和表现（如在课堂积极发言）进步。	"你们喜欢自我管理吗？"（学生举手）"本学年，你们将跟踪记录语言艺术课的学习表现。这种追踪和反思可以帮你们持续掌握自我调节情况。我上传了你们今年需掌握的语言能力标准，请跟踪记录自己一年里的进步。此外，请每四周写一份报告，反映自己的达标情况：有哪些好的表现？哪些学习行为需要改进提高？"
倾听你的心声 将学生两两分组，每天让一名学生在一分钟内说出心声，另一名认真倾听，但不发表评论（这在前几次不容易）。然后两个学生互换角色。这种倾听别人自我调节的练习强调"说"在学生学习中的作用，可以清除学生脑海中的有关家庭和社会的印记，使他们更乐于倾听。	"有人要分享自己的想法吗？你分享和被倾听的机会来了。你有机会向别人倾诉，也有机会倾听伙伴而不做评论。只听不说绝非易事！你能调整 listen（听）这个词的字母顺序，使它变成一个新单词吗？是的，那就是 silent（沉默）。如果想好好倾听，就必须保持沉默。在这项活动中，你可以通过认真倾听进行自我调节。这将有助于你日后在团队学习或工作时中进行自我调节。"
与艺术相结合（Chancer，2000） （1）在写作之前，让学生画出自己想要通过文字表达的东西，供写作参考，不失为一种策略。 （2）学生两人一组分享画作和想法，然后进行修改。一方在倾听对方的描述时，会粗略地画出自己阅读的内容。双方将画作放在一起对比，共同讨论如何修改写作内容，以使读者"看出"作者的意图。将该过程模式化，让学生理解积极又富有建设性的引导对话。这项活动有助于学生进行自我节奏引导，基于合作进行反思。	"写作是非常个人化的行为，得到别人对自己写作内容的反馈的确令人兴奋。但是，它也可能会伤害你的感情。'与艺术相结合'活动将帮助你调节写作内容。在讨论图作的差异之前，请先对同伴的写作内容发表积极的评论。各位，请让你的伙伴大声朗读他/她的文章，并找出问题所在。试着鼓励作者自行对所写内容进行修改，而不是直接告诉他们如何修改。例如，'我读了你对这个岛的介绍，你把它描述成一个美丽的地方。当比对我俩的画作时，我的想象画面与你想表达的画面不一样。你能再读一遍吗？在读的时候，请你在有画面感的地方停一下，然后我们分享各自的想象，讨论一下为什么我想象的画面与你的表达不符。这可能会帮你修改写作内容，以便我可以理解你要表达的内容。'"

续表

活动和策略	自我调节型引导对话范例
不要本末倒置 （通过"系统搜索"思维技能调节节奏） 若学生未能调节学习行为，教师应引导他们进行自我调节，而不是简单地告诉他们做法。例如，不要说"不要漫无目的地比较，先阅读文本"之类的非引导性提示，而是要帮助他们放慢节奏，系统搜索文本，以帮助他们调整自己漫无目的搜索的行为。同时，还要引导学生了解行为的意义。	"我发现，让你们看得太快或做得太快不利于你们聪明的大脑去思考和获取信息。现在，请试着放慢速度，看看'系统搜索'思维技能能否助你获得更多信息。" 学生试着去做，有了一定的效果。教师应继续引导学生了解该行为的意义。 "太好了！当你慢下来，系统地看待问题时，就会成功找到想要的信息。下次进行比较时，请试着放慢速度，运用'系统搜索'思维技能帮助自己。" 让学生实践。 "这真的很有帮助，你们注意到了吗？"

培养能力型

　　菲尔普斯老师停下来，小声地点评克莱德在搜索与其报告相关的研究时采用的突出重点的策略。"克莱德，我看到你突出了研究所需的重点内容，这是一个利于系统搜索的好策略！做得不错！"这样，菲尔普斯老师增强了克莱德完成任务的能力，提高了他的思维技能水平。菲尔普斯老师肯定了克莱德成功研究的"过程"，肯定了他使用的策略和思维技能，肯定了他的最终成果。

　　面对各种条件下越来越多的挑战和困难，学生需要一定的能力感，正如上述例子中克莱德展现的那样，感觉自己能力不足的学生在困难和挑战面前会畏缩不前。培养能力的目标是让学生能够成功解决新问题、应对新挑战。学生的能力感来自他们处理和解决新挑战的经验和自我反思。作为引导人，教师要为学生提供平台，让他们相信自己有能力根据实际情况完成任务。能力不同于自尊或自信。能力反映了真正的技能和成功基础，是应对困难工作的动力基础。

　　思维技能强的学生有更强的能力处理新问题、应对新挑战。他们具备相关技能，可以处理以前无法完成的事情。如果在迁移这些技能时明白其实践意义，学生的能力感将进一步得到提升，会更愿意迎接更具挑战性的工作。例如，当被问到要如何计划写作任务时，赛斯总是耸耸肩笑笑。在找到了可以使他具备更高效的思维技能（制订计划、设定目标、比较判断和比对多源信息）

并不断练习衔接这些技能之后，赛斯获得了一种能力感。数年之后，在谈到自己的工作时，他自信地说："现在我知道我能完成写作作业，因为我会计划好要做什么。我会比对从书籍和互联网找到的多个信息源，我可以很好地完成任务并为之自豪！"可见，这种影响是长期而深远的。

作为引导者，教师要帮助学生在之前成功的基础上进一步挑战更复杂的任务。在早期阶段，你要真诚地（甚至热情地）讲评学生在运用思维技能时好的表现，以及学生因使用思维技能而取得的成功。你要引导学生掌握你希望他们日后掌握的东西，这会反映出他们能力的不断增长。微笑、放松的身体姿势、与学生的互动、幽默、调节声音（即时行为）等暗示会产生心理或身体上的亲密感，增强互动（Christophel，1990；Hostetter & Busch，2006）。学生的能力感会改善学习效果，包括对学习的满意度和积极性（Avtgis，2001；Gorham，1988）。

作为引导者，教师要让学生知道自己最终会收获什么——他们将能够选择和使用一套思维技能，并且能够有效地应用这些技能解决任何问题。这样，他们就会相信自己的学习能力。有了这种能力感（有时被称为自我效能感），他们就会知道自己有能力把事情做好。这会影响他们的动机、毅力和注意力。你的最终目标是让学生根据自己运用思维技能的能力，自信地去应对极具挑战性的任务和情况。

表3-8列举了支持创建引导对话的活动，右栏为引导对话范例。

表3-8 支持培养能力型引导对话的活动、策略和范例

活动和策略	培养能力型引导对话范例
构建框架 与学生一起，基于高效利用相关思维技能的目的，将任务分成几个易于操作的子任务。通过逐渐增加子任务的复杂性，帮助学生逐步取得成功，逐渐培养其解决较大问题的能力感。	下面的例子摘自格林（Greene，2005）的"名句"策略。 "今天，你们要造一些精彩的描述性句子，提高大家'善用关键词'思维技能。这不是件容易的事，所以我们先从简单的名词和动词开始，在此基础上进行补充，直至造出一个'名句'。看看这幅森林图，我给你们一点儿提示：树叶沙沙作响。" 为了对句子进行扩充，你要给学生绿色纸条上的句子添加谓语，给粉红色纸条上的句子添加主语。在教室里来回走动时，你要引导学生培养能力感，小声点评学生的选词。例如，"猫头鹰鸣呜地叫。玛莎，你的动词选得很好！你也是，波莉。多美妙的动词——沙沙作响。你的用词真的让我听到了树叶被风吹动的声音！""在教室里走动时，我看到了一些很棒的用词。现在让我们扩充一下谓语，准备好绿色纸条了吗？现在告诉我树叶怎么沙沙响？风怎么吹？"

续表

活动和策略	培养能力型引导对话范例
	学生们想出一些用词。 "蒂莉说我们可以用'安静地',西恩建议用'轻柔地',而皮帕建议用'喧闹地',真的很有创造力! 这种词性叫什么? 对,埃迪,叫副词,好记性!"
MiCOSA 思维技能卡 对需要掌握特定思维技能的学生,你可以引导其使用 MiCOSA 思维技能卡,这些卡片可以放在桌子上,可以贴在纸上,可以当成海报贴在教室墙上,如果学生经常在电脑上写作业也可以放在下载的文档中。思维技能卡上面写有思维技能的名称并标有图标。学生可写出使用该思维技能的例子(衔接策略)。当"陷入困境"时,这些卡片可供学生参考,以展开下一步行动。	"加比,我注意到,当你使用'系统搜索'思维技能时,可以更容易地排列出故事中事件的顺序。你还记得'系统搜索'思维技能是什么吗?" 引导并肯定学生的回答; 必要时加以审查。 "没错,你可以回顾故事寻找重要情节,而不是随意翻书或猜测。再试着寻找故事中的重要情节。" 学生尝试运用"系统搜索"思维技能,老师边看边点评她掌握的新能力。 "好极了! 这一次通过认真阅读,你找出了故事中的所有重要情节。我给你制作了一张'系统搜索'思维技能卡,它可以提醒你下次逐页检索所需信息,这样就可以成功检索信息了。记录使用'系统搜索'思维技能带来的帮助,我们将在下次活动中检测这种方法的准确性。"
在白板上快速检验 当你要求学生运用某种思维技能解决问题的时候,让他们先在白板上列出使用该思维技能的方法。 当学生的努力在课堂上得到认可时,他们会拥有运用该思维技能的能力感。	"请拿出白板。今天,你们不需要解决代数问题,而是要和搭档一起告诉我,如何运用'制订计划'思维技能,列出解决该代数问题的步骤。记住,你们不需要解答这个问题,而是计划好解答它的策略。准备好了吗? 请在三分钟内与搭档一起制订计划,然后与全班同学分享你们的想法。" 当大多数学生准备好以后,学生可以举起白板展示计划。教师对几个学生的计划进行点评,并进行重点讲解。 "干得真棒! 你们已经运用'制订计划'思维技能列出了解题步骤,供你们做题时参考。今天小组活动结束以后,我们将进一步讨论计划解题步骤的作用。"

小结

- 五种动态引导对话可以支持教师帮助学生发展和使用各项思维技能。在讨论每种引导对话时，我们都配有课堂事例和引导对话范例，其中涉及的活动可以支持教师的工作。

- 目的互动型和引导意义型引导对话会让你产生一系列期待：学生将在你的支持下获得成功，他们的努力将提高其各项思维技能。学生将全程参与这一学习过程。

- 引导意义型引导对话不仅有助于学生理解学习的内容，还能帮助他们理解新思维技能和学习技能的意义。

- 衔接思维型引导对话可以帮助学生将课堂活动与将来生活关联起来。你还应该帮助学生将原有知识和经验与现有任务联系起来，这种相关性可以增强学生在学校的学习动力。

- 能够进行自我调节的学习者可以很好地调整自己的工作节奏，收集足够的信息进行转换和创新。他们可以专注而准确地工作，并从反馈中获益。自我调节型引导对话可以帮助你指导和支持学生发展自我调节能力。

- 很多成年人在面对极其困难或极具挑战性的新任务时都会质疑自己的能力，学生更是如此。因此，你要有意地培养学生的能力感，帮助学生应对困难或新的挑战，从而增强学生的学习动力。

参考文献

Avtgis, T. A. (2001). Affective learning, teacher clarity, and student motivation as a function of attributional confidence. *Communication Research Reports, 18*, 345–353.

Beers, K. (2003). *When kids can't read: What teachers can do.* New York: Heinemann.

Chancer, J. (2000). Creating Imagery, ELA Professional Development Workshop. Thousand Oaks, CA: Conejo Valley Unified School District.

Christophel, D. M. (1990). The relationships among teacher immediacy behaviors, student motivation, and learning. *Communication Education, 39*, 323–340.

Gorham, J. (1988). The relationships between verbal teacher immediacy behaviors and student learning. *Communication Education, 37*, 40–53.

Graves, D. H., & Kittle, P. (2005). *My quick writes for inside writing.* Portsmouth, NH: Heinemann.

Greene, J. F. (2005). *Language! The comprehensive literacy curriculum.* 4th edition [Unit 5, Masterpiece Sentences]. Longmont, CO: Voyager Learning.

Hostetter, C., & Busch, M. (2006). Measuring up online: The relationship between social presence and student learning satisfaction. *Journal of Scholarship of Teaching and Learning, 6*, 1–12.

Jensen, M. R. (2012). *The mind's ladder: Empowering students in the knowledge economy—Dynamic assessment and classroom learning guidebook 3.0.* Roswell, GA: Cognitive Education Systems.

Kagan, S. (1994). *Kagan Cooperative Learning.* San Clemente: Resources for Teachers.

Perona, S. (1989, Jan/Feb). The tea party: Intro, through, and beyond a piece of literature. *The Writing Notebook*, 30–31.

第四章

收集信息的思维技能

想要创造新想法或解决难题，学生必须首先准确而全面地收集相关信息。

如果想要在内容和过程都很丰富的课堂上参与并解决复杂的问题，学生必须首先收集足够的相关信息。收集信息所需的思维技能似乎很简单，但如果不掌握这些思维技能，就不会产生批判性思维。若学生想要批判性地分析、假设或整合想法，就必须收集多源信息，并能够从大量的信息中准确甄选相关内容。能否有效收集信息通常是学生迎接挑战和遭受挫折的分水岭。

某些学生在收集信息时会在脑海中设定一个目标，从而能够仔细而准确地收集信息，并处理转换这些信息。然而，多数学生在解决问题时忽略了收集足够信息的重要性。他们随意收集信息，收集到的信息也不准确。教师应当引导学生习得有助于收集信息的系列思维技能，为学生利用另一套思维技能来转换信息（思维的第二个阶段）奠定基础，最终，使学生能够利用第三套思维技能来传达信息。

MiCOSA教学法描述了收集信息的七种思维技能：（1）"系统搜索"；（2）"保持专注"；（3）"善用关键词"；（4）"比对多源信息"；（5）"判断空间位置"；（6）"把握时间位置"；（7）"保持信息精准"。

你的学生可能仅熟练掌握了部分思维技能，在某些情况下，一旦学生开始使用下一个阶段（例如转换信息）的思维技能，收集信息的技能就会得到加强。然而，教师通常需要引导学生，以促进其技能的发展。

本章将基于课堂真实案例讲解各种思维技能。首先以熟练掌握该技能的学生为例，对其定义进行生动阐释。然后以尚未熟练掌握该技能的学生举例，帮助教师在课堂上识别此类学生。

MiCOSA 教学法强调利用引导对话来培养学生的各种思维技能，因此我们会举例说明教师应如何引导不擅长使用某种技能的学生。接下来我们会通过一系列策略和活动，帮助教师在教学中巩固学生的技能。最后，你会学习到一些可以在课堂上引导不擅长某个思维技能学生的方法。每种思维技能都有相应的 MiCOSA 思维技能卡，上面写有思维技能的名称并标有图标。学生在学习掌握每项技能的过程中会用到这些卡片。

"系统搜索" 思维技能

运用"系统搜索"思维技能，学生可以掌握有条理、有目标的信息收集方法。布兰登在数学课上发现，他要做的题中有很多运算符号和括号，这表明他必须进行多重运算。梅琳达在阅读前研究了标题、插图、文字说明、图表和关键问题，更好地明确了自己的阅读任务。诺尔玛在家里发现丢失了钥匙，她系统地回忆了最后去过的三个地方，帮助自己寻找钥匙。如果没找到，她会换种方式进行系统探索：从一楼开始，对每个房间进行系统搜索，直到找到钥匙为止。

不擅长 "系统搜索" 思维技能的学生

很多时候，你会遇到一些事先不充分研究任务的学生，他们通常不仔细阅读指示，不明确行动也不了解主要步骤，因此不掌握完成任务所需的信息。

与布兰登不同，迈克尔拿起笔就开始做数学题，完全忽略了系统收集与解题相关的信息。由于不了解运算的多样性，他漏掉了一些符号，运算的顺序也不对，没能算出正确答案。与梅琳达不同，乔西打开书，没有浏览前言和目录就开始阅读正文。不到五分钟，对文章背景和结构不甚了解的乔西就开始抱怨不明白自己在读什么，也看不到所读内容的重要性。你可能会碰到这样的学生，他们信誓旦旦地说找不到某些学习资料。但当你坐下来引导他们运用"系统搜索"思维技能时，那些资料竟然"神奇"地出现了。

你班里有哪些学生不擅长 "系统搜索" 思维技能？

引导迈克尔运用"系统搜索"思维技能。 为帮助学生强化"系统搜索"思维技能，教师应首先明确问题，然后利用固定的模式引导学生解决问题。最后

总结"系统搜索"思维技能给学生带来的帮助。例如,你可以对迈克尔说:"让我们一起看看这个问题。你需要做什么呢?"这就确定了目标。你可以鼓励他进行自我调节,放慢节奏,还可以让他先放下笔,让"大脑有时间思考,不要急于动手。"作为引导者,你可以让迈克尔回忆在生活中运用"系统搜索"思维技能的情况,帮助他把这些经历与课堂情况衔接起来。利用固定的模式强化学生的思维,使其在着手完成任务前系统地收集所需信息。通常在此过程中,学生会找到完成任务的方法。

引导"系统搜索"思维技能的策略和活动

帮助学生确定目标。教师可以让学生讨论:"应该采取什么行动?为什么?"讨论可以以班级为单位,也可以两人一组或多人一组进行,其目的是明确问题,确定目标。"写下或说出你的第一想法。"让学生系统地收集信息,帮助他们完善目标。"写下或说出你完善后的想法,有什么变化?为什么?"如果学生一开始就清楚问题或目标,将会更好地集中精力收集相关信息。此活动有助于学生们了解收集信息和任务目标之间的关系。

提供预期性指南。教师可以为学生提供题目、标题和副标题,然后提出问题,如,"你能找到这个标题的哪些相关信息?你对标题中的信息有哪些想法?"学生在阅读文本时会随时记录回顾这些指南,从而更好地体现"系统搜索"思维技能的价值。

教师可以改进这项活动,分别在页面的顶部、标题和副标题上方列出关键词。要求学生阅读前将这些关键词写在相关标题的下方。在阅读过程中,学生们可以随时检查预测的准确性。

强化略读和浏览。强化学生的"略读和浏览"能力大有裨益。略读是指让学生快速浏览文本,应注意标题、副标题、图形和文字说明,这将有助于学生了解文本内容,估测理解文章所需的能力。教师应引导学生将略读与收集信息联系起来,特别是与系统收集信息的意义联系起来。浏览有助于学生基于对特定版块、文本或插图的系统理解搜索特定信息,从而找到所需内容。

展示相关的事件。基于某个特定主题,为学生列出 3 到 10 段描述,有些彼此相关,有些则毫不相关。让学生将这些描述配对或分组,确定哪些对主题有帮助,并说明理由。在基于网络运用"系统搜索"思维技能时,应注意为各段描述提供关键词,让学生在搜索引擎上自行探索发现。

利用电子游戏练习。多数游戏都要求玩家事先系统地收集信息。因此,学生可以利用电子游戏练习"系统搜索"等思维技能。如,"剪绳子"是一个简单的物理游戏,供教师和学生共同练习。玩家应注意事先运用"系统搜索"思维技能系统收集相关物理知识。

教师如何引导班里不擅长"系统搜索"思维技能的学生？

"保持专注"思维技能

为收集相关信息，学生必须在视觉或听觉上保持长时间的专注力。尽管有人认为"保持专注"思维技能相对独立，但实际上学生可以运用各种"保持专注"思维技能有效地收集信息。以下是五种经常被讨论的"保持专注"思维技能（c. f.，Bernstein，2011；Lee，2005）：

（1）学生必须能够在目标领域保持专注，这样才能接受到有助于收集信息的外界刺激。例如，当布莱赫老师讲解饼干的消化过程时，TJ 要专注于投影仪上的消化系统图片。

（2）学生必须能够在收集信息期间保持专注。在布莱赫老师讲课的过程中，TJ 始终专注于投影仪播放的内容。

（3）学生必须能够选择性保持专注，过滤无关信息。在消化系统的课堂教学中，TJ 忽略了窗外割草机的声音、房间里嗡嗡乱飞的苍蝇，以及其他学生的干扰，专注于课堂内容。

（4）学生必须能够在任务间转换注意力。在上课过程中，他人可能会突然向老师传递重要的信息。TJ 可以暂时切换到该消息，然后再切换回课堂。之后，他还可以在做笔记和小组活动中有效切换。

（5）学生必须能够在保持专注的同时兼顾多个任务。例如，TJ 一边看着投影仪上的图片，一边听着老师的讲解和课堂讨论，一边做着大量笔记。他能将注意力适当地分配到不同的任务上。

不擅长"保持专注"思维技能的学生

与 TJ 不同，塔拉难以对整节课保持专注。当布莱赫老师在投影仪上列出课程概况时，塔拉并没有将视线移动到投影区域并保持专注。而是时而看看笔记本，时而看看朋友。尽管最后她还是将注意力集中到投影上，但并没有保持专注。因此，在被点到名的时候，她无法陈述自己的观点，回答问题结结巴巴，甚至不知所措。

史蒂夫在选择性保持专注方面存在困难。解数学题时，他不会剔除与解题无关的数字。

学生玛丽被书页上的图片分散了注意力，很难专注于书本。由于无法深入理解文字内容，她只是机械性阅读，并不明白其中的意思。

对埃里克来说，转换注意力是个非常困难的任务。他似乎只能专注于一项任务，无法在不同任务间轻松转换注意力。当任务中断，需要转换注意力时，他就会感到困难。他工作表现不佳，似乎无法从中断的地方继续任务，只能被迫从头开始。

无论在家还是在校，达里克都很难兼顾多个任务。比如，若一边看电视一边和朋友通电话，他就无法保持连贯思路，总是会问他的朋友"你说什么"或者说"我没听见你说的话"。在学校，他无法边倾听多个对话，边做笔记，边参与小组讨论，同时对多个任务保持专注让他感到力不从心。

你班里有哪些学生不擅长"保持专注"思维技能？

——————————————————————————

——————————————————————————

引导玛丽、塔拉和埃里克运用"保持专注"思维技能。 教师在帮助学生强化"保持专注"思维技能时，首先应明确问题，表明目的，再帮助学生运用策略强化技能，最后引导学生了解"保持专注"思维技能的意义并提升其能力。

以玛丽为例，她无法选择性保持专注，她的眼睛转来转去，总是无法专注于文字，也就无法理解文章的内容。史蒂文森老师采取了两步走的引导策略。首先，她知道玛丽在专注于某件事之前，会有几秒钟的自我调节时间。因此，她建议玛丽在阅读下一页之前暂停一下，以便有机会浏览整页，将自己的低效和走神行为过渡过去。然后，史蒂文森老师建议玛丽专注于书本，告诉她选择性专注于某件事的方法。经过一段时间的训练，玛丽的阅读能力得到了快速提升。老师表扬了她："当你用心集中精力获取所需信息时，展现出了较强的阅读能力。"

塔拉的老师布莱赫首先引导他明确目的，重视专注力——"看投影上的图片"（带着好奇，而不是惩罚性的语气）。这有助于塔拉把注意力转移到投影上，再通过其他的提示（如"看这里"）来保持专注，从而参与到教学活动中。为进一步提升塔拉的专注力，布莱赫老师将课程拆分成几个部分，并通过"配对—共享"的方式让她分析构建知识体系。现在，塔拉可以短时间保持专注，并能够利用所学知识继续学习。

教师应关注埃里克转换注意力的问题，并对其进行引导，使他能够在任务间自由转换。给他一个"抬头"的信号，让他知道活动很快会发生切换，从而逐渐摸索出自己的信号，使转换注意力变得更加自如。

引导"保持专注"思维技能的策略和活动

引导学生保持专注。使用指导性的语言，比如"看屏幕上的图片"，"把手指放在书页顶部的提示上"。让学生思考这样做对保持多情境专注力有何帮助。反复练习是培养学生掌握新思维技能的必要手段。

支持学生保持专注。利用使学生保持专注的固定模式，比如经常问学生："下一步该怎么做？"教师应关注学生的回答，并强调保持专注的重要性。

加强选择性保持专注的能力。用彩笔标记重要知识点、细节或事例，目的是使学生能够识别主要观点及其论据。接下来，让学生选择彩笔颜色自行标记，使其积极参与活动，再向同伴或小组阐述细节。

通过信号转换注意力。在中断任务之前给学生一个信号。例如，敲钟意味着一分钟后必须停止阅读，开始其他活动，以便让学生有时间结束当前活动，过渡到下一阶段。

帮助学生分散注意力。在课堂活动中，教师应为学生提供一些指导（框架/信息组织图），以帮助他们记笔记。随着学生分散注意力能力的提升，逐渐减缓指导频率。

教师如何引导班里不擅长"保持专注"思维技能的学生？

"善用关键词"思维技能

为帮助学生成功地了解世界，教师要建立一套与学生多样化学习情境相关的词汇和概念库，再利用标签对词汇或短语进行描述或分类。标签有助于学生了解不同的类别，进而帮助他们使用概念（Lupyan，Rakison & McClelland，2007）。国家城市学校转型中心（NCUST）的约翰逊和佩雷斯（Johnson & Perez，2010）发现，教学效果好的老师会"预先甄选有助于学生理解课程内容的关键学术词汇……为学生提供各种机会在口语练习中使用这些词汇"。现在，学生要运用这种批判性思维技能来收集信息，再利用标签了解词汇和概念，从而展现自己的思考。

"善用关键词"思维技能使凯尔更容易进行辨别和比较。他掌握了区别正方形和长方形概念的"关键词"，就可以更容易地区分这两种图形。然而，若凯尔不掌握相关概念的"关键词"，他的描述就会词不达意。在处理信息时，这些必不可少的"关键词"将有助于学生更好地进行甄别。

不擅长"善用关键词"思维技能的学生

　　与凯尔不同，萨拉不擅长使用标签、词汇和概念。她很难整理各种观点，因为没有足够的关键词简化学习概念。她通常会孤立记忆和学习某个知识点，当被提问时会因想不到恰当的词汇而感到沮丧。例如，在学习天气这一单元时，她分不清低锋、高压区、降水和湿度等词汇和概念，不得不花费大量时间寻找恰当的词语。因此，当计划通过研究飓风来预测佛罗里达天气的时候，她总是无法理解飓风形成的原因。

　　你班里有哪些学生不擅长"善用关键词"思维技能？

_____

_____

　　引导萨拉运用"善用关键词"思维技能。为帮助萨拉摆脱在使用标签、词汇和概念方面的困境，教师梳理了她已掌握的知识，并采用合作式学习策略——"列表、分组、贴标签"（Kagan，1992），以帮助她进行分类，并对某些词汇进行定义。随着在命名、分组和使用词汇方面信心的增强，她的课堂语言技能变得更加纯熟，记忆也更加高效。她内容丰富的播客作品给同学们留下了深刻印象。

引导"善用关键词"思维技能的策略和活动

　　明确某些标签。告诉学生某个物品的属性及其命名的意义。例如，"它是一种水果，我们可以吃它，它是黄色的，它长长的，它是什么？"（香蕉）。

　　在"单词配对"中发掘同源词。许多英语学习者都掌握了大量原语词汇。"单词配对"游戏可以发掘学生母语中的英文同源词。在黑板上写出文中某些单词的同源词，让学生将文中的单词与黑板上的单词进行配对，这可以帮助学生即刻理解词汇的含义。

　　创建词汇库。鼓励学生或教师创建词汇库作为学生的词汇资源。

　　列表、分组和贴标签。在开始新单元之前，教师要了解学生具备哪些与主题相关的原有知识。给每位学生发六张纸，让他们在每张纸上写一件与课程主题相关的事情（用单词或短语，而不是句子），然后汇总两位学生的 12 个单词，将其分成不同的类别（至少分成三个类别），再让他们给自己的分类贴上标签，并大声地分享出来。在单元学习中，教师要妥善利用学生原有知识并了解其重要性（Kagan，1992；Taba，1988；Tierney & Readence，2000）。

画出并解释概念。鼓励学生将词汇或概念形象化。例如，"你几乎每天都能在新闻中听到'民主'这个词。你认为民主是什么意思？把你脑海中的想法画出来"。为增强活动效果，可以让学生三人一组分享想法并图画（Marzano，Pickering & Pollack，2001）。

列出描述性词语。让学生将名词与习惯用语联系起来（例如，言辞冗长——称某人空话连篇）。把表格贴在墙上，供学生往里面添加新发现的习惯用语，并讨论这样做的意义。

在创作诗歌或散文时，教师可让学生使用明喻、隐喻和类比。例如，谈到战争，学生可以思考用什么动词来描述战争（如毁灭、粉碎、破坏）。钱斯（Chancer，2000）建议，当学生写作时，教师可以让他们思考哪些名词可以与这些动词联系起来，然后用这些名词进行比喻，如玻璃碎了，心碎。在此基础上，学生可以创造与战争相关的隐喻。例如：

> 战争把和平打得粉碎——
> 每一片碎片都无情地伤害着无辜者的肉体。
> 战争摧毁了人类的精神家园，
> 让精神之血溅洒大地。

播放音乐，识别歌曲中出现的比喻性语言，也有助于学生高效学习和使用丰富的语言〔例如，西蒙和加芬克尔的《忧愁河上的金桥》（*Bridge Over Troubled Waters*），洛蕾娜·麦肯尼特改编阿尔弗雷德·诺伊斯的《劫匪》（*The Highwayman*）〕。

利用技术手段练习。利用网上的文字游戏帮助学生增加词汇量（c.f.，games. com；bigfishgames. com）。

教师如何引导班里不擅长"善用关键词"思维技能的学生？

_____

_____

"比对多源信息"思维技能

　　具备收集和使用多源信息的能力，学生能够超越具体的思维层面，具备更高层次的批判性思维，从而进行抽象的比较、分析和概括。

　　一般说来，理性思维至少基于两个信息源。学生在进行决策和解决问题时，需要同时收集、掌握和使用多源信息才能正确处理信息。例如，托马斯收集并掌握了封建制度和现代民主制度下各种社会角色的信息，这样就可以通过比较角色来完成社会研究任务。拉斐拉收集并掌握了声音和符号的关系，及其相关文献信息，以便利用这两种信息源整合发音和词汇。丹尼尔收集并掌握了有关数字（314×16）和符号（×）的运算信息，以便对这些数字进行处理。

不擅长"比对多源信息"思维技能的学生

　　与托马斯不同，凯文在进行社会研究任务时似乎没有掌握两种信息源。他可以论述民主社会的各种社会角色，却无法很好地勾勒封建社会的社会角色，导致无法将两者进行比较。在写关于鲨鱼的报告时，萨拉不会引用多源信息，只会从文本中复制大段信息。

　　你班里有哪些学生不擅长"比对多源信息"思维技能？

_____

_____

　　引导萨拉和凯文运用"比对多源信息"思维技能。引导学生运用"比对多源信息"思维技能，教师可以帮助学生收集数据，并学习和查看这些信息源之间的联系。例如，为帮助萨拉不再大段摘抄关于鲨鱼的数据，教师可以让她列出信息结构图，以明确各类信息之间的关系（详见表4-1）。当萨拉了解运用"比对多源信息"思维技能的意义及其对工作的帮助时，这就会成为一种习惯。

表4-1　对多源信息进行分类的信息结构图

类别	来源1	来源2	来源3
特点	多排牙齿 （第26页）	软骨而非骨头 （第3页）	像砂纸一样的鳞片 （第12页）

凯文在比较研究封建制度和现代民主制度下各类社会角色时，体会到"比对多源信息"思维技能的意义，并从中受益。他利用预先分类（君主、贵族、骑士和农民）的信息结构图来整合多源信息，从而可以有效地将各类属性与现代民主制度中各角色相匹配并比较异同。他首先描述了第一个"来源"（君主）的属性，然后确定并描述了第二个"来源"（总统）的属性（Frey & Bower, 2004）。凯文发现运用"比对多源信息"思维技能对他很有帮助，可以借此提高相关能力。

引导"比对多源信息"思维技能的策略和活动

引导学生成功。利用有待完善的答案进行引导。（例如，"我看到你的配色，说明你善于收集多源信息。仔细想一想，你还需要做什么才能完成任务？"）教师希望提高学生的学生积极性，所以要激励学生积极思考和发言，而不是一味告诉他们做法。"形状——是的！你可以选择一块与你面前的瓷砖颜色和形状相匹配的瓷砖吗？当停下来好好考虑的时候，你会很快找到完成任务的方法。恭喜你！"通过引导，学生可以逐渐掌握"比对多源信息"思维技能。

延长思考时间。给学生更长的思考问题时间。通常，教师只给学生三秒钟思考时间，但某些学生却需要更长的时间，这是由思维风格（而不是能力）决定的。因此，教师应留给学生 6～10 秒思考时间，以提高学生回答问题的质量。让学生在思考之后回答："请告诉我更多信息。你们还发现了什么？还需要考虑什么？"

组织团队学习。将学习内容划分为四个研究领域，让学生四人一组进行研究。其中，每位学生负责一个研究领域，并与其他人分享和讨论自己的研究，之后在自己的信息结构图上填写四个研究领域的相关信息。在所有学生都掌握了研究信息之后，班内各小组可以选择多样化展示或共享本组信息。教师应巡视各组学习活动进展情况，随时引导学生理解"比对多源信息"思维技能的意义，让他们确定并讨论多源信息在本节课中的意义。

教师如何引导班里不擅长"比对多源信息"思维技能的学生？

"判断空间位置"思维技能

有效把握空间位置感，学生可以更好地理解空间中两个或多个物体之间的关系。空间感可以使学生终生受益。把握空间感的关键是了解空间中的位置是相对的。例如，物体的大小完全是相对其他物体而言的（大蚂蚁和小汽车）。只有参照点保持不变（如南北方向）的情况下，方向（前方和后方）才是稳定的。因此，与空间位置相关的方向、距离、大小和形状等词语是定位、描述和视觉化的重要依据，也是发展抽象思维的坚实基础。

在理解了物体在空间中的相互关系之后，学生就具备了比较思维的基础，能够从具体层面（更大、更小、更高、更低）去理解和利用空间位置，慢慢将空间概念应用于抽象思维（如比较和假设）。这种从具体到抽象的思维转换，可以使学生在更高层次上进行推理。

9岁的玛丽亚具备很好的左右方位感，在校园里不会迷路。她明白与你面对面时，你的右边是她的左边。她习惯从左到右、从上到下进行阅读。她可以轻松模仿看到的动作，不需要临摹就可以准确地复制黑板或书本上的字母和图片。

不擅长"判断空间位置"思维技能的学生

爱德华兹老师给拉里换了座位，因为理解不了变化的相对性，拉里很难把握教室里的空间感。他必须环顾四周，才能找到文具盒和铅笔刀这类曾经很容易找到的东西。尽管已经在校园里生活了数月，他还是要打听去教师办公室的路。拉梅什听不懂空间方向指令，比如老师让他把名字写在纸的左上方，他却写在了页边空白处。拉梅什习惯在解数学题时从纸的中间开始运算，所以看懂图表或解数学题对他来说都很困难。鲍比的空间位置感也不好，他不会收拾书包，不断尝试、不断犯错，不知道该做什么、不该做什么。

你班里有哪些学生不擅长"判断空间位置"思维技能？

引导拉里和拉梅什运用"判断空间位置"思维技能。为帮助拉里提高空间定位技能，使他更好地认路，爱德华兹老师在教室里贴上标签，明确每种物品的位置，这样不管拉里的参照物是什么，物品的位置都是固定的。为了让拉里

意识到自己需要增强空间感，爱德华兹老师用这些标签和参照物设计了方向变化游戏。他让学生面向同一个方向，说出前后左右物体的名称；他让学生转 90 度，再说出前后左右各是什么。学生可以共同讨论，以促进对空间感的理解。之后，爱德华兹老师将这项思维技能提升到更加抽象的层次。他让学生在座位上闭眼想象："如果你面对白板（或其他参照物），你身后是什么……前面是什么……右边是什么……左边是什么。"

随后，拉梅什要和几个同样空间感不佳的学生一起完成一项任务。他们假设要去学校某个特定地点（如图书馆），需要在离开教室前确定步骤和方向，并画出地图，然后试着按照地图行走。他们边走边修正路线，最终完成了任务，也体会到了其中的乐趣和意义。为帮助拉梅什增强空间位置感和信心，在确定他具备方向表述语言技能（如，上、下、左、右、中）后，爱德华兹老师鼓励他（其他学生）口头回答一些引导性问题，比如，"让我们描述一下你会把名字写在纸上的什么位置？你会如何描述这个位置（如，左上角）？现在，你会如何描述开始写字的地方（如，纸的左边空白处，有蓝色竖线的地方）？"而一些小的提示，比如伸直左手，拇指与食指呈直角，做出"L"（代表左）的手势，可以帮助拉梅什暂时区分左右。

引导"判断空间位置"思维技能的策略和活动

根据记忆绘制地图。 鼓励学生根据记忆画一条通往熟悉地点（如，教室到学校食堂）的路线。让他们按照地图纠正错误的想法或错误的步骤。再让他们画一幅从家到常去场所的地图，并在家验证地图的准确性，以及进行必要的修改。

通过技术手段定位。 利用平板电脑上的"谷歌地图"定位学校。让学生演示切换展示建筑物的 360 度全景图，并标出东西南北。让学生找寻附近某个地方，并辨别方向。最后，通过交流思维过程，促进该思维技能的习得。

识别空间标签。 帮助学生通过感受触觉、观察实物和视频资料理解介词（在里面、在下方、在上方、在上面、在前面、在后面、挨着、在旁边等）。为学生展示所需标签（我站在椅子旁边）。教师也可以利用身体接触（神经印象）帮助学生理解空间和方向概念。例如，让他们左手摸右肩，右手摸右膝，右手摸左耳。

使用非语言手段。 为学生提供网格纸做数学运算。为使学生在写作时更好地利用空间概念，教师可以让他们使用带白边的横格纸。也可以利用临时辅助手段让学生记住左右，例如，教师可以让学生说："我用右手写字。"然后左手张开，食指和拇指呈 90 度，做出"L"手势表示左边。

比较方向。 利用标签练习辨别实物的相对空间位置。教师可以让学生面朝不同的方向，然后问："你左边是什么？你右边是什么？"最后讨论大家回答各不相同的原因。

缩短距离。某些学生很难在视觉上将词汇或图形从垂直平面（白板）转移到水平平面（课桌），这也是空间位置的另一个学习领域。要帮助这些学生，教师首先要把学习资料放在他们目力所及的距离内，控制他们视觉转移图像的距离。可以要求学生把书放在作业本的正上方或左边，随着对图像转移的逐渐适应，再慢慢加大"视觉转移"的距离跨度。

教师如何引导班里不擅长"判断空间位置"思维技能的学生？

"把握时间位置"思维技能

有效把握时间位置，学生可以更好地理解过去、现在和未来，年轻与年老，现在与以后等时间概念。"把握时间位置"思维技能对有效运用"排序分类"、"比较判断"和"合理假设"等转换信息的思维技能至关重要。例如，运用"排序分类"思维技能，学生必须首先按时间顺序给事件排序；运用"合理假设"思维技能，学生必须首先对事件进行分析，才能摆脱"先与后"的束缚。

与空间位置一样，时间位置在本质上也是相对的。"过去"的概念可能指过去一小时、一周、一个月、一年、十年或一个世纪。年轻与年老、新和旧等概念也都是相对的。因此，鉴于不同的发展阶段和复杂程度，时间的文化解读也各不相同。例如，在某种语言中，事情过去一周后才使用过去时。欧洲 16 世纪的房屋仍然有人居住，然而相比之下，加利福尼亚州 50 年前的房屋可能就会被视为老房子。此外，"准时"这一概念在不同文化中也各不相同。突然、不久、同时、首先、然后和最后等过渡副词可以提示学生时间的转换。把握了时间位置，学生可以使用很久以前、两周前、两周后、一个月后、历史的、古老的、未来的等词语表达想法。渐渐地，学生学会借助时间位置来理解时区和季节等概念，也能够理解什么是夏时制、地球与月球的时间关系（潮汐），以及为什么今天的太阳光来自亨利八世时期。让学生理解消磨时间、浪费时间、缩短时间和节省时间等文化习语，也离不开"把握时间位置"思维技能的坚实基础。

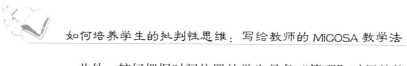

此外，较好把握时间位置的学生具备"管理"时间的能力基础。擅长此思维技能的学生能够讲述昨天发生的事情，也能推测自己的生日日期。贾丝明有自己的时间框架，可以在晚饭前做完作业，合理安排休息时间。在学校里，卡尔利用"把握时间位置"思维技能把一系列事件按时间线排列起来，帮助自己厘清事件的发生顺序。在阅读跨越不同时间段的历史课本时，他的思路可以来回跳跃，明白事件间的相互影响，还能利用多个时间过渡词，简明扼要地阐述一系列历史概念。

不擅长"把握时间位置"思维技能的学生

时间位置感不强的学生很难有效地把握过去和未来的时间量，他们总是在问："还不到时间吗？"还可能认为剩下的三周足够完成任务，却没有意识到这些时间非常有限，也无法将时间进行有效的分解。他们会把自己的年龄作为判断老与少、以前与将来的主要参照。一个 7 岁的男孩正激动地给老师讲戴维·克罗克特的故事。老师问他戴维·克罗克特是生活在什么时代的人，男孩回答："很久以前的人。"老师进一步追问："你认为是多久以前？"男孩仔细想了想，回答说："也许是 8 年前吧！"再比如，塞拉菲娜在旅行时不断问着父母："我们什么时候能到？还要多长时间？"她不知道她感觉的几个小时其实只有几分钟。

拜伦与他们不同，他上课经常迟到。时间位置感不强的问题也影响了他的阅读，他很难讲述某个事件之前或之后发生的事情。拉尼在逐页阅读时，认为小说中的事件是按顺序发生的，若作者使用倒叙和伏笔等技巧改变事件发生顺序，拉尼就会感到很困惑。

你班里有哪些学生不擅长"把握时间位置"思维技能？

引导塞拉菲娜和拜伦运用"把握时间位置"思维技能。引导学生运用"把握时间位置"思维技能，教师应帮助学生养成特定背景下的时间感。当塞拉菲娜在旅途中抱怨都过去一个小时了，她的父母可以利用寻找关联的方式帮她掌握"把握时间位置"思维技能。当她问起"我们什么时候能到？"时，让她将这个问题与熟悉的事情联系起来："你知道到奶奶家要多长时间吗？是的，这与去奶奶家的时间一样长。"他们也可以将这种技能与她最喜欢的电视节目联系起来："你知道看《权力之友》需要多长时间吗？嗯，差不多就是那么长时间——半小时。"

为帮助拜伦运用"把握时间位置"思维技能，丹尼尔斯老师观察了他处理时间和事件关系的方式，发现这就是造成他习惯性不守时的原因。他为拜伦制定了时间顺序工作法以提高效率。在阅读课上，丹尼尔斯老师要求拜伦和其他同学浏览同一篇文章，找出"立刻"和"然后"等时间词，然后用便条标记出不同类别词语代表的时间，再共同讨论便条标记内容与时间顺序的联系。丹尼尔斯老师接下来和学生探讨了还可以标记哪些词语，如前与后等。他向拜伦讲起一些生活中有意义的事，并把它们与前后发生的事情联系起来（如，"你上学之前做了什么？开学第一天做了什么？你昨天学到了什么重要的事情？"）

引导"把握时间位置"思维技能的策略和活动

置身于图片中。尽可能在靠近地面的位置投影出一幅画面，它可以是历史上的一幕，也可以是故事中某个场景。该活动可分两种方式进行：（1）让学生"站到"图片中，扮演图中人物的角色，根据想象表演出"当时当地"发生的事情；（2）让学生分组表演三个场景，即"走出"框架，表演该事件发生之前、期间和之后发生的事情（Frey & Bower，2004）。这也是一个向学生演示因果关系并使其融入其中的好策略。

构建时间线。让学生在未知和已知之间寻找关联。教师可以在地板上放上胶纸时间线，让学生站在生活中轶事或里程碑事件发生的时间点上。将几个国家同时发生的历史事件放在时间线上，以帮助学生在更广阔的空间内理解时间概念。

识别时间线索。为帮助学生理解书中时间的表达形式，教师可以让他们找出"最后"和"突然"等过渡词。通过寻找书中的不同时间线（水平的、垂直的和图片的），让学生理解"50 年代"或"16 世纪头十年"之类的表达，从而帮助学生了解某些教科书如何利用概念词而非具体日期来表达时间。

梳理主题句时间线。梳理主题句时间线可以帮助学生较好地理解纪实文学和小说。教师可以要求学生在预习阅读材料时，抄写各段的主题句（不要超过10 个词），寻找过渡、日期、事前、事后等提示，再把句子按顺序重新排列。让学生以小组为单位，根据提示对事件进行正确排序，这有助于学生寻找时间线索，起到预先指导的作用，也有利于叙述进行课后的总结复习。此策略对英语学习者的学习大有裨益。

利用网络游戏辅助学习。你可以在互联网上发现各种有趣的排序游戏。每种游戏都需要用到时间感或时间位置（quia. com；thekidzpage. com；language-artsgames. 4you4free. com），从而锻炼学生的"把握时间位置"思维技能。

创建信息结构图。事件顺序和循环图、等级网络、因果关系框架和人字形结构图都有助于学生按照适当的时间顺序展示自己的观点。

教师如何引导班里不擅长"把握时间位置"思维技能的学生？

"保持信息精准"思维技能

　　学生应关注自己收集的信息是否精确和准确。精确是指精度，例如，在切割屋顶木材之前，需要精确地测量。为提高精确性，教师可以让学生找到比"好酷"更精确的词描述见到的场景。准确是指正确无误或符合标准。准确本身就是"真理"，不需要符合精确标准。例如，为了准确表达树叶在秋天会变色这句话，学生可能会说："在佛蒙特州，10 月初糖枫的叶子会变成金色、橙色和红色"。准确可能需要标准来衡量或比较。例如，学生从历史小说中收集信息时，需要不止一个信息源才能确定小说对历史背景的描述是否准确。

　　确立目标后，擅长"保持信息精准"思维技能的学生会预估收集精准信息需要投入的精力，从而得到精准的结果。玛塞拉在离家前收集了火车时刻表的精确信息，她准时到达了车站。塔伊从书中精准地收集了代数方程运算顺序的相关信息，他成功地解出了方程。"保持信息精准"思维技能往往与其"姐妹"技能——"精准表述"思维技能联系在一起。然而在不同的学习阶段，这些技能的意义和影响都略有不同。

不擅长"保持信息精准"思维技能的学生

　　某些学生无法做到精准收集信息，他们要么投入太多精力收集了无关信息，要么投入太少精力以致所获不足。在这种情况下，让这些学生做到"精准表达"就更不可能了。教师让学生每隔一个问题回答一次，列维却把每一个问题都回答了。

　　鲁菲老师的学生扎克想要在地图上找到马里（Mali），但是他看得不够精准，当看到毛伊岛（Maui，位于夏威夷）时，错误地认为马里位于夏威夷而不是西非。在查普曼老师的数学课上，乔希经常在抄写黑板上问题的时候速度太快，以致出现抄写错误。尽管他的数学运算能力很好，但总是把加号抄成减号，有时还会抄错行，最终导致运算错误。

　　不擅长"保持信息精准"思维技能的学生在其他有精准度要求的技能领域可能也存在困难。例如，"保持专注"、"系统搜索"和"比对多源信息"等思维技能运用不佳可能导致数据收集不精准。无法有效把握时间和空间位置，学生就难以将物体的时空位置精准地从书本或电脑上转移到笔记本上。

你班里有哪些学生不擅长"保持信息精准"思维技能？

引导列维、扎克和乔什运用"保持信息精准"思维技能。列维总是匆匆审题，不知道要集中精力精准收集信息。他的老师奥尔曼针对考试要求，引导他关注保持信息精准。她给全班展示了一页盖住要求的测试题，引导并倾听学生的回答。应学生的请求揭示第一部分要求后，她问道："现在知道该怎么做了吗？"通过这种方式，奥尔曼老师引导学生关注信息不足的影响，进而讨论没有保持精准信息的后果。此外，为了强调信息充足且精准的必要性，奥尔曼老师会在最后提出意想不到的问题和要求，例如："每隔一个问题回答一次"或"哪个问题最难回答？"

扎克认为阅读速度比准确性重要，所以错把 Maui 看成了 Mali，一字之差让他犯了错。为帮他学会辨别事物，鲁菲老师引导他进行自我调节，放慢阅读速度，基于事物的属性构建意义。当被问到："马里相关资料中有没有可以帮你确定位置的信息？"扎克列出了一些要点，如马里与撒哈拉以北地区进行贸易等，在这个过程中，他发现了自己的错误并进行了更正。鲁菲老师表扬他认真调节节奏以建立属性联系，还指出我们都需要努力保持信息的精确。他对扎克说："扎克，我很欣赏你具备渊博的知识，当你努力追求信息精准时，可以高效地把已知信息和新信息整合起来，相信这些有意义的信息会对你有所帮助。"鲁菲老师利用关联和属性帮助扎克理解了精确和准确的意义，并引导他运用"保持信息精准"思维技能。这将有助于扎克更有效地收集和传达信息。

乔希的数学运算不够精确。为了对他进行引导，查普曼老师动员全班共同参与进来。她设定了一个共同目标，然后将实现目标与"保持信息精准"思维技能结合起来。"谁只想做对一道题？谁想做对两道题？谁想把题全部做对？"当班里所有人都举起手后，她说："把题全部做对是我们班的共同目标。实现这个目标需要什么思维技能？你们如何获得解题所需的所有信息？""正确的符号、正确的数字、正确的对齐方式。""很好！我们需要运用哪些思维技能？""保持精准。""对！谁还有补充？"乔希举手说道："当我慢下来，就更精确了！"

引导"保持信息精准"思维技能的策略和活动

从自然界汲取技能。让学生经常从自然环境中收集信息，让他们了解关注细节的重要性。在户外静坐五分钟，观察周遭环境，学生可能会注意到人行道裂缝里的蚂蚁、篱笆里夹着的鸟羽毛，或是松鼠飞奔上树突然停下来时抖动的尾巴。当学生回到课堂讨论自己的观察结果时，多数人会说自己看到了更精准的细节。

围绕自然界的物体（每人一个）展开活动，让学生画出看到的东西，并记下初步观察结果。这些物体可能是蝴蝶的翅膀、蛇皮、蘑菇、粉虫或植物。接下来，让他们用放大镜再次详细精准地查看观察对象。对比两次观察结果，学生会通过讨论了解保持精准的作用、意义和价值。在衔接其他思维技能的情况下，放大镜可以随时提示学生保持精准。

使用转折性指示。 利用制式工作表（或自制工作表）为班里学生做出一系列指示，并在最后设计一个"大转折"，让学生了解准确阅读所有指示的重要性。例如，教师先说："在开始之前，请务必阅读所有指示。"然后让学生逐条阅读指示：

（1）把你的名字写在右上角。

（2）在右下角画三个正方形。

（3）举起手大声喊："我是班里阅读小能手！"

（4）起立绕桌子一圈，然后坐下。

（5）只做第一条指示。

有些学生肯定没有读到最后，于是就会大喊或绕着课桌走。这既可以给课堂带来欢乐，又可以达到学习效果。

指示性绘画。 向学生展示一幅画（如曼丹部落捕猎水牛或与学生文化背景相关的内容），然后发给每名学生一张白纸和一盒蜡笔。教师逐步为学生做出听觉和视觉上的指引，和学生一起慢慢画图。例如，"拿起你们的橙色蜡笔，把它平放在纸上，在纸中间轻轻地画一个圆圈。你们在画上看到这个圈了吗？这是猎人的头。现在你们应该知道为什么要把它画在图片中间，为什么画成这样的形状和大小了吧？现在我们来画脖子和肩膀。感觉一下自己的肩膀，是笔直的还是有角度的？……"教师可以利用这个模式教会学生保持精准，也可以通过比对活动中因精准性不同而产生的不同结果，引导学生理解精准的意义。这种方法也可以用来引导学生习得其他思维技能，如"比对多源信息""判断空间位置"等（Shuller，1982）。

教师如何引导班里不擅长"保持信息精准"思维技能的学生？

小结

● 要保证学习效度，学生必须有效地收集信息。MiCOSA 教学法提出了 7 种收集信息的重要思维技能。本章列举了课堂上擅长和不擅长各技能的学生情况，辅以很多实用的课堂策略，供教师和学生讨论学习。

● 学生可运用"系统搜索"思维技能有序收集信息。五种不同类型的"保持专注"思维技能可帮助学生长时间保持视觉和听觉注意力，从而有效地收集信息并进行处理。"善用关键词"思维技能有助于学生提升理解力。理性思考必须基于两种以上信息源，因此"比对多源信息"思维技能可以帮助学生高效收集、掌握和使用多源信息。

● 空间位置感是学生的认知导航系统，能够帮助他们理解物体之间的关系。时间位置感有助于学生理解过去、现在和未来等时间观念。把握时间位置感也是"排序分类"、"比较判断"和"合理假设"等转换信息思维技能的先决条件。

● 最后，是非常重要的"保持信息精准"思维技能。为了保证获得准确的信息、进行信息转换并取得精准的结果，学生在收集原始信息时要时刻保持精准。

参考文献

Action Learning Systems (2003). *The literacy solution: A system for reading comprehension.* Monrovia, CA: Author.

Bernstein, D. (2011). *Essentials of psychology* (5th ed.). Belmont, CA: Wadsworth.

Chancer, J. (2000). Exploring Grammar Creatively, ELA Professional Development Workshop. Thousand Oaks, CA: Conejo Valley Unified School District.

Frey, W., & Bower, B. (2004). *History alive! Medieval world and beyond grade 7.* Rancho Cordova, CA: Teachers Curriculum Institute.

Johnson, J. F., & Perez, L. (2010). *The best teaching in America's best urban schools.* A presentation of the National Center on Urban School Transformation (NCUST) to the faculty at San Diego State University. San Diego, CA.

Kagan, S. (1992). *Cooperative learning.* San Juan Capistrano, CA: Resources for Teachers, Inc.

Lee, S. W. (Ed.). (2005). *Encyclopedia of school psychology.* Thousand Oaks, CA: Sage.

Lupyan, G., Rakison, D. H., & McClelland, J. L. (2007). Language is not just for talking: Redundant labels facilitate learning of novel categories. *Association for Psychological Science, 18*(12), 1077–1083.

Marzano, R. J., Pickering, D. J., & Pollock, J. E. (2001). *Classroom instruction that works: Research-based strategies for increasing student achievement.* Alexandria, VA: Association for Supervision and Curriculum Development.

Shuller, J. (1982). *Using directional draw in the classroom.* A workshop for Conejo Valley Unified School District. Thousand Oaks, CA.

Taba, H. (1988). *Teacher's Handbook for Elementary Social Studies.* Reading, MA: Addison-Wesley.

Tierney, R. J., & Readence, J. E. (2000). *Reading strategies and practices: A compendium* (5th ed.). Boston: Allyn & Bacon.

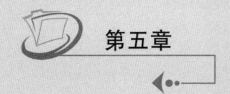

第五章

转换信息的思维技能

收集完信息后，学生要运用更加复杂的思维技能对信息进行转换，以便批判性地、创造性地利用这些信息。

学生寻找、选择并收集到足够的信息后，就可以批判性地、创造性地解决问题了。在此思维阶段，他们将通过分析、假设、增加或删减信息等方式处理或转换信息。他们开始在学习和生活中提出新问题、解决新问题、创造新想法，能够熟练运用更加复杂的思维技能处理或转换信息。

很多转换类思维技能的作用等同于批判性思维，也就是说，这些转换类思维技能有助于学生做出谨慎而理性的判断和决定。为此，学生要寻找证据、验证假设、发现规律、分析和整合信息，最终才能得出合理的结论。学生在转换信息的过程中会建立起新的神经联系，为未来的记忆和检索创造神经通道。对转换信息类思维技能使用越多，学生就越熟悉新的模式和方法，也就越有可能形成高效且灵活的思维习惯。

MiCOSA 教学法设计了 9 种与课程标准相关的转换信息类思维技能，分别是：（1）"设定目标"；（2）"制订计划"；（3）"比较判断"；（4）"排序分类"；（5）"寻找关联"；（6）"视觉化"；（7）"逻辑推理"；（8）"因果假设"；（9）"归纳总结"。

虽然学生学习技能的发展并无特定顺序，但在某些情况下，掌握某些思维技能却能为其他思维技能的运用打下基础。比如，学生在排序分类之前需要进行比较判断。在利用收集信息的思维技能高效收集信息后，学生就很容易运用到转换信息的思维技能。尽管他们可能已经熟练掌握了部分转换信息的思维技能，但仍需要教师的引导以促进技能的发展。

　　本章将基于课堂真实案例讲解每一种思维技能。首先以熟练掌握该技能的学生为例对其定义进行生动的阐释。然后以尚未熟练掌握该技能的学生为例帮助教师识别班内此类学生。

　　MiCOSA 教学法强调通过引导来培养学生的思维技能，因此我们会举例说明教师应如何引导不擅长使用某种技能的学生。接下来，我们会通过一系列策略和活动帮助教师在教学中巩固学生的思维技能。最后，你会学到一些可以在课堂上引导不擅长某种技能学生的方法。

"设定目标"思维技能

　　掌握"设定目标"思维技能的学生懂得为自己的学习确立方向。合理的目标可以指导学生收集信息，帮助他们制订实现目标的计划。这种以目标为导向的行为可以激励学生发展自主学习能力。在设定目标时，学生可以观察到事物的全局，这有助于他们最终实现目标。瓦妮莎和埃德加设定了一个目标——用Animoto（视频网站）制作视频并将其发布在班级网站上。一旦确定了目标，他们就有了行动的动力。瓦妮莎和埃德加规划了必要的步骤，认真地为之努力，最终完成了视频制作。

不擅长"设定目标"思维技能的学生

　　不擅长"设定目标"思维技能的学生看起来可能会显得冲动，他们的学习时间被切割得支离破碎，还容易因自感一事无成而变得沮丧。他们给自己设定的目标可能过于宽泛或模糊，缺乏有意识地达成目标的动机，还可能会因此变得消极。贝弗莉的老师要求全班同学写下今年的个人目标。贝弗莉写道："我想成为一名更优秀的读者！"她的目标不够具体，无法用来牵引自己的行动，也难以证明自己是否达到了目标。当阿尔贝托所在的小组向全班展示他们的项目时，他们开始环顾四周，中途还紧张到发笑，他们似乎不知道接下来应该做什么。这看起来似乎是没做好规划的结果，但大家很快就发现他们根本就没有设定清楚、明确的目标。

　　你班里有哪些学生不擅长"设定目标"思维技能？

引导贝弗莉和阿尔贝托运用"设定目标"思维技能。学生可能会把你布置的任务当成目标，而不去自行设定目标。为了帮助他们学会并养成设定目标的习惯，教师首先要通过实例对其进行引导，然后对其提出期望，再让学生自行设定目标。如果他们的目标过于宽泛，无法有效地指导行动，教师提出指导性问题，帮助他们审视自己的目标。例如，当贝弗莉说她的目标是成为一个优秀的读者时，你可以通过引导性对话帮她清楚和完善这个目标："告诉我，成为一名优秀的读者是什么意思？怎么样才能看起来或听起来像一名优秀的读者？我们怎么知道你成为了优秀的读者？要表达清楚，贝弗莉！现在把你所说写成一个更具体的目标。这样你就会确切地知道自己想做什么，就可以制订计划来实现这一目标。"

阿尔贝托所在的小组设定了一个目标，要讲述探险家卡布里洛的事迹。这一目标太不具体，无法指导他们收集和整理资料的行动。引导对话同样可以帮助他们清楚和完善这一目标："你们想让全班记住关于卡布里洛的什么事迹？你能想出三个你们想让大家了解的卡布里洛的主要事迹吗？"（例如，他开辟了什么贸易路线？他的发现对其赞助国有什么影响？对生活在该地区的土著群体有什么影响？）"太好了！现在重新写下目标，让它反映出你们想让大家了解的内容。"教师可以在小范围内为班级设定一个学习整数减法的目标。为引导学生设定目标，你可以让学生"先看一下今天要学习的内容，收集相关信息，然后写下在这节课上的个人目标"。学生的回答可能是"理解做整数减法所需的步骤""当我不明白的时候一定要提问"等等。在随后的授课过程中，教师可以问学生："我们已经完成两道题了，你的目标达成了吗？"再次检查学生对目标实现程度的评价有助于引导学生发现设定目标的意义。

引导"设定目标"思维技能的策略和活动

设定个人目标。在新学年或新学习单元开始时，让学生基于课堂学习目标设定个人目标。马尔扎诺、皮克林和波洛克（Marzano，Pickering & Pollock，2001）发现，让学生设定个人目标远比强制执行教师设定的目标有效。教师应为学生提供一个框架，该框架包括三个要素：（1）有意义；（2）可测量；（3）限时间。学生需要做到两点：（1）实现设定的目标；（2）评估自己的表现（庆祝成功或修改目标）。将这种做法贯穿于整个学年或整个学习单元。教师要引导学生发现设定目标的意义，分享学生因设定目标而获得进步的例子。

确定每日目标。教师应明确每日课堂目标，让学生确切地知道他们的学习和后续行动的意义。良好教学习惯的重要标志就是为学生确定每日目标（Johnson & Perez，2010）。教师可将具体目标张贴在班级内，班级目标应以行动为导向，使用总结、描述、分析和创造等关键词。随后学生可根据班级目标在日志中设定自己的目标，例如，"我要创建一个信息结构图，总结美国革命的主要原因"，或者"我要论述为什么很少有人会与整个国家为敌"。让学生根据班级目标重新设定个人目标可以让他们感觉到行动的意义，帮助他们收集和转换信息。

制定进度表记录重大进展。让学生制定目标进度表，记录自己的重大进展和目标达成情况。这有助于学生进行自我调节，实现学习目标。教师可以为学生明确任务说明，为他们设定目标提供参考。

教师如何引导班里不擅长"设定目标"思维技能的学生？

"制订计划"思维技能

运用"制订计划"思维技能，学生可以画出实现目标所需的行动路线图。在制订计划时，学生必须考虑并选择相关的资料和活动，然后将这些资料和活动按顺序纳入实现目标的计划中，好的计划能有效地提高时间和资源的利用率。乔治的目标是写一篇多段落文章。他运用"制订计划"思维技能确定了相关信息（主要观点和支撑细节）并对其进行了排序，这些信息将支撑他的文章结构、指导整体介绍、支持各段内容，并助他得出结论。"制订计划"思维技能也可用于指导日常学习和活动，当学生设定每日目标后，就会收集相关资料，并按照利于自己学习的方式安排时间，以成功地应对挑战。有效运用"制订计划"思维技能也会涉及其他思维技能，如"排序分类""寻找关联""把握时间位置"等。

不擅长"制订计划"思维技能的学生

与乔治不同，塞莱娜在写作前并没有自己的计划。她想到什么与话题相关的东西就写什么，因此她的想法不连贯且缺乏重点。由于没有事先计划主题，她很难写出主题句或从自己作品中得出结论。由于没有明确的主题或关键词，她无法找到与论文密切相关的素材。当学生未能设定目标时，他们很难收集足够的相关资料和信息。这会导致任务缺乏深度、不系统，使学生失去兴趣。

你班里有哪些学生不擅长"制订计划"思维技能？

引导塞莱娜运用"制订计划"思维技能。在一个快节奏、以结果为价值导向的时代，教师要引导学生发现制订计划的必要性，让他们学会制订计划。无论是写文章、制作 PPT、进行科学实验、完成历史课题，还是解数学题，事先制订计划都是必不可少的步骤。教师要让学生明确设置目标的作用，这在收集信息和资料，以及实现目标的过程中尤为重要，就像计划外出旅行一样。

让学生对比制订和不制订计划产生的结果，会使其理解计划的重要性。假设你们要穿越沙漠，沿途没有加油站，如果事先没有计划加满油，也没有计划带好足够的饮用水，你们就会置身险境。在让学生写文章（或进行科学实验）之前，要使其明确"制订计划"的必要性和价值。

老师比首先让塞莱娜说出并写下"目标"或主题句，使她的工作有的放矢。塞莱娜和同学一起观察并制作了"制订计划"模板，并基于模板写了一篇文章。他们对比了制订和不制订写作计划产生的不同结果，讨论了制订计划的作用。塞莱娜在写文章时选择并使用了一种信息结构图，将自己的"目标"和支撑材料放入模板中，然后利用模板将信息结构图中的信息转化为写作内容。虽然这种方法可能看似费时，但认真讨论如何制订计划对塞莱娜和其他学生来说还是大有裨益的。

引导"制订计划"思维技能的策略和活动

引入真实计划。明确"制订计划"思维技能的必要性和价值，将学生家庭经历或真实体验与学校经历衔接起来（例如，计划独立生活的预算，计划与朋友一起为聚会购物，计划参观大学的行程），调查并学习他人（校长、食堂工作人员、家长）的计划。让学生设想其他人（例如，老师、喜欢的作家、建筑师、商人、冒险家、体育或电影名人、历史人物）会如何制订计划。你可以让他们回答这样的问题："_____（某兴趣领域的专家）会如何制订计划？"

阐明"制订计划"的概念。向学生展示运用"制订计划"思维技能的案例和结果，再展示未制订计划的案例及结果。没有对比，某些学生就会认为制订计划是"自找麻烦"，这种对比有助于学生重视"制订计划"的重要性。

利用信息结构图制订计划。利用网上或纸质的信息结构图帮助学生制订学习计划，并让其基于自身需求制作信息结构图。学生可能不理解为什么不同的任务需要不同的信息结构图，教师应特别重视这一步骤的引导，不要把空白信息结构图直接发给学生，要让学生从两三种信息结构图中进行选择，并陈述理由。刚开始做这项活动时，教师可以让学生以小组为单位，因为小组协作有助于制订计划。为加强学生的概括能力（可以自行生成信息结构图），教师可以提供一个有错误的信息结构图，让学生找出错误、指出原因并纠正错误。这样做可以强化学生们的批判性思维。

创造制订计划的机会。将"制订计划"思维技能作为下一个学习任务的重要组成部分。在学生正式开展小组工作之前，教师要事先收集、评估和讨论小组计划，对计划中好的方面提出表扬，并在必要时鼓励学生对计划进行完善。在制订学习计划时，要留出时间让学生重新审视自己的初始计划，并进行必要的修改。

基于评价标准制订计划。为学生预设评价准则，让他们知道你将如何评价他们的工作。评价标准可以支持学生制订计划。例如，若评价标准规定主题明确、注重细节，那么学生就知道必须基于标准做好计划，使其在文章中有所体现。

教师如何引导班里不擅长"制订计划"思维技能的学生？

"比较判断"思维技能

"比较判断"涉及相同点和不同点的比较。学生比较的东西可以是有形的，也可以是抽象的；可能是现实环境中的，也可能是记忆中的。例如，当在小个儿甜点和大个儿甜点之间做出选择时，学生经常会自发地、愉快地进行比较，选择较大的一个，这属于具体层面。但在这一过程中，学生并没有自发地总结如何进行比较。学生必须学会在概念或抽象层面进行比较，这有助于他们理解同义词、隐喻、类比等不同用法，还有助于他们比较文学人物、历史时期、不同容器，或比较不同时期为科学实验收集的数据。

为了进行比较，学生需要了解被比较事物的属性和特点。擅长"比较判断"思维技能的学生能够自发地评估两个或多个事物的特点。他们会通过对物品的比较确定最高性价比，会将当前问题与已解决的问题进行比较，会通过比较"b""d""p""q"的形状写出正确的单词。

此外，熟练运用"比较判断"思维技能对学生有效使用"寻找关联""排序分类"等批判性思维所需的其他转换类技能至关重要。迪戈在他的小说中将文本内容与自身经历关联起来（Harvey & Goudvis, 2007），他将文本与自己的生活经历进行了比较。利亚姆能够将数学应用题与之前做过的题和模型进行比较，根据之前所看到、建模和曾有的成功策略进行解题。他还比较了现在和之前的工作，评估了自己的进步情况。

不擅长"比较判断"思维技能的学生

不擅长使用"比较判断"思维技能的学生不会自发地进行比较，也不会注意比较所需的各种基本属性。在回答"哈姆雷特和奥赛罗有什么相似之处"等问题时，这些学生可能会说"我不知道"，或者"他们就是相似"。他们没有意识到可能以"他们两个都……"这样的句子开头。初学英语者以及某些特定人群可能没有表达所见属性的标签、词汇和概念。例如，伊西妮亚回答说："我知道我想说什么，也知道两个人物有什么相似之处，但我不知道用什么词来表达。"

你班里有哪些学生不擅长"比较判断"思维技能？

引导伊西妮亚运用"比较判断"思维技能。 引导学生掌握"比较判断"思维技能的过程中，教师要让学生刻意寻找事物的异同点，可以从具体层面进行引导，也可以从抽象层面进行引导。从简单的比较大小、形状、颜色和声音开始，教师可以和学生讨论如何通过模型将自己的方法与解决问题的范例进行"比较"，讨论如何利用信息结构图将相同和不同的信息进行归类。为了对学生进行引导，教师要帮助学生识别区分事物的特征，然后引导学生发现进行比较的意义。信息结构图可以帮助学生预先对有助于"比较判断"的特征进行分类，并充分借鉴全班学生的想法。你可以在听力练习中讲解这种思维技能，例如，利用镜子提供视觉反馈，利用弯管提供听觉反馈，寻找中间元音不同、或首（尾）辅音相同（不同）的单词之间的异同点。学生通过识别嘴形、喉咙的振动或耳朵听到的声音等特征来确定这些异同点。教师将引导学生进行比较判断，而不是直接告诉他们比较判断的结果。当学生成为积极的学习者时，更容易熟练运用"比较判断"思维技能。

在某些情况下，教师需要借助收集信息的思维技能帮助学生进行比较判断。伊西妮亚努力寻找词语描述两个角色之间的相似特征，但她无法区分怪诞、卑鄙、丑恶或朴素等形容词的含义。为了帮助她理解这些词，你可以通过引导对话帮助她找到相关的标签、词语和概念等关键词，还可以提示她使用人物特征列表："你在哪里可以找到需要的词？它们属于褒义词还是贬义词？让我们用这些词造句，然后把它们添加到你的个人字典里。"通过此类活动，她就可以熟练掌握这些词了。

引导"比较判断"思维技能的策略和活动

利用范例引导学生理解"比较判断"。课本中的范例是帮助学生运用"比较判断"思维技能的基础。学生们可以利用这些范例审视自己的行动流程。某些学生不理解课本中范例的意义，认为这些范例与课本无关。通常这些学生也会问"什么是'比较判断'"或者"你想让我怎么做"。为了帮助这些学生，教师要引导他们发现范例存在的原因和意义。你可以设计一些问题，比如："这页的灰框里是什么？你认为它为什么会存在？你会怎么使用它？""是的，我们称这些为范例。你在生活中还发现哪些范例有助于优化工作流程、教你如何高效开展学习？"

复制与改写。复制与改写（Rasinski & Padak，2000）是指给学生展示某个基本结构（如俳句和类比），然后让学生复制该结构，但将内容换成自己的。复制与改写还有另一种方式：教师为学生详细描述某位知名作家的作品，让学生从中提炼基本结构，并将其作为模型（"复制"），再让学生根据自己的经历"改写"内容。教师要在这项活动中引导学生明白"比较判断"思维技能的意义与价值。例如，如果原文说"微风轻抚我的脸颊，使我精神振奋"，那么，在活动中可以将其改为"刺骨的寒风像针一样扎在我的皮肤上，让我苦不堪言"。

解释某些属性。尽管教师希望学生基于属性进行比较，但通常学生并不了解某些属性及其在比较中的作用。要将自己的工作与课本中的范例进行比较，学生必须分析范例的属性，并将其与自己当前工作的属性进行比较。教师要让学生知道这些属性是进行比较的基础，这样他们就可以借助属性来纠正错误。明确寻找属性和"比较判断"思维技能之间的关系有助于学生了解信息结构图，从而辅助他们运用"比较判断"思维技能。

你可以让学生基于与主题相关的范例或信息结构图列出一些属性或特征。随着学生比较内容的复杂性增加，寻找属性的能力将会变得至关重要。你可以通过提问引导学生抽象地理解："我们为什么要列出这些属性？如果我们在比较或复制时遗漏了一些属性，会发生什么情况？"

非语言手段。通过文氏图（Venn diagrams）和信息结构图帮助学生辨别特征（异同点）。非语言手段可以促使学生进行抽象概括（Marzano，Pickering & Pollock，2001）。

分享差异。让学生分享在解决问题方式上的异同点。学生还可以分享在节日庆祝方式以及其他文化特征方面的异同点。

教师如何引导班里不擅长"比较判断"思维技能的学生？

"排序分类"思维技能

"排序分类"有助于学生整合资料，形成概念集。如果学生能够进行排序、分组和分类，就能做到成块或分类存储信息，这将有助于他们更有效率地进行思考。对信息进行分类有助于学生更准确地记忆、运用批判性思维。波尔斯老师的学生将阅读的关于拉科塔人的信息整合成衣服、食物、住所、工具和文化习俗等类别。学生记住了这些信息，并在讨论服装与天气或地区的关系时使用了这些信息，让他们能够用更抽象的术语进行讨论和总结。同样，当这些学生需要进行比较［例如，拉科塔人和纳瓦霍人的习俗（历史习俗或当前习俗）］时，可以按类别组织信息，方便进行更深层的思考和讨论。

排序（如，从小到大或第一、第二、第三）是按属性组织信息的一种形式。与之类似，分组（如，按颜色或形状分组）是另一种按属性组织信息的方式。为了成功地使用这些技能，学生还必须综合运用"比对多源信息"和其他转换类思维技能，如"比较判断"和"寻找关联"思维技能。

同时，"排序分类"思维技能有助于学生更准确地记忆。在数学课上，对乘法表（如 2、5、9 的乘法口诀）进行"排序分类"，会方便学生进行回忆；在生物课上记忆骨骼方面的知识时同样要使用"排序分类"思维技能。学生通过对单词进行分组（例如，以 at 结尾的单词）学习阅读。发现这个模式（at，cat，sat，bat）后，他们的单词量就更容易增大。对较高年级的学生而言，前缀和后缀也遵循类似的模式（fresh：通过前缀和后缀模式联想到 refresh, refreshing, refreshment）。

当教师在课堂上传授新知识时，擅于使用"排序分类"思维技能的学生可以在记忆中找到一个"空间"将新知识存储起来，并将其与现有知识集进行比较。例如在二年级的科学课上，杰克和他的同学首先将已掌握的有关史前哺乳动物的相关信息生成图表，然后将其分成了不同的类别，更高效地将新信息归入其中。

通过将信息整合分组，并标记为更抽象的类别，教师可以帮助学生发展更高层次的思维。肖恩根据以下类别比较了第一次和第二次世界大战：战争的原因、涉及的国家、双方使用的战略和结果。在这个过程中，他利用已分类的信息做出了有意义的解释，而没有简单罗列一系列事件或例子。

不擅长"排序分类"思维技能的学生

当学生不擅长"排序分类"思维技能时，他们掌握的知识就会显得支离破碎、混乱无序。他们看起来很迷茫，也无法集中注意力。在波尔特老师的课堂上，米雷娅在研究拉科塔人的生存状况时将类别、例子和细节混为一谈。她将"水牛"作为一个类别列在图表中，而事实应该是"食物来源"。在对其进行引导之前，她将"住所"当作一个例子，而不是一个类别。她没有对信息进行整合，因此记不住这些信息，也无法以有意义的方式分享任何信息。

学生会发现，若想写一篇有说服力的文章，分组和分类是必不可少的步骤。他们需要按类别组织段落并举例加以说明，这些类别会成为主要内容并反映在主题句中。当安德里亚写一篇关于孩子是否应该养宠物的议论文时，她想出了许多饲养宠物不可或缺的活动，包括喂养宠物、遛宠物、照顾宠物等。她从不进行分类。她没有在文章中先写"你可以通过养宠物来培养和展示责任感"，然后再举例说明喂养宠物、遛宠物、照顾宠物等活动，而只是简单地说"你可以喂养宠物、遛宠物、照顾宠物"。她忽略了体现责任心这个要点。

一些学生在分类和记忆时可能会将情感与内容交织在一起。如果不及时将其分离，将会干扰他们准确地进行分类。由于过往经历的干扰，马可把枪与创伤联系在一起，而不是与狩猎或武器。杰里米只能联想到自己的悲惨经历，他认为孩子不应该养狗，因为狗一年后就会死。基于这些原因，在对主题进行深入研究之前，教师必须深入了解学生已知的、联想的或错误的信息。

你班里有哪些学生不擅长"排序分类"思维技能？

引导米雷娅运用"排序分类"思维技能。教师帮助学生加强"排序分类"思维技能，广义地说，是在帮助他们学习组织信息，排序、分组和分类，在运用必要技能的过程中看到整合信息的价值。为促进学生分组和分类技能的发展，教师应该从学生熟悉且易接触的领域入手。

以米雷娅为例，她将类别和细节混为一谈，因此引导对话的重点是教她对有意义的类别进行命名。波尔特老师给她一些学习用品，并提出一些问题引导米雷娅将学习用品分类。随后，波尔特老师向她展示了三类（食物、衣物、住所）物品。为引导米雷娅进行自我调节，她对米雷娅说："我发现，当你找到事物间的相似之处，并努力让自己尝试不同的可能性时，你的分类思维技能得到了很好的发展，你发现了吗？"

波尔特老师的引导帮助米雷娅将思维技能与学习任务联系起来。"现在再花一点时间，对拉科塔人的信息进行分组和命名，运用'比较判断'思维技能找出事物的共同点。""太好了，米雷娅，现在你会为每组信息贴上什么标签或如何分类？记住，分类标签应适用于组内所有信息。"

如果学生不确定该给各组信息贴什么标签，教师可以给学生举些例子，让学生测试是否所有信息都符合所属类别。教师还可以举一两个不正确的例子，让学生解释为什么不正确。此方法适用于全班学生。

学生理解了类别的概念后，会发现预先设计好的信息结构图非常有帮助。为了加强学生的批判性思维，教师可以让他们创建自己的信息结构图。学生使用的非语言表现系统（信息结构图）越多，他们思考和回忆知识的效率就越高（Marzano，Pickering & Pollock，2001）。

引导"排序分类"思维技能的策略和活动

从基础开始。从学生熟悉的基本分组开始，逐渐向复杂、抽象的分组发展。从可以看到、碰到、闻到或尝到的属性开始，帮助学生学会从部分到整体（属性到类别）、从整体到部分（类别到属性）展开认知。教师可以先给学生提供分类范例，让他们自行进行分类。如果两三个例子之后他们还是不会分类，那就尝试举五六个例子。这可能对不同文化中具有非线性思维，或具有联系型或发散型思维的学生尤有帮助。

厘清人物关系（Butcher，2008）。当研究的书中出现多个人物（如莎士比亚的作品）时，教师可以引导学生按照人物间的关系对信息进行分类，每个类别用不同颜色的纸列出。根据学生的水平和熟练程度，人物关系的数量和质量可随机调整。让学生在代表不同类别的彩纸上列出相关人物，彩纸的形状可以自己定义（例如用红色三角形代表复杂的爱情关系），然后将彩纸贴在一大张硬纸上。在分类过程中，学生可以理解人物之间的复杂关系，还会发现一个人物可以属于多个类别。例如，他们可以确定人物家庭关系、主角、敌对者、单恋者、复仇者，以及狡猾的人和智者。

必备词汇和概念。教师要确保学生，尤其是不擅长"排序分类"思维技能的学生能够理解关键词汇和概念，例如大、更大、最大、第一、第二、第三、较短与较长等词汇和概念，这些对学习排序是必不可少的。让学生做一些与触觉相关的活动，如感受不同重量和形状的包裹、不同的时长等强化相关概念。教师可以让学生通过类似的活动强化分组和分类的概念（例如，全是蓝色物品的图表、呈直角的物品的图表），让学生参与创建图表。

在家进行分类。让学生对家里物品（比如厨房架子上的物品或卧室顶层抽屉里的物品）进行分类。袜子去哪儿了？玻璃杯在哪儿？他们如何对自己的房间或空间物品进行分类？为什么分类？这样可以使学生明白此思维技能对他们个人的意义。教师还可以问学生：如果同一个抽屉里有袜子、手表、糖果包装纸、文件、盘子，该怎么办？对于年龄较大的学生，教师可以跟他们讨论超市如何对商品进行分类以及为什么这样分类。还可以让学生观察商店的收据，研究其中的分类方法，让学生基于十进制系统思考该问题。

教师如何引导班里不擅长"排序分类"思维技能的学生？

"寻找关联"思维技能

关联可以让人发现事物的连续性。在家庭和学校中，在产生想法时，或者在寻找有助于解决问题的模式时，学生都会发现关联的重要性。当学生高效找到事物之间的关系时，会发现某些模式和规则能帮助他们将看似孤立的想法、事件、事实、人物或感受联系起来，进而产生积极的意义。积极和成功的学习者会自发寻找事件和信息之间的关联。这类学生往往是灵活的思考者，可以找到多种方法解决问题。"寻找关联"思维技能是学生发展专业技能的核心。

学生可以探寻线性、因果、平行、互动或家庭分支等关系来深化自己的理解。例如，当苏茜要将自己的原有经验、见解和想法与演讲嘉宾的经验、见解和想法联系起来时，她可能会寻找平行关系。当被问及十字军东征对贸易的影响时，贾里德可能会发现因果关系。卡里娜利用数学关系（如线性、曲线、反比）发现实数和复数在代数和几何上的关系。在研究自己家庭关系树形图时，菲利佩发现了家庭分支关系和家族关系。掌握多种关系类型可以给学生带来更多可能性，使其在追求丰富内容的同时寻找多种关系，从而更深入地解决问题。

信息储备量大的学生的记忆中有更多的概念集，每个概念集都有更多的关联或特性，各概念集间的关系也错综复杂，因此，他们有更多方法可以高效地联想相关概念或程序来解决问题（Chi et al.，1981）。

很多课程标准都强调建立关联的必要性。你会发现，有些标准仅涉及一种关联，而复杂的标准通常涉及多种关联。例如，《通用核心州立标准》的"八年级阅读标准 3"要求学生分析一篇文章，描述不同人物、观点或事件之间的关联和不同（通过比较、类比或分类）。学生在分析过程中，可能会用到时间关系、因果关系、平行关系和空间关系。发现多种关联时，学生会变得非常兴奋。教师可以和学生一起庆祝这种"发现"，这表明学生具备了增长专业知识所需的技能。

不擅长"寻找关联"思维技能的学生

不擅长"寻找关联"思维技能的学生往往是被动的学习者，他们认为世界上的事物没有联系，不会去建立观点、事件、事实、人和感情之间的联系。在讨论圣女贞德勇敢坚守自己信仰的时候，刘老师问帕斯卡如何将其与自己生活中的勇敢例子联系起来。他只会回答说："我不知道。"还有一个更抽象的例子，威廉斯老师让一组学生找到《熠熠发光》和《我是马拉拉》两本书之间的关联，可是学生只会单独叙述两个故事，找不到两个故事之间的关联，也没有发现生存与希望这一共同主题。

格林老师班上的学生可以清楚地讲述《伍德龙一家》的情节，以及主要人物的一些特征，如年龄、头发和肤色，但却忽略了抽象的人物特征，如恃强凌弱、好奇和冒险。因此他们很难概括和发现这个故事和其他故事在意义上的关联。

另一个班的学生在研究数列，当巴拉加老师让凯文找出 21、23、25、24、26、28、27、＿＿＿＿、＿＿＿＿、＿＿＿＿这个数列的规律，并依照这种规律续写数字时，凯文感到很困惑，他回答说："这些数里面都有 2。"

你班里有哪些学生不擅长"寻找关联"思维技能？

引导帕斯卡和凯文运用"寻找关联"思维技能。通常，引导学生运用"寻找关联"思维技能要从个人经历和他人经历之间的联系开始。例如，在语言研究和社会研究中，学生在找到自己和他人之间的关联后，会逐渐找到文字与自我、文字与文字、文字与世界之间的关系（Harvey & Goudvis，2007）。在引导过程中，应从具体过渡到抽象，比如从具体特征（棕色头发、红色连衣裙）过渡到抽象特征（善良、勇敢或胆小）。此外，不同层次的范例（多个）可以帮助学生发现关联。

当帕斯卡回答"不知道"时，刘老师没有简单地让下一个学生回答，他给了帕斯卡 6 秒钟时间思考，看到他仍没有反应时，说："好吧，你好好想想，我知道你会想到一个例子，我们待会再听你的想法。"接下来，刘老师对全班同学说："这是一个很好的机会，我相信我们很多人都不知道生活中的事情与勇气有什么关系。什么是勇气？"刘老师解释了这一抽象品的特征，比如没有勇气的表现（Frayer，Frederick & Klausmeier，1969；Kinsella，2001），他让全体学生（包括帕斯卡）积极参与。关于勇气，刘老师列举了很多他的个人经历：跳进泳池的最深处，在别人面前表演，承认做错了事情等。这些例子教会学生如何建立联系，有助于学生思维技能的发展。然后，学生陆续补充了个人经历，刘老师在黑板上写下这些例子。通过两人一组的分享，学生想出了更多的个人经历，在此期间，刘老师站在帕斯卡旁边，帮助他想出一个例子。为了增强帕斯卡的能力感，刘老师对帕斯卡单独提出了表扬。

当学生探索数学关系时，教师通常需要进行更抽象的引导。若想找到数学上的关联，学生需要识别一些规律，因此，教师希望学生理解规律和关系的动态概念，而不仅是静态上的异同点。学生一定要注意，无论是纺织品、壁纸、自然界、音乐中的规律，还是数列中的规律，都是不断重复的。尽管这些规律可能是动态的，但这种不断重复的特点使我们看到解决问题的连续性，进而对其进行预测。

例如，巴拉加老师要求凯文找出 21、23、25、24、26、28、27、＿＿＿＿、＿＿＿＿、＿＿＿＿这个数列的规律，凯文需要了解数字之间的关系。从他最开始的回答（"这些数里面都有 2"）可以看出，他没有找到或理解其中的规律。巴拉加老师可以通过问题来验证这一推测。在转入抽象概念之前，他先通过具体的例子对凯文进行引导："看看这些彩色方块。你能发现什么规律？（2 个红色，1 个蓝色，2 个红色，1 个蓝色）？"然后，巴拉加老师将该规律应用到数字中："前一个数字到下一个数字发生了什么变化？是越来越大还是越来越小？很好，再下一个呢？是变大还是变小？"当凯文说出数字时，巴拉加老师在这些数字上画上半圆带箭头的符号，以此来展示数字规律的动态变化。最后，他用符号确切地表示出数字的变化，以更加精准地体现数字之间的关系，如图 5-1 所示。

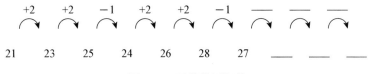

图 5-1　寻找数列规律

凯文找到各个数字之间的关系后，就要发现其中的关联，或者数字变化的重复规律，即数字是按照什么序列重复的。凯文发现＋2＋2－1 模式后，巴拉加老师让他指出该模式从哪里开始重复，然后让他将该规律添加到图表中，最后据此填写后面的数字。

和往常一样，老师向凯文和全班同学展示具有不同规律的例题，帮助他们思考更多的可能性。例如数字相加的数列模式，如图 5-2 所示。

$$3 \quad 5 \quad 8 \quad 13 \quad 21 \quad 34 \quad 55 \quad \underline{\quad} \quad \underline{\quad}$$

图 5 - 2　相加递增关系的数列规律

当教师帮助学生将解决此类问题的技能"衔接"到现实生活中的问题时，会增强学生的学习动力。例如，凯文试图找出一系列看似毫无关联的数字变化规律，然后发现其中的意义。当学生理解了某些数列模式和规律后，教师要引导他们解决生活中更大的问题。

引导"寻找关联"思维技能的策略和活动

使用 KWHL 图表。运用"寻找关联"思维技能将原有知识与新知识结合起来。KWHL 图表（c. f.，enchantedlearning.com）可以帮助学生"寻找关联"。"K"（know，你知道什么?）可以帮助学生分享原有想法和观念，而不必在意是否基于事实。这有助于教师和学生了解错误的观念或不同文化思维模式。然后问学生"W"（what，你想学什么?）、"H"（how，你将如何寻找信息?）和"L"（learn，你做研究后学到了什么?）。当学生完成这一系列学习后，可以去回顾笔记，寻找早期思维和近期思维之间的关联。

使用 Inspiration（inspiration. com）等网络应用。利用电脑的思维导图或概念导图应用程序，学生可以用非线性方式描绘自己的想法，发现各想法之间的联系。学生可以先写下自己的想法，然后用连接线将相关的想法连起来。这些想法和关系乍一看只是满是圆圈和连接线的思维导图，但学生只需点击一个按钮，该程序就可以将导图重组成一个线性轮廓，帮助学生很容易地将其转换成书面形式。对于具有关联性思维和学习风格的学生来说，这种方法大有裨益。

利用信息结构图。信息结构图可以帮助学生厘清关系，建立起关键词、概念和任务之间的初步关系。

在文学、社会研究或科学领域，信息结构图可以帮助学生预测某个情节或问题属性、具有哪些要素（Education Place，2013）。例如，教师可以就科普类文章的某一章节，为学生提供关键词列表和副标题列表。然后让学生猜测各关键词或概念属于哪个副标题（类别）。在一篇关于土豆用途的文章中，"接种"一词应出现在下列哪个副标题中：马铃薯种植、爱尔兰的马铃薯饥荒、马铃薯的医药用途? 在和学生一起创建信息结构图的过程中，教师可以预先讲解词汇和类别之间的关系。在寻找词汇和类别之间关联的过程中，学生学习了与主题相关的抽象概括，现在可以深入文本检验自己的预测是否准确了。

除此之外，学生还可以按照故事元素进行分类，比如按角色、背景、问题和解决方案进行分类。教师可以让学生寻找词汇和故事元素之间的关系。你可以这样提示学生："河流这个词与背景、问题或解决方案有什么关系? 把它放在哪里最合适?"教师和学生可以将找到的关联列入信息结构图中，进而对整个故事进行预测。阅读之后，学生会对词汇和故事元素进行比较（Action Learning Systems，2003）。在阅读之前对故事中的关系进行预测不仅有助于加强关联，还可以作为学习指南，促进学生的自主学习。

促进自由联想。利用联想游戏帮助学生发现初步的关联（例如："说到'桌子'你们脑子里会想到什么？会有什么相关的想法？这些想法有什么关联？"）。让学生说出其中的关联，他们会逐渐发现这些关联有助于他们进行分类，还会明白不同背景下的分类也会各不相同。

开展类比游戏。利用类比游戏和活动帮助学生寻找关联。例如，教师提出一个问题："鸟要筑巢，正如狮子要＿＿＿＿＿"，然后让学生回答，并说出原因。这样，其他人也可以从中学到知识。教师可以让学生分组设计类比，再让其他同学来猜。

整合各类知识。让学生将最近学到的知识与今天学习的知识结合起来。这有助于他们获得连续感。学生可以参考自己的笔记和想法，不断地对其中的关系进行审视和自我评估。将这种做法与学生设定的目标结合起来。

通过卡片加深关联。发给学生一张便笺卡，然后挑一本书大声朗读，要求学生就该书的内容建立个人关联。教师在朗读时要对书中的图片进行展示（如jpeg、pdf格式），阅读几页之后，就某一特定内容让学生在卡片上记下基于文章的个人关联、问题、观点或情感。然后，让学生与同伴交换卡片，阅读对方写的内容，并以书面形式点评同伴写下的关联。接下来，让学生再次交换卡片，对同伴的点评进行回复。要求每名学生至少在卡片上写下两条内容，然后教师继续阅读书籍，并不断重复读—停—回复的策略。让学生讨论关联对自己和同伴的影响，以及对理解故事的影响。这项活动可以促进团队合作，通过相互影响，学生可以增强思维、促进理解、深入思考自己与学习内容的关联（Chancer，2000）。

讲述"缺了一颗钉"的故事。这源于一首诗（作者未知）：

> 因为缺了一颗钉，少了一个马掌；
> 因为缺了一个马掌，少了一匹马；
> 因为缺了一匹马，少了一名骑士；
> 因为缺了一名骑士，输了一场战争；
> 因为输了一场战争，亡了一个国家。

通过学习这首韵律诗，学生可以理解关联的重要性，知道小事也能影响到大局。教师可以参考"涟漪效应"或"多米诺效应"，让学生积极分享此类事例。这项活动与"因果假设"思维技能密切相关，教师可以让学生两人一组或多人一组就此进行讨论。

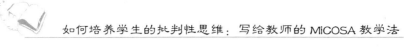

教师如何引导班里不擅长"寻找关联"思维技能的学生？

"视觉化"思维技能

学生在观察周遭世界的时候，在潜意识中会把看到的画面以图片的形式储存在脑海里。人们听到的、闻到的、碰到的、感觉到的东西经常会与相关视觉画面一起被存储起来，共同形成记忆。"视觉化"是一种强大的思维技能，可以用来唤起过去的画面或想象未来的画面。

"将你童年的家'视觉化'。"这个指示要求学生从记忆中唤起过往的画面。这些"画面"可能是非常温暖舒适的环境，香气扑鼻的植物给画面增添了一丝温暖的感觉。但对某些学生来说，童年的家可能会让他们想起落后的乡村，然后失落不已。无论学生脑海中出现什么画面，家的回忆都是学生原有知识的一部分，教师可以利用这些回忆帮学生将原有知识与新知识有机地结合起来。有意识地唤起学生记忆中的视觉画面能够促进其更好地学习。

此外，学生将基于"视觉化"进行未来规划。鉴于化石能源的不可再生性、开采化石能源对环境的破坏性，以及逐渐走高的能源价格，学生可以想象未来汽车的样子。这种对未来的"视觉化"想象对培养新世纪人才所需的创造力至关重要。

俗话说，一张图可顶千言万语。因此，意象记忆可以让学生整体把握学习内容，而不需逐个记住所有单词。尼克整合了记忆的画面、听到的描述和看到的文字，在脑海中勾勒出新的视觉画面，更好地理解了所学内容。新的视觉画面基于他的原有视觉认知，为他学习新的内容建立了认知联系。"视觉化"将个人感情与学习内容联系起来，是推动学习的动力（Beers，2003）。尼克在读完一大段文章后，会暂停阅读在脑海中形成新信息的画面，并能够在读到新内容时，根据内容重新调整画面。埃米莉亚在利用想象画面学习写作过程中，会仔细思考写作措辞，尽量选择能够引发丰富感官想象的词汇，比如，她写姑妈身上甜甜的薄荷味，以及蹒跚走进厨房时裙子发出的沙沙声。信息结构图等视觉化表现手段有助于学生形成概念，但这些视觉化表现并不等同于"视觉化"思维技能。你可能认为它们是"视觉化"的姊妹技能。

不擅长"视觉化"思维技能的学生

某些学生过度依赖原有视觉联想，无法从口头提示或文字中充分提取信息，从而不能充分整合信息。奥塞茨基老师让维克多画出他在阅读故事时联想到的飓风画面。维克多根据原有经验画了一个被木板封住窗户的房子，并得出结论：主人公安娜觉得很安全，因为窗户被木板封住了。但在故事里，安娜的房子没有被木板封住窗户。维克多忘了安娜感觉不安全是因为窗户没有加固。

戴维很难在脑海中形成视觉画面。他从三年级开始就不擅长阅读，同时还在理解方面存在困难。到了七年级，他变得讨厌读书，即使是自己选的书也很少能读完。尽管他能流利地阅读关于刘易斯与克拉克远征的文章，却难以理解文章的内容。教师让他画出阅读第一部分内容时想到的画面，他只画了一个空洞的场景，只表现了细枝末节，并没有表现出中心思想。

你班里有哪些学生不擅长"视觉化"思维技能？

引导维克多和戴维运用"视觉化"思维技能。 为引导学生熟练掌握"视觉化"思维技能，教师要有意刺激他们的想象，在教学过程中适时暂停，让学生在脑海中形成画面。教师可以问一些简单的问题，比如："你的脑海里出现了什么？"或者向学生展示如何分享想法："当我读这篇文章时，我能看到……"调暗灯光，压低谈话声音，创造安静的环境，减少外部刺激，使学生专注于自己的内心。

以维克多为例，他的原有经验削弱了他视觉联想的准确性。奥塞茨基老师为此组织了一次班级活动，讨论了形成画面，以及随故事发展修改画面的重要性。在活动开始时，奥塞茨基老师给学生朗读了一个名为《鱼》的故事（Regents of the University of California Reading & Literature Project，2013），让大家认识到形成视觉联想的必要性（见表 5-1）。

学生基于故事的六部分内容画六幅图。然后，教师为每个部分增添新的提示，并要求学生就此改变思维和视觉联想。有些学生的画被大幅改变，表明他们在理解文本方面可能存在困难。如果他们擅长运用"视觉化"（还有"逻辑推理"）思维技能，在看到第三部分内容时就可以理解故事的意思。而维克多等人要把六个部分都读完才明白这是一个关于鱼的故事。

维克多的老师接着读了另一个故事——《公园历险记》，来引导学生的

"视觉化"和"逻辑推理"思维技能。阅读了第一段后，他要求学生画出想象的画面。这次他们集体讨论了如何基于原有经验和当前材料形成自己的画面。在第二段及随后章节的阅读和联想中，教师强调了根据新信息修改画面的重要性。借鉴其他学生的范例，维克多可以丰富自己的经验，合理修改画面。

戴维的老师诺兰先生利用听觉刺激引导学生进行视觉联想。他让学生闭上眼睛听刘易斯和克拉克的故事，在脑海中想象并创造一部影片。当学生脑海中形成"画面"时，就"竖起大拇指"表示自己成功了。在读完第一节后，他让学生讨论自己想象的画面，发现有两个人已经开始慢慢在脑海中形成"影片"了。在读第二节的过程中，戴维和某些学生在脑海中开始形成"影片"。诺兰老师继续朗读，让学生在脑海中形成"影片"后竖起大拇指，一直到故事结束。每次，他都会随机让某名学生分享想象的画面。组织刻意抽象活动（"思维影片"）应基于这样一个事实：有些学生不擅长具体层面的工作，却很擅长抽象层面的工作。

表 5-1　故事《鱼》

因为你从未见过我，所以我要向你讲述我的一切。

我不是很大，但我很活跃。我有一个爸爸、一个妈妈，还有很多姐妹、兄弟、表兄弟、表姐妹、阿姨、叔叔。

你猜猜我长什么样？调动你的想象力。

在第一个框中画一幅我的画。（暂停）

当你听到更多我的故事后，你对我的看法可能会改变。

我有一个家，这是一个特别有趣的家，它非常舒服安逸。我的大家庭有很多屋子，很大很大。

也许有一天，你、你的妈妈、爸爸、姐妹、兄弟、表兄弟、表姐妹、阿姨、叔叔都可以来我家玩，我们有很多屋子可以住。你还可以带上邻居一块来呢。

把你学校里朋友也带上吧。

也许有一天，你和你的朋友会住到我家。我们不会觉得拥挤。但一定记得带氧气。

现在，你知道我住在哪里了吗？仔细想想你所听到的信息。

在第二个框中，画一幅我家的图画。（暂停）

你预测对了吗？

我喜欢玩游戏，"捉人"游戏是我最喜欢的游戏之一。我最喜欢的运动是游泳。

我的一生好像都在游泳。

在第三个框中，画一幅我在你脑海中的样子。（暂停）

你最喜欢的游戏是什么？你最喜欢的运动是什么？

续表

> 我有时跟其他伙伴在学校学习。我的学校与你们的学校很不一样。我们大部分时间都在游泳、玩"捉人"游戏，你想来这样的学校吗？
>
> 在第四个框中，画一幅我学校的图画。（暂停）
>
> 你现在知道我是什么了吗？继续想。
>
> 有一些植物对我们很重要。事实上，我偶然发现我们食用同一种植物。你在吃冰激凌的时候会吃这种植物。你知道我们都食用的这种植物叫什么吗？
>
> 现在把纸翻过来。在第五个框中画出这种植物或者写出这种植物的名字。
>
> 我来告诉你这种植物的名字：海带。它可以使冰激凌保持坚硬，不那么快融化，还可以使冰激凌顺滑爽口。海带生活在我的住所底部。你有没有改变对于我是什么的判断？
>
> 在第六个框中把我画出来。（暂停）

引导"视觉化"思维技能的策略和活动

基于提示开展"视觉化"联想。 为学生朗读故事，使其根据提示随故事内容的变化修改"视觉化"联想。要求学生画出听到每个提示后脑海中形成的画面，画出首幅图画后（可作评估依据），持续就该故事或类似故事加强学生整合个人经历与学习内容的能力，最后，让学生根据新信息提示修改"视觉化"想象。可用来进行该活动的典型故事包括：《鱼》（前面维克多的例子里用过）和《公园历险记》（参见 PDToolkit 网站）。

创作思维影片。 在为学生朗读文章时，引导学生创作思维影片。不要向学生展示书中可能影响学生想象的图片，而是鼓励学生集中精力在脑海中创作和修改"影片"。熟练这一过程后，要求学生在阅读时创作思维影片（参见戴维的例子）。

制作故事板。 利用故事板帮助学生学习想象画面，并理解篇幅较长的故事。学生就每一章、每个时间段或每个重大事件画出他们理解或想象的画面，并与全班同学分享部分画面，这有助于他们把握故事的重点（尤其是画出来的重点）。让学生把图画贴在折叠纸或海报纸上，这样就可以根据图画对故事进行排序。听完故事后，学生可以对故事进行口头复述，或根据图画提示复写故事。他们可以将作品制作成 iMovies（微电影）或 PPT，也可以将其发布到TeacherTube（教师视频共享网站）或 SchoolTube（学生视频共享网站）上。

向同学推荐书目。 该策略鼓励学生互相推荐书籍。当推荐者分享故事时，其他学生会产生视觉联想。教师可以要求每名学生讲一个书中的短故事，努力基于故事创造视觉画面，从而吸引同学阅读。组织三次"结对-分享"活动（Beers，2003）。

画出旋律。将音乐作为提示，利用各种形式（如铅笔、油画粉、拼贴画）引导学生进行视觉想象。

教师如何引导班里不擅长"视觉化"思维技能的学生？

_____

_____

"逻辑推理"思维技能

看到画着光秃秃树木和一望无际雪景的图画，你会根据过往经验推断这是冬天的场景。但如果你没有经验或常识，不知道雪是寒冷的、树木在冬天会落叶，就无法做出这一推断。"逻辑推理"思维技能强调根据既有信息推断新信息是否成立。在"逻辑推理"过程中，学生会根据他们的既有经验和常识得出结论，需要较强的洞察力（Eduscapes，2009）认为，学生需要具备以下几种技能进行有效逻辑推理：

- 收集证据。
- 发现关联。
- 做出预测。
- 得出结论。

"视觉化"思维技能，即形成思维画面，有助于学生进行"逻辑推理"。例如，当看到或在脑海中想象某人擦拭额头上汗水的画面时，你可能会推断这个人感到很热、不舒服。在阅读过程中，若将文本内容、个人经历或其他信息结合起来，学生就会通过"逻辑推理"读出"言外之意"。乔尔在脑海中想象阅读的故事画面：这是一个单层凶宅，主人公蜷缩在卧室后门附近的壁橱里，拿刀的小偷从前门闯进来。他能推断出故事中的男孩很害怕，也许还能预测到男孩会试图逃跑而且大概率是从后门逃跑。这种逻辑推理唤起了读者对故事高度的情感共鸣，甚至让读者感同身受。这就需要读者克服恐惧情绪，有勇气继续读下去。

"逻辑推理"思维技能会贯穿学习的始终，有助于学生得出逻辑结论。在五年级的科学课上，教师要求学生在脉搏上放一块粘土，并在粘土中插入小吸管观察会发生什么（*California Science*，2008）。当学生看到吸管有规律地运动时，教师提示："基于观察结果和心脏知识，你们能做出什么'逻辑推理'？"学生根据既有知识推断出是血液在动脉中的流动导致了吸管的运动。教师可以利用这种方法引导学生明白"逻辑推理"思维技能的意义。熟练运用"逻辑推理"思维技能有助于他们得出正确结论。

在很多情况下，学生必须做出多重推理才能理解学习任务。例如，当学生提炼一部小说的主题时，必须进行多重推理以确定主题。擅长"逻辑推理"思维技能的学生可以很容易地确定主题。

不擅长"逻辑推理"思维技能的学生

逻辑推理是批判性思维的基础，对学生至关重要。不擅长"逻辑推理"思维技能的学生往往很难得出结论或做出决定，这可能是阅读不畅的结果，如果他们不理解单词的意思，就很难形成短期记忆，也就很难理解文章内容。这些学生无法有效掌控理解力，也就不太可能改变策略或验证自己对文章的解读，从而忽略文章的微妙之处而导致推理失败。流利阅读至关重要，它有助于学生提高"逻辑推理"能力。

运用"逻辑推理"思维技能要求学生对信息进行收集、分析、排序、挑选和预测，任何环节或相关技能（如"比对多源信息"）的缺失都可能给学生造成困难。教师应提示学生尽量避免犯以下常见错误（Eduscapes.com）：

（1）关注片面信息。杰拉尔多正在查看资料，想要了解马友友的健康问题及其对演奏大提琴的影响（Zimbler，2009）。他只看了一部分资料就错误地推断马友友身体不适时不能拉大提琴。因为没有比对多源信息，杰拉尔多做出了错误的推理。

（2）忽略相关线索。七年级的伊恩没有关注相关线索支持他的推理。在《达菲的夹克》这个故事（eolit. hrw. com）中，主角达菲总是遗落自己的个人物品。故事中穿插着紧张和恐惧的情节（如小屋墙上的哨兵警示标志等），当外形粗野的陌生人在夜里归还达菲落下的夹克时，他误以为是哨兵来了而害怕得要命。伊恩没有注意到预示恐惧的线索，也没有注意到达菲健忘的线索。因此，他无法在阅读时进行合理推理，也无法理解故事的高潮。当被要求找出故事的伏笔时，他只能回答不知道。

（3）局限字面解释。贝盖伊老师让十年级的学生推测一幅政治漫画的含义：一名军官拿走一大袋钱，旁边的山姆大叔做出摊手耸肩的姿势。在山姆大叔身边，一位妈妈牵着孩子的手问："还有足够的教育资金吗？"（Frey & Bower，2004）。加勒特不擅长"逻辑推理"思维技能，他只能依据字面解释回答："军人拿走了所有的钱。"并没有推断出军费开支过度导致教育等社会资金出现赤字的结论。

（4）依赖个人经验。某些学生过度依赖个人经验，忽略了文本中的微妙之处。在前面的例子中（"视觉化"思维技能的例子），维克多过于依赖自己之前有关飓风的体验，推测故事中的孩子将遭遇与他类似的经历，因此错误地推断孩子会像自己当年一样被转移。他完全没有推测出故事中的孩子可能被迫待在家中面对飓风的狂怒。

（5）忽视客观事实。这会让学生曲解文本，导致逻辑推理失误。在前文政治漫画的例子中，扎克没有做出正确的逻辑推理，过分沉溺于自己的观点，只能简单地说："总统根本不在乎！"他忽略了财富分配的原则，以及教育经费和军费支出的优先性问题。这类学生往往缺乏寻找逻辑证据的内在习惯。

你班里有哪些学生不擅长"逻辑推理"思维技能？

_____

_____

引导伊恩和加勒特运用"逻辑推理"思维技能。有针对性地引导学生进行"逻辑推理"，教师首先要明确问题的原因。学生做出错误逻辑推理是因为关注片面信息、忽略相关线索，还是局限字面解释？如果是因为关注片面信息，或忽略相关线索，教师首先要关注学生是否会比对多源信息，是否会在收集信息时进行自我调节，是否会寻找关联。教师要引导学生进行自我调节，使其能够有效地收集信息。构建信息结构图有助于学生进行自我调节和逻辑推理。

以伊恩为例，他忽略了达菲健忘和恐惧的相关线索，教师可以引导他运用"寻找关联"思维技能，利用潜在线索进行推理，从而提高"逻辑推理"思维技能。伊恩认为故事中的潜在线索只是偶然出现，与即将发生的事情没有必然联系，教师可以帮助他寻找线索之间的关联，及其与结局之间的关系。可以先问他："故事中哪些线索或联系可以让我们了解孩子们惧怕陌生人的原因？"然后顺着他的回答说："是的，光线很暗、无人照看、孤零零的小屋还有哨兵警示标志都是很好的线索。"接下来引导他："当你开始寻找关联时，就已经开始进行逻辑推理了！"

为了引导和强化学生的"逻辑推理"思维技能，教师可以请具有不同文化背景的学生讲述他们的文化故事，以此丰富学生的阅历，推动不同文化间融合欣赏。电影、童话和传说都很适合用来培养"逻辑推理"思维技能。例如，在《小红帽》（*Little Red Riding Hood*）中，当教师读到"小红帽"说外祖母住在很远很远的"孤独巷"尽头时，可以停下来暗示学生此处有伏笔（推理预测）（eolitk. hrw. com），让学生根据"线索"推测小红帽将遭遇什么事情。

在政治漫画的案例中，加勒特过于依赖字面解释。教师要对其进行引导，首先认可他的字面解读以建立互动关系，不要让他感觉到被纠正。"是的，这名军官正在拿走这笔钱。这是什么意思？这可能另有寓意，你应该知道，没有哪位高级军官会背着一袋钱到处走，那这代表什么呢，加勒特？"此时，教师要引导学生推测出这名军官代表某个组织（而不是一个人）从财政部（而不是从袋子中）拿钱。此外，还要提示他山姆大叔象征着联邦政府。这种引导要求学生理解多个概念，并将其与逻辑推理结合起来。学生需要比对多源信息，理解概念的意义，并通过推理进行预测。通常，让学生分组讨论多个事例，有助于他们"逻辑推理"思维技能的发展。

引导"逻辑推理"思维技能的策略和活动

利用 Quia 网练习。Quia 网（www.quia.com，教育资源网站）上有很多精彩有趣的资源可以帮助学生练习"逻辑推理"思维技能。很多练习可以使学生轻易了解逻辑推理与原有经验或猜测的区别。

苏格拉底式问题研讨。让读过同一篇文章的学生坐成一圈，观察者坐在他们身后。由指定的负责人提出问题，学生就问题发表观点，并用文章中的事实支持自己的观点。之后，负责人或小组成员再提出新的问题（www.socraticseminar.com）。

利用推理猜谜网站。网站 www.philtuga.com/riddles 上有很多有趣的推理猜谜游戏，它们依难易程度被分为不同的级别。你可以扩展这项活动，让学生设计可以展示自己科学研究或社会研究水平的谜语。

实施"深层"策略。"逻辑推理"意味着挖掘思维"深层"的东西。理解"表层"和"深层"两个术语有助于学生区分字面意思和逻辑推理。引导学生运用的"逻辑推理"思维技能需要重视其对标签和符号的理解。实施该策略要从熟悉的事物开始，可按如下顺序展开"深层"策略：（1）符号；（2）标志；（3）图片；（4）文本（Action Learning Systems，2010）。

● **深层策略：符号和手势。**向学生展示一个熟悉的符号（如路标、数学符号、手语手势），然后提问："从表面上你看到什么？"（黄色五角星和学生轮廓）。"它有什么深层含义？我们能推理出什么？"（学校，学生，有序行进）。

● **深层策略：标志。**向学生展示一些标志（如旗帜、戒指、自由女神像），问学生从表面上看到了什么，再问它们有什么深层含义。标志的意义深受文化的影响，因此，要选择当前文化背景中常见的标志。

● **深层策略：图片。**用图片提示学生回答表层和深层问题。首先给学生看一幅带故事的图片，如描绘西进运动的历史图片。然后问学生："从表面上你看到了什么？"（一个女人在烧火做饭，一个男孩背着一捆柴，五个男人在屋顶上。）某些学生会马上做出推理，比如"这个女人看起来很热"，或者"她正在做早餐"。教师可以通过提问帮助他们区分表层意思和深层意思，可以这样问："你能在图片中看出来某某吗？"让他们往深层次想，看看能推理出什么。当他们推断出：她很热，可能正在做早餐，孩子背柴火背累了。再拿另几张图片重复这个过程，直到确保学生理解全部图片的内容。诺曼·罗克韦尔的作品可以作为该活动的绝佳素材，因为他的作品总是画中有话（Action Learning Systems，2010）。

● **深层策略：文本。**在投影仪上展示一篇简单的文本。教师与学生一起阅读，问学生一些表层问题。当学生进行回答时，拿一张白纸写下他们从文本中找到的答案，再投影到幕布上，让学生知道自己可以从文本中找到答案。然后，教师可以提出一些深层问题，学生无法从文本中直接获取答案，因此必须进行推理（Action Learning Systems，2010）。

你班里有哪些学生不擅长"逻辑推理"思维技能？

"因果假设"思维技能

"因果假设"思维技能不仅被用于寻找关联，还被用来寻找关联背后的原因，以明确事物间的因果关系模式。判断因果关系的方法是以线性方式从信息中获取与过去或现在有关的事实（当……时，那么……）。提示因果关系的关键词包括"因为""结果""因此"，以及"为什么……"和"……的原因"。

人们常常将假设与因果关系联系在一起，要求学生考虑"如果……那么……"。例如，卡尔假设，如果在沙地、花园和有机营养土中分别种一株西红柿，每周给它们浇一次水，那么不出一个月，三株西红柿之间就会出现显著的差异，第三株西红柿的生长高度会是第一株西红柿的三倍。他可以利用实验数据对该假设进行验证。

假设是基于未来可能发生的情况，帮助学生根据所学知识进行猜测，验证客观世界。"如果……""假如……"是假设的标志性用词，可以促进学生的想象力和创造力。教师可以提问："如果你参加游戏赢得了 100 万美元慈善资金，你会怎么做呢？你会捐给什么慈善机构或事业？你为什么做出这样的选择？你希望如何使用这笔钱支持慈善事业？"这可以使学生在公认标准之外进行安全的思考，有助于他们验证规则，提出假设。再如，"如果我决定离开家该怎么办？"假设还可以引导学生进行预测。

学生应该成为灵活且具有批判性的思考者，因此应具备提出假设和设计备选方案的能力。若最初的计划没有达到预期的效果，预备备选方案的学生会有多种处理方式、多个计划或多种选择，而假设是这一切的核心。

因果和假设有什么关系？你可以将它们视为一个连续体，在这个连续体中，因果关系处理的是过去或当前的现实（当……时，那么……），而假设则处理抽象或未来的情况（如果……那么……）。理解因果关系有助于学生提出对未来的假设。丹尼尔通过学习历史得知，当经济衰退、边境受到攻击、军费开支过度、政治腐败、百姓失业时，古罗马就衰落了（因果关系）。由此他假设，如果美国出现经济衰退、边境受到攻击、军费开支过度、政治腐败、百姓失业等情况，美国也会衰落。

有时假设（如果……那么……）可以帮助学生进行学习预测。帕特森老师要求学生假设或想象自己是《佩德罗的日记》（*Pedro's Journal*）中的人物佩德罗，佩德罗正被怂恿跳入水中，可他却不会游泳。如果你们是佩德罗，你们会怎么做？你们将如何处理这种情况？为什么？（给出证据）

课程标准建议学生从幼儿园就开始运用"因果假设"思维技能。因此，在学生很小的时候，你就应该让他们进行因果假设："如果……会怎么样？"

不擅长"因果假设"思维技能的学生

不擅长"因果假设"思维技能的学生在学业和社交方面常常陷入僵化的行为模式。他们似乎思维受限，往往不从错误中吸取教训。他们还没有学会挑选方案（B 计划或 C 计划）、制订应急（备选）方案或看到因果关系。

罗比总是在课间休息时惹麻烦，因为他会把球从别人手中抢走，而别人想要拿回球时，他就会勃然大怒。他每天都重复着这个错误行为，似乎从来没有从以前的经验中吸取教训。罗比不认为他的行为（把球拿走）是引起其他学生愤怒的原因。他因同学的愤怒而愤怒，有时还会有暴力行为。这使罗比面临被开除的危险。

学生可能会出现无法灵活处事的问题。例如，若阿克法忘记带书，他就选择不上课。阿克法被单一选择（没有书就不能上课）困住，没有想出解决问题的假设性选择。弗兰克在与其小组合作研究南北战争地理问题时，没有主动考虑多种选择。布尔老师要求他们将研究发现标到一张大的美国地图上，但他们所处的计算机实验室放不下这张大地图。弗兰克在电脑上找到信息时就犯难了，他本来打算马上把信息转移到大地图上，但房间里却没有地图。他困惑地说："我们现在没法将研究结果标到地图上。"

学生们经常混淆事件排序和因果关系。例如，当被问到故事中的人物比利那天早上上学为什么很匆忙时，莱昂内尔回答说："他起床，刷牙，吃早餐、背上书包，然后跑去上学。"莱昂内尔对事件进行了排序，却没有回答原因。实际是因为比利要在当天上课前给同学发生日请柬，为此他感到很兴奋。在另外一个例子中，学生看到加拿大 6 人死于大肠杆菌，仅仅因为故事先讲了结果（人死亡），然后讨论原因（水中的细菌），就有几个学生报告说：原因是人死亡，结果是水中有细菌。学生这样说，因为故事是按这个顺序讲述的。很明显，他们混淆了事件排序和因果关系。如果学生不能意识到事件可能有多个原因和多种结果，就无法认识到因果之间的辩证关系，也就无法准确地进行逻辑推理。

你班里有哪些学生不擅长"因果假设"思维技能？

引导罗比、莱昂内尔、阿克法和弗兰克运用"因果假设"思维技能。理解因果关系并进行假设不仅是科学和文学问题，还与社会行为和自我调节密切相关，引导学生掌握这些技能有助于他们了解行为的原因和结果，更好地发现事物间的关联。

"因果假设"思维技能可以帮助学生预测行动可能导致的结果，看到社交行为的多种潜在原因和影响。德朗热老师和罗比一起研究抢同学球的问题，她首先明确问题，然后讨论因果关系。她没有说"你的问题是……"，而是问："出了什么问题？"罗比经过思考说出问题所在。正如设定目标可以让学生了解收集信息的必要性，明确问题可以让学生们理解因果关系的必要性，这也是利用假设解决问题的先决条件。罗比明确自己的问题（想玩球而没有球）后，就会理解他的行为（拿别人球）造成的后果。他想到了可以通过其他途径得到想要的东西（比如，问同学什么时候可以用球，请求和别人一起玩，另找一个球，做别的运动）。

在莱昂内尔（混淆了事件顺序和因果关系）的例子中，他的老师首先对原因（是什么导致了这种情况？）和结果（产生了什么结果？）进行了简要讲解。一旦莱昂内尔理解了事件顺序和因果关系的区别，就会发现故事主人公上学匆忙的原因。教师一定要注意简化概念的关键，有时不经意的语言就会导致学生理解混乱。例如，若教师用"先""后"两个词来简化原因和结果，学生就容易混淆因果关系和事件顺序，还会认为是故事中先发生的事导致了后面事情的发生。

当学生进行科学实验时，事件顺序和因果关系将变得更加直观，因为实验顺序通常是按照由因到果的来排列的。例如，当他们将醋和小苏打混合起来，放到模型火山下面后，火山就会喷发。在这里，混合醋和小苏打这一原因导致"火山喷发"或化学反应这一结果。在另一个案例中，学生可以通过控制原因（例如，喝不喝含咖啡因的饮料）和测量血压结果来观测咖啡因对血压的影响。当学生日后需要确定观测结果（如疾病）的原因时，特别需要掌握因果关系的概念。

阿克法没有带书来上课，而且脑子里只有一种因果关系。沃尔什老师利用多种假设提高他的思维灵活性（A计划、B计划、C计划）。进行假设让阿克法考虑了其他可能性，有了更多可产生积极结果的行为选择："如果我没带书，就得找到另一种上课方法（而不是什么都不做）。"这会使阿克法想方设法思考其他解决方案（例如，借一本书或者看别人的书）。为引导阿克法，沃尔什老师让全班同学设计困境中的替代方案（A、B、C）。这有助于提高他们的灵活性，还可以帮助阿克法找到应对挑战的方法。

当弗兰克不知道如何把电脑上的信息转移到课堂外的大地图上时，某个学生提供了一个方案。"我们可以打印出一张小的美国地图放在电脑旁边，先把信息标在小地图上，随后再把信息转移到大地图上。"基于这种灵活的思维模式，布尔老师讨论了备选方案的价值。她肯定了这种想法，鼓励全班同学通过假设再想出两个方案，并选择其中的最佳方案。

引导"因果假设"思维技能的策略和活动

绘制线索图。"提示"原因或结果的关键词可以帮助学生辨别原因与结果。但若学生不了解句中原因和结果的顺序可以互换，仍会混淆因果概念，对初学英语者而言更是如此。绘制线索图有助于学生理解因果概念。

表5-2展示了当句子中原因在前、结果在后时，如何利用提示词确定原因和结果。当原因位于结果之前时，会有提示原因的关键词出现（如 when、since、because），这些词被称为"提示词"。句中也会出现提示结果的关键词［如 When storm clouds formed（原因），then it started to rain（结果）］。当句中出现原因提示词时，有时可以省略结果提示词。例如，When storm clouds formed（原因），it started to rain（结果）。但是，如果句中没有原因提示词，则不可省略结果提示词。例如，Storm clouds formed（原因），therefore，it started to rain（结果）。

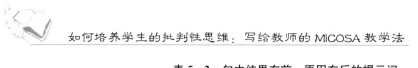

表 5-2　句中结果在前、原因在后的提示词

表示原因的提示词（明确或隐含）		文中的原因	表示结果的提示词（明确或隐含）		文中的结果
When（当……） Since（因为） Because（因为） Due to（由于） On account of（因为） As a result of（因为）	➡	storm clouds formed（暴风云聚集起来）， storm clouds formed（暴风云聚集起来）， storm clouds forming（暴风云聚集着）， storm clouds were forming（暴风云聚集了一阵），	then（于是） so（所以） therefore（因此） thus（因此） hence（因此）	➡	it started to rain（天开始下雨了）.

虽然关注提示词能帮助学生清楚地判断原因和结果，但熟练运用此技能对他们是个很大的挑战。若句中结果在前，原因在后，学生就会感到困惑。表 5-3 展示了提示词在这种"反序"句中的应用。当结果在前、原因在后时，句中可省略 then、so、therefore 等表示结果的关键提示词！例如，It started to rain（结果）when storm clouds formed（原因）。

表 5-3　句中结果在前、原因在后的提示词

表示结果的提示词（在本句中不需要）	文中的结果	表示原因的提示词		文中的原因
Then（于是） So（所以） Therefore（因此） Thus（因此） Hence（因此）	It started to rain（天开始下雨了）	when（当……） since（因为） because（因为） due to（由于） as a result of（因为） on account of（因为）	➡	storm clouds formed（暴风云聚集起来）. storm clouds were forming（暴风云聚集了一阵）. storm clouds forming（暴风云聚集着）.

教师可以利用信息结构图，让学生从文本中寻找提示词，再填进信息结构图的"空白"处，或给学生演示如何利用信息结构图。信息结构图有助于学生提高学习效率，教师可以利用提示词和信息结构图让学生尽可能多地用原因和结果提示词造句，然后将原因标为一种颜色，将结果标为另一种颜色。对于正

在学习词汇和概念的初学英语者，教师要尽可能为其提供视觉支持，让他们基于范例进行学习。

"如果……"游戏。在学年伊始，向学生提出以下要求：要成为解决问题小能手。为锻炼他们解决问题的能力，教师要带学生们玩"如果……"游戏。把课堂上容易出现的典型问题（忘了带铅笔，看到有人被欺负，很早就完成了任务等）写在纸条上，放在包里。让学生从中抽出一个问题并向全班提问。抽到纸条的学生会问大家："如果……（我忘了带铅笔）怎么办？"然后，全班学生必须针对该假设想出至少三个符合指导原则的回答。指导原则要求学生：(1) 表现出较强的责任感，(2) 想法能在课堂上实现。如果学生的回答符合指导原则，就把它写到黑板上。

"因果配对"（参见 MiCOSA 教学法视频 5.2）。做两组彩色卡片（各为一种颜色），在第一组卡片上写各种情况的原因，在第二组卡片写这些情况的结果。给每名学生发一张原因卡或结果卡，要确保原因卡和结果卡都是"成对"发出去的。音乐响起时，学生可以满教室给自己的原因或结果"配对"，音乐结束时，要求每对搭配好的学生读出他们的因果情况。

教师如何引导班里不擅长"因果假设"思维技能的学生？

_____

_____

"归纳总结" 思维技能

进行归纳总结时，学生需要收集、整理、归纳个人经历相关信息，并分析出信息间的关联。这种思维技能要求他们对信息进行分类、标记和使用，而不仅是陈述一连串的例子。将文本中各类信息关联起来时，学生就会理解隐藏在相互关系中的深意——中心思想。一旦确立了中心思想，他们就可以添加相关细节来阐释要点。

在语言教学中，教师经常会用到"归纳总结"思维技能，它对语言教学至关重要。擅长"归纳总结"思维技能的学生能够轻松找出文章主题和中心思想，也能快速掌握数学、科学和社会学等其他课程的知识点。他们往往具备较强的相关思维技能，如"比较判断"、"排序分类"、"善用关键词"和"寻找关联"等。

不管学生收集到的是视觉信息还是听觉信息，"归纳总结"思维技能对其批判性吸收信息都非常重要，也有助于他们理解世界。有效地归纳总结还可以使学生牢牢掌握大量信息。在此过程中，他们会检查自己的理解情况、区分主要观点和重要细节、整合这些信息，并确定可以删除哪些信息而不损失文章本意。

学生也可以将"归纳总结"作为一种学习技能，它能使思维更简洁，帮助高效存储信息，对记好笔记非常重要。除了书面或口头归纳总结外，擅长"视觉化"思维技能的学生还可以通过图形进行归纳总结，如使用信息结构图或用符号（Harvey & Goudvis，2007；Marzano，Pickering & Pollock，2001）。

弗雷迪很擅长运用"归纳总结"思维技能做课堂笔记，他创建知识图谱来总结听到的内容，而不是大量抄写文字。他还可以口头概括电影或故事的中心思想，按照格式塔模式思考，利用丰富的案例叙述内容。布伦丹可以利用"比对多源信息"思维技能总结各国"活动"的影响，预测未来五年保护资源的必要性。

不擅长"归纳总结"思维技能的学生

不擅长"归纳总结"的学生往往只会复述故事，忽视事件之间的关联，很难区分主要和次要内容。在回答"我们昨天学到了什么"时，苏珊耸耸肩说："我不知道。"事实上，如果教师进一步询问，她是"知道"的，但是讲的都是琐碎的知识点，而不是综合的或有意义的内容。由于没有对信息进行归纳总结，佩内洛普的生物课笔记看起来很随意，所记的内容都是老师在课堂上说的话，没有任何主题或章法。当老师让她解释记下的内容时，她也不知道自己写了些什么。

特奥多罗经常读完很多页书后还不知道自己读的内容，说明同样没有掌握"归纳总结"思维技能。

你班里有哪些学生不擅长"归纳总结"思维技能？

_____

_____

引导苏珊和特奥多罗运用"归纳总结"思维技能

学生需要事先掌握多种思维技能，才能灵活运用"归纳总结"思维技能。因此，教师首先要确定学生是否能够运用这些思维技能（如"比较判断""排序分类""善用关键词""寻找关联"等)。在帮助学生理解"归纳总结"思维技能的意义时,教师可以让他们基于词汇甚至"视觉化"想象逐渐理解各类信息的意义,然后再逐渐增加信息,从而总结出"更宏大的图景"。

回想苏珊的情况,当被要求进行归纳总结时,她总是反复描述一些随机的事件。为了引导苏珊运用"归纳总结"思维技能,唐纳森老师让她先看标题、副标题、插图和图表,然后盖上她读过的具体内容,再对苏珊说:"用你自己的话告诉我在这一页学到了什么,用一两句话概括。"基于苏珊的回答,唐纳森老师帮她区分主要和次要观点。当苏珊陈述想法时,唐纳森老师会引导她发现文中深层的意思,并与她分享观点。因此,当苏珊进行归纳总结时,她会思考哪些细节是主要内容;当她开始领会所读或所听内容的要点时,她的归纳总结就会变得有意义。唐纳森老师让苏珊介绍归纳总结的经验,以此引导她增强"归纳总结"思维技能并发现其意义。苏珊向其他人介绍的过程其实也是一种"归纳总结",当她能和大家分享浏览标题和图表对提高"归纳总结"思维技能的意义时,她必然已经发现了这个方法的重要性。

为引导佩内洛普运用"归纳总结"思维技能,她的老师借鉴了马尔扎诺、皮克林和波洛克(Marzano,Pickering & Pollock,2001)的基于图表组织信息法——"学生笔记:综合技巧"。当老师大声朗读文章时,佩内洛普和全班学生在信息结构图左边做笔记。之后,老师让他们停下来(引导自我调节),并在图右边画出他们所记的笔记。这样可以帮助学生理解文章内容,提高学生归纳总结的能力。重复三次之后,教师可以让学生用一句话总结画的三幅图。此"三步走"方法有助于佩内洛普和其他学生从关注文本内容转向注重思维模式,并学会如何进行归纳总结。

引导"归纳总结"思维技能的策略和活动

利用组合技巧记笔记。利用由三部分组成的信息结构图,让学生在左边做笔记,在右边画出笔记的内容,并在下面用一句话进行总结。学生按照记笔记、画图、记笔记、画图、记笔记、画图、总结的顺序进行练习。和其他视觉表现手段一样,这种练习有助于学生提炼和概括要点,防止其迷失在无关的细节中(Marzano,Pickering & Pollock,2001)。

略读。在略读过程中,学生应关注主旨相关信息,找出每页内容的要点。教师可在屏幕上投放一段文字,给学生30秒时间浏览,要求他们在发现主要信息后竖起大拇指。然后关掉投影,问学生都看到了什么。让那些归纳总结出要点的学生介绍高效利用这30秒时间的方法(比如,我们看了粗体字和标题、图片、每段的第一句话等)。

检索信息。让学生"检索"文本获取特定信息。教师可给学生一些提示,比如："哪条重要的河流流经德国？"然后将包含这些信息的文章投影到屏幕上，让学生检索"河流"和"德国"等字眼，要求学生在找到这些信息后竖起大拇指，然后大声地说出来。

"保留"与"删除"。"保留"与"删除"有助于学生区分文章中的重要信息和次要信息。教师可从学生熟悉的文章中仔细挑选 26 句话，将其按照从 A 到 Z 的顺序编号（可根据需要调整编号），这 26 句话中包括 10 个重要知识点，也包括 16 个需要剔除的、重复的或无关紧要的句子。让学生两人一组挑选 10 个要"保留"的知识点和 16 个要"删除"的句子。然后，教师用纸片盖住学生认为最"重要"的句子，让他们讨论被"保留"的内容。从编号为"A"的句子开始；让同意保留该句子的学生举手，按照"没有"、"几个"、"一半"、"大多数"和"全部"几个挡位进行记录。逐句询问之后，教师可向全班学生公布调查结果，让学生回答："为什么多数人选择删除这些句子？"让学生介绍删除不相关或不重要细节的原因，然后再问："你们为什么要保留这些句子？"让学生将"保留"最多的句子总结成一段连贯的话，并用一两句话对这段话进行归纳总结（Action Learning Systems，2010）。

总结文章要点。向学生展示一段文章的前两三句话（大约 20 个单词），要求他们用不超过 15 个单词进行归纳总结。再向学生展示两三句话，再次要求他们用不超过 15 个单词进行归纳总结，但这次归纳总结的内容要包含与前文相关的信息。接下来，继续向学生展示第三部分内容，仍然要求他们用不超过 15 个单词总结这三部分内容（Los Angeles County Office of Education，1998）。

教师可以从同一篇文章中另选两个段落重复这一活动。完成三次总结之后，让学生尽可能简练地对前三次的总结进行最终总结。学生可以个人或分组参与这一活动。在分组练习时，教师应准备大尺寸图表，以便学生在表上完成归纳总结。最后，要鼓励学生将总结贴在墙上供课堂分析和讨论。学生也可以分组在电子设备上利用 google docs（谷歌文档）或 google drive（谷歌云端硬盘）来进行该项活动。

把总结画出来。对所读内容进行视觉呈现，学生应先提炼主要观点。教师可以让学生在阅读时制作故事卡（描述故事的一系列图片），帮助学生专注于中心思想，对内容进行归纳总结。

使用故事导图。故事导图可以确保学生在简要复述故事时不遗漏关键要素。费策尔强调，口头复述对英语初学者特别有用，学生可以创建一个信息结构图，在纸张三分之一处列出"背景""任务""问题"三个类别；在纸张下三分之二处列出"开端""中间""结局"三个类别。教师在给学生朗读故事的时候，要为其明确任务，要求学生在纸张三分之一的框格中利用画图（快速绘图）归纳总结故事的背景、人物和问题，再同样画图总结故事的"开端"、"中间"和"结局"。在整个过程中，教师应和学生一起根据图画对各个类别的总结内容进行复述。活动结束时，学生已经对故事进行了六次复述，完全可以根据图画提示用自己的话复述故事。完成最终的复述后，学生可以将口头复述转化为书面总结（Fetzer，2010）。

教师如何引导班里不擅长"归纳总结"思维技能的学生？

_____

_____

小结

● 熟练运用各种转换信息的思维技能，学生能够利用收集的信息创造新的内容，也能够更好地做出重要判断和决策，这正是 21 世纪人才所需的能力。本章讨论了 9 种强大的思维技能，列举了课堂上擅长和不擅长各技能的学生情况，辅以很多实用的课堂引导案例和策略，供教师和学生讨论学习。

● "设定目标"思维技能为学生学习指明了方向，有助于学生把握学习目的。"制订计划"思维技能有助于学生甄选相关资料和信息，使其按照一定的程序有效地实现目标。

● "比较判断"思维技能能够帮助学生确定两个或多个事物间的异同点，也是"排序分类"思维技能的基础。学生运用"比较判断"思维技能梳理并形成自己的概念集，从而系统地存储信息。在此过程中，他们会发现孤立事物间的关联，并对其进行有效的分类。学生将探寻其中的模式和规律，发现解决问题的多种方法。擅用这一技能的学生往往是灵活的思考者。

● 当学生观察周遭世界时，会在潜意识中将过往经历以图画的形式储存在脑海中。这些记忆会与其他感官相互影响。"视觉化"思维技能有助于学生高效记忆信息，这也是 21 世纪人才应具备的重要技能。"视觉化"思维技能能够帮助学生进行推理，从而预测未来。运用"逻辑推理"思维技能，学生可以从过往经历中汲取信息，并将其应用到其他类似的情况中，最终根据已掌握的信息得出结论并提高洞察力。

● "因果假设"思维技能可以帮助学生识别因果关系的规则或模式。因果关系往往与过去或现在的情况（当……时，那么……）相关，而假设则是基于未来可能会发生的情况（如果……那么……）。

● "归纳总结"思维技能可以帮助学生收集和整合学习的关键要素，助其发现不同种类信息间的关联，并将其整合存储，从而提高理解能力。"归纳总结"思维技能是批判性思维的重要组成部分，有助于学生理解客观世界。

参考文献

Action Learning Systems. (2003). *The Literacy Solution. A System for Reading Comprehension.* Action Learning Systems Inc: Monrovia, CA.

Action Learning Systems. (2010). *Under the surface strategies.* Retrieved from www .actionlearningsystems.com.

Beers, K. (2003). *When kids can't read: What teachers can do: A guide for teachers 6–12.* Portsmouth, NH: Heinemann.

Butcher, K. (2008, May). Professional Development Training. Los Cerritos Middle School, Thousand Oaks, CA.

California Science. (2008). Grade 5 *Teacher's Edition.* Unit B (p. 124). Boston, MA: Scott Foresman/ Pearson Education.

Chancer, J. (2000). Exploring Grammar Creatively. ELA Professional Development Workshop. Thousand Oaks, CA: Conejo Valley Unified School District.

Chi, M. T., Feltovich, P. J., & Glaser, R. (1981). Categorization and representation of physics problems by experts and novices. *Cognitive Science, 5,* 121–152.

Education Place. (2013). Classroom Resources: Graphic Organizers. Houghton Mifflin Harcourt Publishing Company. Retrieved from http://www.eduplace.com/graphicorganizer

Eduscapes. (2009). Inferential thinking across the curriculum. Retrieved from http://eduscapes .com/

Fetzer, N. (2010). *Nancy Fetzer's Reading Curriculum.* Murietta, CA: Literacy Connecions.

Frayer, D., Frederick, W. C., and Klausmeier, H. J. (1969). *A Schema for Testing the Level of Cognitive Mastery.* Madison, WI: Wisconsin Center for Education Research.

Frey, W., & Bower, B. (2004). *History alive! Medieval world and beyond grade 7.* Rancho Cordova, CA: Teachers Curriculum Institute.

Harvey, S., & Goudvis, A. (2007). *Strategies that work: Teaching comprehension for understanding and engagement* (2nd edition). Portland, ME: Stenhouse.

Johnson, J. F., & Perez, L. (2010). *The best teaching in America's best urban schools.* A presentation of the National Center on Urban School Transformation (NCUST) to the faculty at San Diego State University. San Diego, CA.

Kinsella, K. (2001). *Strategies to build a school-wide academic writing program.* Office of the Ventura County Superintendent of Schools. Ventura, CA.

Los Angeles County Office of Education. (1998). *High school reading: Basic to success.* Downey, CA: Author.

Marzano, R. J., Pickering, D. J., & Pollock, J. E. (2001). *Classroom instruction that works: Research-based strategies for increasing student achievement.* Alexandria, VA: Association for Supervision and Curriculum Development.

Rasinski, T., & Padak, N. (2000). *Effective reading strategies* (2nd edition). Upper Saddle River, NJ: Prentice Hall.

Regents of the University of California Reading & Literature Project (2013). *Results Training Manual.* University of California at San Diego: La Jolla, CA: Author.

Zimbler, S. (2009, Feb 27). Make Room for Robots. *TIME for Kids:* New York, New York.

第六章

传达信息的思维技能

MiCOSA 教学法介绍的 21 种思维技能中有 5 种可以提高学生传达信息的能力。

如今的学生不仅可以收集大量新信息，还可以利用多种"数字设备"（Trilling & Fadel，2009，p. 19）分享信息。这种方式不受地域限制，能够促进世界各国进行成果交流。斯坦福大学的安德利亚·伦斯福德进行了为期五年的学生写作研究，他得出的结论是：如今学生的写作量"比历史任何时候都要多……（但是），现在的写作可能与之前的写作有所不同"（Haven，2009）。如今的学生主要利用社交网络写推特、博客、电子邮件甚至是诗歌和歌曲。他们会为了完成作业而在学校进行写作，但多数学生并不是为了写出优美的散文或者有说服力的文章，相反，他们关注的是朋友间的即时交流和网络听众。可以说，写作有助于学生彼此之间建立联系，这正是科技时代日益缺失的东西。

在现代社会，书面交流的范围已不局限于纸上！学生的网络写作不仅呈现在自己的社交网络中，还借助成千上万的媒介（如博客、推特）呈现在网络空间中，这就给他们提供了交流沟通、提升自我的机会。

这是一个令人兴奋的新时代，学生可以尝试各种新颖而独特的交流方式。教师面临的挑战是如何为学生创造机会，让他们不仅能够准确而有创造力地使用收集的信息，而且能够通过图片、音频、视频等具体或数字方式传递信息。在每天都接触并处理大量信息的情况下，学生必须认真考虑所传观点的准确性。在传播信息时，学生必须仔细分析信息来源，验证信息的真实性，解读隐藏在字面背后的内涵。通过分析，他们可以评估这些知识对社会及自身生活的巨大影响。

人们经常将传达信息与掌握信息混为一谈。在学校里，学生传递出来的成绩（如测试、论文、报告）往往是评价学生的唯一手段。同样，社会对一个人智力、才能和性格的判断也往往基于其传达的信息。学生可能已经成功地收集、处理和转换了信息，但缺乏充分传达这些信息的技能，在这种情况下，判断他们不掌握相关信息可能是错误的。同样，情感因素也经常会影响信息的传达，教师应该就此进行引导。

你可能经常在无意识的情况下，基于交流方式的文化差异做出错误的假设。在西方主流文化中，直接进行眼神交流是一种尊重和关注的表现，而在其他文化中则是不尊重的表现。在西方主流文化中，质疑老师是求知欲的标志，而在其他文化中，无根据的质疑则通常意味着无知或缺乏教养。在某些文化中，拍别人的头代表喜爱，而在其他文化中则会被认为极不得当。在西方主流文化中，温柔的握手可能会被视为软弱无力，而在其他一些文化中，用力握手会被视为一种冒犯的行为。因此，传达信息的方式是根植于文化中的，是相对的、具有文化差异的。

然而，即使具备不同文化背景的人，也有一些共同的交流技能：（1）"善用关键词"；（2）"精准表述"；（3）"恰当用语"；（4）"调节反馈"；（5）"团队合作"。MiCOSA 教学法将帮助教师将这 5 种传达信息的思维技能融入课堂互动中。

"善用关键词"思维技能

学生在学习词汇的过程中，只有了解词汇背后的概念，才能有效掌握传达信息的思维技能。定义标签是对词语或短语的描述或分类，有助于学生理解和使用概念。只有将定义标签和概念结合起来，词汇才有意义，才会让学生达到更好的记忆效果。表 6-1 展示了这种关联。

表 6-1　词汇、概念和定义标签之间的关系

没有概念的词汇＞没有定义标签的概念＞概念＋定义标签＝有意义的词汇
低效——高效
不便于记忆　　　　　　　　　　　　　　　　　　　　　　　　　便于记忆

在传达信息时，"善用关键词"思维技能让学生能够简要表达想法和需求。基于共同的理解，词汇和概念可以使信息传达更加简洁而精确。但是，在当今多样化的课堂上，学生对词汇和概念的理解可能存在差异。由于存在文化差异

或不同的实践经验，人们对同一个词（或定义标签）的解读会有微妙的差异。此外，数字通信还创造了独特的语言——一系列数字、字母、代码或缩略词。教师要熟悉这种新的语言和交流方式，与学生一起对其展开研究。因此，在判断某个词被"错误"使用之前，学生必须要认真查找其字面含义和文化含义。

如今，多数学生都习惯于发送简短的文字信息。这类信息强调表达简洁而快速，例如，"For you to see"很多时候被简写成"4U2C"。尽管难以在短时间内掌握这种巧妙的缩略语，但某些学生已经将其当成他们唯一的书面语，将短信和推特当成主要的交流方式，在这种情况下，他人若想将这些缩略语翻译成标准的书面语，可能需要了解其细节和具体含义。

手语可以利用视觉表示词汇和概念。某些手势可以表示多种含义，例如，在美国手语（ASL）中，女孩与妇女是同一个手势，右手位置放得低一点表示女孩。有时相同的手势可以表示不同的单词，例如，手指做出火焰上升的姿势既可以表示火焰也可以表示燃烧，其含义取决于上下文背景。在这种情况下，我们必须理解上下文背景和相关概念。因此，使用手语进行交流需要具备很强的词汇和概念表达能力。

麦迪逊在交流时善用词汇和概念。在与姑妈讨论中东政治动荡时，她表达流利，句法合理，用词考究，概念清晰，可以和姑妈进行生动而有意义的讨论。

不擅长"善用关键词"思维技能的学生

不擅长"善用关键词"思维技能的学生口语和书面语表达都不准确。当他们不知道该用哪个词或概念时，经常会说"这种东西""你知道的"等，这会让他们愤怒、沮丧或退缩。如果学生用这样的词句来表达，说明他们想不起来某个词，或收集信息时记错了词，也可能是在文化上不熟悉该词。

用词错误经常会闹出笑话。词语误用的典型代表是喜剧《情敌》（*The Rivals*）中马拉普罗普太太取笑18世纪的贵族的话（Sheridan，2008/1775）。下面是该剧某些词语误用的例子：

- She's as headstrong as an *allegory* on the banks of the Nile（instead of alligator）
- He is the very *pineapple* of politeness（instead of pinnacle）
- *Illiterate* him quite from your memory（instead of obliterate）

第二语言学习者往往需要提高"善用关键词"思维技能。在达到认知学术语言水平（CALP）之前，第二语言学习者要掌握基本的人际交往技能（BICS）（Cummins，2003）。因此，学习第二语言的学生可以在学校使用这种更"社会"的语言（BICS水平），它不像学术交流（CALP）那样精确、完整、有深度。学生的语言水平并不等同于其智力水平或实际知识水平。因此，教师要注意不要随意批评学生，要对其进行纠正和指导，这样才能帮助语言学习者更好地完善词汇、概念和语言结构。

有些交流情形需要用到语病学等方面的专业知识。因此，教师在引导学生提高交流信息的思维技能时，应该适时咨询学校的语病学专家。

理查德不擅长"善用关键词"思维技能。他在别人的帮助下写了一份关于法拉利的研究报告，用到了一些专业、精确的表达。但是，在准备口头报告时，他在海报的辅助下仍说得磕磕绊绊："坐在后面的东西（做着手势）、轮子、从后面出来的那两个很酷的东西（用手比划着'圆'）。"他想不出更准确的词语，只好尴尬地笑。事实证明，尽管他在写书面报告时得到了别人的帮助，但并未对这些帮助他的定义标签进行内化，所以无法充分传达信息。

埃尔莎负责介绍其所在小组的水循环科学报告。在借助幻灯片展示小组成果过程中，她一开始非常顺利："水循环分三个阶段。首先是蒸发，然后是凝结，最后是降水。"这说明她了解这些定义标签。但随后的发言表明她并没有理解其概念："蒸发是水蒸气上升。凝结是……好吧，我不记得了。"她反复地看着图片，寻找线索，突然眼前一亮，总结道："哦，降水是水重回地面。"

你班里有哪些学生不擅长"善用关键词"思维技能？

引导理查德和埃尔莎运用"善用关键词"思维技能。理查德在介绍法拉利的报告中没有将词汇标签化。格林老师说："你的选题很好，但似乎可以利用某些新术语帮我们从报告中了解更多信息。你可以再花点时间准备得更充分些吗？"休息时，他把理查德叫到一边，让他朗读部分报告，指出他在口头报告中漏掉的定义标签。通过查找这些标签的意义，理查德有机会重新描述每一个概念，了解每个概念的用法，并思考如何更有效地利用海报。他最后得出结论：给法拉利报告中的新内容和难点贴上定义标签于人于己都有帮助。在理查德第二天重做报告之前，格林老师又陪他练习了一次，并利用这个机会与全班同学讨论定义标签及其对提示已有知识的作用。他告诉理查德一个明智的做法，那就是在海报上贴上定义标签，让大家都能更好地学习和记住扰流器和双排气尾管的含义。在接下来的两个星期里，格林老师组织学生玩属性游戏，在教室里贴了很多关于词语的定义标签，以继续强化这项思维技能。

埃尔莎没有掌握水循环的相关概念。她通过阅读文章收集信息，即便看到阐释概念的图片，也无法了解这些概念的定义。她的老师斯托姆首先承认水循环是一套非常难的概念，随后和她一起讨论了以下问题：洗完热水澡后镜子会有变化？水蒸气是怎么出现在镜子上的？水蒸气碰到镜子后会发生什么？她们把降水的定义标签与淋浴时的水关联起来，把凝结的定义标签与镜子上的雾气关联起来。通过这种方式，结合埃尔莎的原有知识，斯托姆老师帮助她理解了相关概念。她把术语都写下来以提供视觉支持，并在第二天向埃尔莎的小组演示了一场实验，模拟蒸发、凝结和降水的过程。她在锅里煮了一些水，代表暖湿空气从陆地或海洋升起，要求埃尔莎将新的概念与刚发生的事情关联起来。接下来，她让埃尔莎用装满冰的饼干罐模拟冷锋，观察当"冷锋"经过热气升起的锅上方时会发生什么。埃尔莎看到饼干罐下方形成了"滚滚乌云"，继而开始出现水滴，随着"云"逐渐凝结成"雨"，水逐渐滴了下来。她惊呼道："就像云一样……然后就下雨了。""是的，埃尔莎，太棒了！现在请说说你刚才模拟的水循环各个环节的概念，在向全班做展示的时候为什么不讲讲这个实验呢？"

埃尔莎做完小组报告之后，斯托姆老师让学生扮演天气预报员的角色。他们的工作是每天寻找冷暖锋和云层，并预测天气变化，并利用 iPad（平板电脑）比对自己的预测和天气预报。

引导"善用关键词"思维技能的策略和活动

在交流过程中，不擅长选择恰当词汇的学生往往在收集词汇阶段就没有掌握这些词汇。因此，在收集信息和传达信息时，教师可以采用以下策略：

真实的情境练习。给学生提供充分的发言机会。例如，组织角色扮演活动，让学生扮演某个角色（如，科学家、气象专家、地质学家、数学家和作家等），让学生介绍熟悉知识领域的某个主题，还可以让学生进行小组知识分享，或参加茶话会等活动，以增强表达的流利性。

鼓励元认知写作。鼓励学生对自己的思维进行书面解释。例如，在数学课上，教师可拿出学生做过的三道代数题，将其中一个改错。让学生找出错误，再阐释正确的答案和步骤。这项活动有助于英语学习者提高认知学术语言水平（CALP）。

合唱式朗读提升流畅度。合唱式朗读可以分组进行，也可以全班一起进行，旨在增强学生的信心和朗读流畅性，为学生提供聆听和交流的机会。这对第二语言学习者尤为重要。教师还可以对活动形式稍加调整，如读几行之后停下来，让学生接着读。这种阅读模式可全员参与，确保学生紧跟教学内容。

积极开展手工活动减少焦虑。焦虑会影响语言的流畅度。研究人员（Cleary & Peacock，1998）发现，让学生在说话的时候做一些手工可以减少焦虑，提高表达流畅度。例如，给学生一团打结的线，让学生在说话时慢慢地把它拆开，要求他们每当碰到打结的地方（每三英尺一个），就停止说话（Everett，1986）。对某些人来说，串珠子或绘画之类的活动可以提高口头交流时的舒适度，因为这些活动可以减少尴尬，让人不必持续保持眼神交流（眼神交流在很多文化中让人感觉不舒服）。

清除写作障碍。学生经常对写什么感到困惑。为帮助学生取得进步，教师可以与学生就相关话题进行简短对话，利用探究性问题引导学生，从而帮助他们发展自己的想法。当学生回答时，教师可在一张 3cm×5cm 大小的卡片上记下关键词来展示他们的发言内容。例如，某个学生说："昨天晚上我哥哥骑摩托车回家。"教师写下"哥哥、家、摩托车"。当学生说的信息足够写一篇文章时，就要求学生复述故事。在复述过程中，教师要随时指出关键词，并让学生尝试利用关键词来复述故事。然后，问学生："你觉得现在能把这个故事写出来吗？"在学生开始动笔之前，教师要随时为之提供帮助，因为万事开头难，可以跟他们说："你们要如何开始？你的第一句话是什么？你要把它放在哪里？听起来不错，继续吧，我一会儿再来看你们写得怎么样。"（Bowers，2000a）

共同写作。即使在前述策略的支持下，某些学生的写作过程仍然不顺利。这时，教师可采取"共同写作"的策略。师生可共同决定如何给故事开头，首先按照学生的提示写出第一句话，然后共同讨论第二句话。下一轮，将执笔人换成学生。从此活动可反复进行，让笔在教师和学生之间来回传递。最后让学生自己写作，鼓励他们独立完成工作（Bowers，2000b）。

借助故事袋。给学生讲一个故事，然后把故事中某个象征物品放在"故事袋"里。例如，讲《小红帽》时，教师可以在袋子里放一块红布，讲关于大海的故事时，可以在袋子里放一个贝壳。此活动可以以小组为单位进行，让学生相互讲故事并在"故事袋"里放入象征物品。教师可定期从"故事袋"里拿出某件象征物品，让学生回忆相关故事，并进行简短的复述。

"分类词袋"。在每个袋子里分别放一些同类词语（如名词、动词、形容词），让每组派出一名学生，从各词袋中挑选词语，将其放在小图表中。然后，给每组两分钟时间，让他们用选择的形容词、名词和动词来编故事，并与全班分享。

分享茶话会。除了可以激发学生的学习意愿之外，茶话会还可以助其快速掌握某些学科的背景知识，或为其奠定丰富的知识基础。教师给每个学生发一张卡片，上面有一个关于某个主题的知识点。学生在教室里走动，互相介绍自己，分享知识点。在五六分钟的时间内，学生应尽可能多地收集信息。在这一过程中，学生可以积累一些词汇、定义标签和概念，并进行交流和使用。鼓励学生利用 Quick Writes（写作软件）分享自己的想法，帮助他们理解新信息的含义（Beers，2003；Perona，1989）。

接力发言。该策略能够促进学生共同参与活动并进行交流沟通，尤其适用于害羞内向的学生和第二语言学习者。教师可以组织学生进行接力活动，如"传纸条"、"接力棒"或"献爱心"，学生在教室里传递某件物品，落到谁手中谁发言，然后再继续传递（Dutro，2004）。

创造佳句。该策略由格林（Greene，2009）提出，是"语言！"项目的一部分，能够帮助学生将基础句创造性地变成"佳句"，使学生的书面语言更具感染力（见表 6 - 2）。

表 6 - 2　创造佳句的案例

说明：学生准备粉色和绿色纸条各四张，其中，粉色纸条用来描述主语，绿色纸条用来描述谓语。

1. 用投影仪为学生展示一幅图画，可以是大海、高山、游乐场、游戏厅或音乐会等场景，让他们根据图画进行联想，并就该场景写一个简单的过去时句子，如，简单主语＋简单谓语。[如： 雪花 （粉色纸条）＋ 落下 （绿色纸条），将后面的谓语写在绿色纸条上，随着句子的发展随时对其进行调整和修饰。]

2. 让学生把剩下的三张粉色纸条放在一边，关注谓语（绿色纸条）。在剩下的三张绿色纸条上，学生要写明这些问题：雪花怎么下落的？什么时候下的雪？雪落在哪儿了？

雪花怎么下落的？ 雪花 轻轻地 落下 。（加个副词）

什么时候下的雪？ 雪花 轻轻地 在傍晚 落下 。（加个介词短语）

雪落在哪儿了？ 雪花 在傍晚 轻轻地 落 在我的脸颊上 。（加第二个介词短语）

3. 让学生把一张绿色纸条放在主语前面（但不要移动基础谓语）。用逗号将其与主语分开，并对句子进行必要的修改。

在傍晚， 雪花 轻轻地 落 在我的脸颊上 。或者，

轻轻地， 雪花 在傍晚 落 在我的脸颊上 。

4. 利用剩下的三张粉色纸条描述主语。年长些的学生可以添加一个形容词短语，其他学生可以只加两个形容词。教师应让学生了解更多主语相关信息，明确表示"多少"的形容词应该放在最前面。在学生添加描述语之前，让他们不要受限于文章内容。

在傍晚， 孤独 、 安静 的 晶莹 雪花 轻轻地 落 在我的脸颊上 。

5. 学生可替换或调整词语（或短语），将句子变成更有表现力的"佳句"。

教师如何引导班里不擅长"善用关键词"思维技能的学生？

"精准表述" 思维技能

若能够熟练运用"精准表述"思维技能，学生就可以轻松进行口头或书面交流。"精准表述"思维技能与收集信息阶段的"保持信息精准"思维技能类似，但比后者多了分享想法的环节。在传达信息时，精确和准确的区别是什么？从广义上讲，准确指正确与否，精确指准确度。例如，"公园在我家附近"是准确的，但不精确。"公园在我家前面53米处"既准确又精确。

在写作中，擅用"精准表述"思维技能的学生可以准确地选择句子结构、标点、大小写和动词时态。例如，马里奥擅于选择表达准确的词语。他会在作文里写"快步走"而不是"跑"，写"和善"而不是"好"。

在学习自然科学知识时，学生要严格把握精确性和准确性。精确性是准确性的基础，科学实验需要精确的测量和记录，否则得出的结论就不准确。例如，汉斯可以借助详细准确的图画和笔记来论证结论。通常，社会研究也要求学生具备"精准表述"思维技能，这对寻找关联和模式或解释概念有一定帮助（如19世纪早期 vs. 1812 年）。此外，精确有时也是必要条件（如 1812 年战争）。迪尔德拉画了一条时间轴，将美苏太空竞赛的主要事件与家族历史事件进行了比较，她发现了祖母与这些事件的联系，她祖母移居美国的时间与约翰·格伦环球飞行的时间一致。

不擅长"精准表述"思维技能的学生

如果学生不擅长"精准表述"思维技能，就应该调整投入精准交流的精力。有些学生对保持工作的精确性和准确性感到焦虑，以至于很难按时完成任务，他们会不断擦除和重写，试图让每一个字都完美。相反，害怕失败或认为注定失败会使另一些学生养成无法保持准确的习惯，从而无法准确预估完成任务所需时间。学生对自己期待较低，或认为教师对他们期待较低，也可能导致马虎或传达信息不精准。很多研究不同文化背景学生成绩差异的资料表明，教师要提高对学生的期望，相信他们有能力进行有深度、有意义的精准交流，否则将阻碍他们的成长，甚至甚于贫困和教育短缺。因为学生会习惯性认为自己的工作无关紧要，并满足于较低的期望。

学生在某些内容领域很容易出现传达信息不精准。在阅读中，因为马虎或自我调节能力差，学生容易使用不精确的词进行阐释。在数学和科学等学科中，若学生缺乏精确性，即使答题过程是准确的，得到的结果也可能不准确。例如，亚历克西斯按照准确的流程完成了科学实验，但在写答案时却不精准，比如看串行或书写时出现马虎（把 8 写成 3），这就可能会导致结论或答案的不准确。此外，误读符号（如＋、－或×）、输入不精确都会导致信息达不准确。

阿罗拉和汤姆很难准确理解自己的任务。老师要求他们利用文字或多媒体展示中东的历史、文化、宗教、地理和政治。该任务要求小组首先提交项目提纲。阿罗拉和汤姆提供的草稿不够精确，必须加上更多细节。尽管他们收集了很多相关信息，却不知道如何把信息整合到一起。

还有学生在运用"精准表述"思维技能时问题重重。例如，德拉克从不在意自己的学习，一直很马虎。他缺乏精确传达信息的意识，即使掌握了相关词汇或必要技能，还是在交流表达时断断续续、含糊不清。

四年级的贾斯敏和同学要完成一份作业，写一个主题句向读者介绍他们的居住环境。贾斯敏简单地写道："我家附近的公园里长满了漂亮的树。"

你班里有哪些学生不擅长"精准表述"思维技能？

_____

_____

引导亚历克西斯、阿罗拉、汤姆和贾斯敏运用"精准表述"思维技能。 贾斯敏最开始写的主题句是"我家附近的公园里长满了漂亮的树"，这句话缺乏吸引力、没有细节，也不精确。罗宾斯老师和贾斯敏讨论了如何使最初的观点更精确，她提示贾斯敏使用其他形容词、修饰语和动词，并建议："我们一起把你的描述变得更精确一点儿，看看会发生什么变化。"贾斯敏和老师最后写出了这样的句子："离我家一个街区的社区公园里满是郁郁葱葱的山茱萸。"

亚历克西斯准确地进行了实验，但在传达结果时不够精确。里辛斯基老师就此引导她进行自我调节，让她知道精确传达信息的必要性。他没有直接指出亚历克西斯的错误，而是让她分享实验过程。当亚历克西斯逐步讲述实验过程时，老师对照着她的实验笔记进行检查。亚历克西斯放慢速度（自我调节），核查自己在传达信息时的精确性，然后发现了错误并进行了纠正。里辛斯基老师引导她："如果你能多花一点时间重点检查工作的精确性，就可以让大家看到你是多么聪明。"得到老师的高度评价后，亚历克西斯感到非常激动。里辛斯基老师借此要求她在接下来的几项任务中尽量放慢速度，做到精确传达信息。如果在随后的任务中她仍能做到精确，那么就极有可能熟练运用该思维技能。

阿罗拉和汤姆非常紧张地走到鲍恩老师身旁，说："我们真的不知道如何重写提纲，也不知道如何整合信息。"鲍恩老师意识到这不仅仅是缺少精确性的问题，她必须对他们进行更深入的帮助和引导。基于"寻找关联"思维技能，她提出一个问题："想一想哪些方式可以让这些信息关联起来？你们可以充分展开想象和讨论，然后选择一种最理想的方法。"在讨论如何将中东地区的历史、地理、文化和政治关联起来时，他们想到了利用新闻广播的方法，为大量的信息找到了组织架构。

引导"精准表述"思维技能的策略和活动

利用有意义的背景知识。教师应为学生提供有意义的背景知识，引导他们理解精准表达的必要性。有些学生可以针对自选话题进行非常精确的写作，但在写老师布置的文章时就不那么精确了。为此，教师可以通过提问引导学生积极参与话题的生成。例如，可以围绕新奇的物品给学生一些提示："看看我带来的这条金鱼，这是世界上最好的宠物。我为什么会这样想？把你们的观点告诉我（在黑板上记下学生的不同观点）。你觉得最有说服力的三个观点是什么？把它们融入你的'完美段落'中。"（Kinsella，2003）有些提示性问题可以基于学生的原有知识，比如"学校董事会认为离学校三英里以上的学生才需要坐车。你的观点是什么？请精确地表述原因"。在学生学习不同国家的知识时，教师可以在地图上标注出他们去过的地方，将其作为一种可持续使用的资源。鼓励学生给旅游部门的网站或公众号留言，请求旅游部门提供足够精准的信息。让学生查看各个景区并比较它们的景点设计。鼓励学生找出其中的重点，并制作旅游手册。最后让学生制作宣传资料：用于"邮寄"的打印小册子，以及用于网络宣传的幻灯片等。

有意义的写作是促进精准书面交流的好方法。鼓励学生利用在线论坛或博客给网友写信，事先强调对方会根据写作内容和精准性对作者做出判断，并对他们进行整体评价。意识到这一点，学生会在写作交流中投入更多的精力。教师可以利用"孩子们能免费获取的东西"（Things Kids Can Get Free）等网络资源，或"拯救鲸鱼"（Save the Whales）等环境主题，为学生提供写信的机会。

调整节奏保持精准。让学生放慢节奏可以提高其精确性和准确性。教师必须耐心细致，通过某种方式（比如手势）暗示学生改变节奏，像指挥舒缓音乐一样慢慢地移动手臂。教师要注意不同的精准度所需精力有所不同，让学生停下来思考所写或所画内容的意义（自我调节），这有助于调整他们的节奏。让学生不要匆忙做决定，要在下一步之前在头脑中确定目标，三思而后行。

培养精准的洞察力。让学生发现精准性出现问题的原因，并举例说明。例如，教师大声朗读一个句子，故意读错某个词，或者让学生看一道被做错的数学题。让学生观察思考为什么会出现这些错误。

构建精准表述模型。让学生构建精准表述模型。教师可以进行不精准的表述，让学生找出问题所在。例如，可以问学生："如果我拿午餐券时不够精确，少了两张会怎么样？如果我没有准确核对从海边回城区的巴士时刻表，结果会怎么样？"教师还可以模拟其他真实场景，类似的模拟活动会让学生感觉身临其境，认真思考关于精准表述的问题。

利用网上标点游戏。利用网上的标点游戏（gamequarium. com/penterpoint）等资源，提高学生使用标点符号的精确性和准确性。

教师如何引导班里不擅长"精准表述"思维技能的学生？

"恰当用语"思维技能

当今社会，人们因科技而紧密相连。学生有望本着相互尊重的原则，与具有不同文化背景、不同宗教信仰和不同生活方式的人合作。我们要了解不同文化背景的特点，确保用语规范。你知道该说什么、怎么说、什么时候说、怎么与人相处吗？鲍恩（Bowen，2011）回答了这些问题，他提出一些恰当用语的要点，指导我们交流互动：

- 知道有问必答；
- 能够参与对话，并轮流发言；
- 能够察觉非语言行为并做出回应（对他人的肢体语言、情绪、用词做出恰当的反应）；
- 意识到在给他人传递信息时，应先适度介绍主题；
- 在发起对话或回应时能够挑选词语或句型；
- 继续某个话题（或适时改变话题，礼貌地打断话题）；
- 在谈话中保持适当的眼神交流（不要一直盯着对方看，也不要一直不看对方）；
- 与不同的人交流时采用不同的话语和行为（与某些人交流要正式，与某些人则不需要）。

除了与他人互动时要了解和使用恰当的策略，学生在写作时也要注意恰当用语。由于没有适当地考虑读者的感受，我们曾看到过很多会伤害感情的文字，有些甚至造成了无法弥补的损失。接下来，我们将重点讨论"恰当用语"思维技能。

卡琳娜是一个典型的能有效运用"恰当用语"思维技能与同学及成人交流的学生。她社交能力强，反应灵敏，能够与他人融洽相处。她在倾听别人或参与交流时总是兴致满满、礼貌、热情、有共鸣，在适当的时候还很幽默。在交流中，恰当用语能力较强的学生往往具有较高的"情商"。

不擅长"恰当用语"思维技能的学生

不擅长"恰当用语"思维技能的学生很难运用自己年龄段的语言进行社交。他们常常不懂得要等待发言机会，所以有时会"高谈阔论"，有时则表现出不恰当的沉默，或者消极回应。他们常常打断别人，说一些无关紧要或者别人不感兴趣的事情。他们的交际行为常常显得粗鲁，不为他人着想。患有阿斯伯格综合征的学生尤其有这方面的困难。

还有一些人存在语义理解和语用策略方面的障碍，这种障碍被称为"语义-语用"语言障碍（SPLD）。一些权威人士认为"语义-语用"语言障碍是自闭症的症状，但也有人认为它纯粹是一种语言障碍。教师可以和语病学专家一起研究这些案例，辨别自闭症的学生。中风或脑损伤也可能导致人出现语义和语用方面的问题。

下面的范例看起来可能很有趣甚至很可爱，但是这些词语理解和社交能力方面的障碍会让学生感到非常尴尬、不安和沮丧，甚至可能导致学生被取笑、批评甚至欺凌。这些学生总是感到没有人喜欢他们，却不知道原因是什么，这导致他们社交孤独并感到痛苦。

有些学生的语用策略符合自己的文化标准，但在某些课堂上却显得不恰当或不合适。例如，德韦恩似乎对杰克逊老师的提问没有回应，因为当老师提出问题时，他把目光移开了。3秒钟的等待后（多数课堂师生互动都是如此），杰克逊老师让另一名学生回答这个问题。但实际上，德韦恩并没有忽视老师，他只是在思考答案。在他的文化中，"等待"5～6秒再回答是很正常的。

在通常情况下，不擅长"恰当用语"思维技能的学生不会考虑他人的原有知识，没有详细介绍背景就开始发表长篇大论。例如，放学后，亚历克斯留下来与老师讨论漫画书中一幅晦涩难懂的画面，他一个人滔滔不绝地讲了起来，但黄老师根本不明白他在说什么。一开始，她试图表达困惑，对亚历克斯说："对不起，我不了解这种题材。"但亚历克斯只是增加了一些细节，继续滔滔不绝地表达自己的观点。

有些学生讲故事太啰唆、细节太多，让听者失去兴趣。卡洛斯是一个存在"语义-语用"语言障碍的12岁孩子。约翰逊老师请他详细介绍一下自己，卡洛斯非常认真地回答说："这需要很长时间。"然后长篇大论地讲了起来！

还有一个不擅长"恰当用语"思维技能学生的案例发生在六年级的课堂

上，当时学生正在科学课上学习"毒品的危害"。在维拉斯克斯老师介绍酒精、大麻和烟草的危害时，罗丝举起手，开始热情地向全班同学讲解某些食物对健康的不良影响。最后，她戏剧性地得出结论："所有吃薯条、油炸食品、喝苏打饮料的孩子都会变胖、变胖、变胖，然后英年早逝！"全班同学都震惊了，他们纷纷将目光投向了维拉斯克斯老师，看她会如何回应这些不恰当的言论。班上那两个明显对自己体重很不满意的学生尤其关心老师的回应。

你班里有哪些学生不擅长"恰当用语"思维技能？

引导德韦恩和罗丝运用"恰当用语"思维技能。在德韦恩看来，他对杰克逊老师提问的回应符合其所处文化的规范，是老师将他的行为误解为"走神"，于是转而提问另一名学生。虽然"恰当用语"思维技能包括恰当的眼神交流，也包括有问必答，但对德韦恩来说却并非如此，在他的文化中，不进行眼神交流代表尊重，在回答问题之前思考五六秒钟也代表尊重。亚洲文化、印第安文化和中南美洲土著文化都经常出现这种行为。事实上，在他们看来，快速回答可能是不尊重的表现。在这些情况下，教师更要引导学生进行互动。了解了这些问题之后，杰克逊老师开始以不同的方式对待德韦恩，她延长了等待他回答的时间，给学生5秒钟考虑问题时间。德韦恩感到更加轻松自在，开始参与进来。杰克逊老师为学生明确了先思考再回答的意义，而且不再提示"说话时记得看着我的眼睛"。

罗丝缺乏继续话题、适时改变话题或礼貌地打断话题的技能。她不知道在同学和老师面前该如何表达。为了提高她的"恰当用语"思维技能，维拉斯克斯老师和杰克逊老师一样，采取了渐进式的方法。她首先使罗丝明确目的，再引导她参与互动。她简要确认了罗丝的中心思想："确实，吃过多的不健康食品会让人超重，这可能很危险。不过先让我们回到当前的话题。我们在讲什么内容呢，罗丝？"然后，她单独找罗丝谈话，与她一起设定了培养两项语用技能的目标：（1）继续话题；（2）掌控表达方式。维拉斯克斯老师首先向罗丝解释，在课堂上讨论同一个话题可以帮助每个人参与到对话中，让大家一起学习，甚至相互学习。她补充道："当有人随意改变话题时，就会引起混乱。其他学生不知道脑子里应该想什么，有的人可能会因此而错过课堂重点。这就是为什么有时候你认为给大家讲了很多有用的信息，而大家却都不认同。也许你给大家带来了很多信息，但是如果跑题了，他们很可能会排斥这些信息，这些的信息也就失去了意义。让我们想一些帮助你继续话题的方法，让你的好主意成为课堂内容的一部分，受到同学们的欢迎。"然后她们开始讨论两全其美的办法。维拉斯克斯老师承诺她会始终把讨论的主题写在黑板上显眼的位置。让罗丝回答问题之前，会让罗丝看到提示（指着全班讨论的话题），帮助她在回答之前想好措辞。然后，她们计划第二天再次见面，看看罗丝的表现，以及如何维持话题。

罗丝面临的第二个语用策略问题是，她的言论会被一些学生视为冒犯，为此，教师重点引导她与人交流时关注对方感受。对罗丝进行引导时，维拉斯克斯老师首先说："罗丝，我今天找你过来，是因为你谈论变胖和死亡时，有些学生感觉非常不舒服。"为了帮助罗丝学会有效沟通，让别人愿意尊重和倾听她的发言，维拉斯克斯老师提出了这样一个问题："你希望你的发言对同学产生什么影响？"她们展开头脑风暴，讨论如何让别人尊重自己。在交流中，罗丝逐渐明白，同学之间要相互倾听，要尊重他人的想法和感受，还要考虑自己的话对他人的影响。最后，师生达成了一致：当维拉斯克斯老师发现罗丝在交流时做到了尊重他人，她会微微竖起大拇指进行暗示，这个动作将悄悄地提示罗丝看看同学们的反应；相反，当罗丝做了一些不尊重别人的事情时，维拉斯克斯老师会轻拍自己的耳朵进行暗示，这个动作将提示罗丝停止讲话，重新评估自己的行为。每天放学前，罗丝都会悄悄地告诉维拉斯克斯老师她跟同学们分享了什么信息、进行了哪些互动。

引导"恰当用语"思维技能的策略和活动

角色扮演。适度的实践对学生的学习大有裨益。因此，针对各种情境进行角色扮演有助于学生意识到恰当用语策略的必要性。活动应当于学年之初开始，每天练习一种语用策略。在活动开始前，教师应向全班宣布活动细则，还可以给学生提供参考范例（如果需要的话）。学生四人一组表演没有使用恰当用语策略的场景，然后让其他学生对场景中不恰当的语用策略进行纠正。例如，若设置的情境是"学会在谈话中轮流发言"，那么讨论的主题可能是计划一次班级聚会。小组中的三名学生采用恰当的语用策略轮流发表观点，然而，第四名学生的角色总是打断其他学生的发言。一分钟的角色扮演后，教师叫停"演员们"的表演，问其他学生："这段表演内容有什么问题？"讨论结束后，小组四名学生根据其他同学的建议，改变打断他人说话的行为，采取恰当的语用策略再进行一分钟的角色扮演。每完成一次角色扮演，教师都要将相关交流策略贴到墙上。如在上述范例中，教师可以贴上"我们在谈话中应轮流发言"。在校期间，学生和教师都应当积极寻找机会练习这种交流技能（TALK，1977）。

下列策略与前文提到的策略（Bowen，2011）相同，但添加了语用策略不恰当用语的情境（用斜体字表示），角色扮演活动应关注它们。

● 知道有问必答（反面角色：*当别人问问题或打招呼时，对其置之不理*）；

- 能够参与对话，并轮流发言（反面角色：不停地打断他人或声音压过他人）；
- 能够察觉非语言行为并做出回应，对他人的肢体语言、情绪、用词做出合适的反应（反面角色：表现得太过亲近；对他人伸懒腰等不适信号没有反应；没有意识到对方在与父母通电话，应当等待通话结束）；
- 意识到在给他人传递信息时，应先适度介绍主题（反面角色：加入活动小组，没有任何介绍就开始讲电影中的某个场景，如"你们看没看……电影？"）；
- 在发起对话或回应时能够挑选词语或句型（反面角色：不同意对话中的某个论点，直接说"真蠢"）；
- 继续某个话题，或适时改变话题，礼貌地打断话题（反面角色：没有任何过渡就突然改变话题）；
- 在谈话中保持适当的眼神交流，不要一直盯着对方看，也不要一直不看对方（反面角色：当别人还在与其说话时，直接转身走开或背对着说话人）；
- 与不同的人交流时采用不同的话语和行为，与某些人交流要正式，与某些人则不需要（反面角色：在与老师对话时使用游戏中的交流语言和手势，没有使用更正式的语言）。

示范恰当的语用策略。 如果学生出现语法或发音问题，教师在理解其意思的基础上，不必当众纠正，而应该在讲话时为其示范正确的语法或发音。例如，如果学生说"That's how it doesn't go"，教师稍后应该主动说出"That's not how it goes"这个句式。

语用策略情景练习。 利用生活场景进行语用练习。例如，每天早上练习各种恰当的打招呼方式，练习如何礼貌地索要学习所需材料。

教师如何引导班里不擅长"恰当语用"思维技能的学生？

_____

_____

"调节反馈"思维技能

当学生意识到错误并做出必要的调整时，其实是通过反馈指导自己的思维。"调节反馈"思维技能可以改变学生的学习和生活行为。自我反馈的方式主要有以下三种：（1）在脑海中进行自我对话（元认知）；（2）利用视觉检查自我认知；（3）利用听觉得到反馈，即大声说话产生听觉信号，再反馈给大脑进行自我检查。

反馈与自我调节是相辅相成的，因为擅于反馈的学生能够很好地控制自己的节奏（或自我调节），以便在必要时放慢节奏或摸清情况。他们从自身行为的结果中学习、成长，很少犯同样的错误。我们应该如何帮助学生调节反馈？

　　从学术上讲，擅长"调节反馈"思维技能的学生，可以利用来自老师或同学的外部反馈进行更复杂、更有创意的自我调节。例如，当冈萨雷斯老师指导学生在写作中表现感官细节时，她大声给学生朗读《詹姆斯与大仙桃》（Dahl，1996），并从中选择了一些突出感官细节的段落，例如："他的呼吸陈腐发霉，就像老地窖里的空气一样"。读完之后，她要求学生写一段话，描述凶宅里的房间，有些学生写了非常丰富的感官细节。此时，冈萨雷斯老师开始教学生如何通过反馈进行自我调节。她要求学生重新审视自己写的那段话，并利用信息结构图确定自己用到的感觉器官，突出的感官细节。诺兰等学生能够有效地利用这些反馈进行自我调节，写出了更加丰满的第二稿。

　　当学生调节自己的学习时，更容易理解学习的意义，也会增强工作的动力。擅长自我调节反馈的学生自主性更强，更可能获得成功。

不擅长"调节反馈"思维技能的学生

　　不擅长"调节反馈"思维技能的学生似乎不清楚自己的行为会造成什么影响，因此没有动力调整或改变自己的行为，给其他人带来的直接感受就是自我调节能力差。例如，萨曼莎喜欢在沃勒老师讲课时说话，她似乎没有意识到这样会打扰想要认真听课的学生。

　　需要注意的是，教师不要误以为有些学生不愿意关注得到的反馈，实际上，他们可能还不明白通过反馈进行自我调节的意义，也不知道如何运用"调节反馈"思维技能，所以才会变得很被动。

　　例如，亚当在修改自己写的感官细节段落，想要整理出第二稿，但是，他没有认真思考别人对他第一稿的重点内容和信息结构的反馈，反而忙着削铅笔、整理桌子、检查背包。最后，他只是把第二稿写得更工整而已，没有任何实质性的改变。

　　学生法里德一直盯着阿什比老师给他纠正的大量错误，把老师写的批语一字不差地抄下来，但下次写文章时，他还是会犯同样的错误。他没有通过反馈来调节自己的行为，因为那些反馈并没有起到鼓励他积极学习的作用，只是无形中培养了他对老师的依赖。

　　你班里有哪些学生不擅长"调节反馈"思维技能？

引导萨曼莎、亚当和法里德运用"调节反馈"思维技能。萨曼莎在大教室里难以进行自我调节。坐在教室前面时，她会忍不住转身，让全班同学看着她。为对她进行引导，教师首先和她商量：换个座位是否有助于她更好地进行自我调节？萨曼莎主动和同学换了座位（而不是被强制坐在老师眼前）。萨曼莎选择坐在后面，因为她知道在那里不会有"观众"。沃勒老师告诉萨曼莎，当发现她在自我调节方面做得特别好的时候，会走到她身边轻敲桌子，以此表示对萨曼莎所做努力的认可。经过一段时间后，沃勒老师积极评价了萨曼莎的努力，他问萨曼莎："你发现自我调节后有什么变化吗？"在思考的过程中，萨曼莎懂得了自我调节的意义。通过引导对话，沃勒老师帮助萨曼莎参与互动、提高能力，进而进行自我调节。

　　亚当对自己收到的反馈持消极态度。一场离婚事件让亚当家里每个人都心力交瘁，他深陷其中无法自拔，认为没有必要重写关于凶宅的那段话。他内心的想法是："谁在乎？"冈萨雷斯老师意识到她需要引导学生（不仅仅是亚当）发现自我调节的重要意义，于是决定让全班同学都参与进来。她问学生："我们究竟为什么要对已经写好的东西进行重写呢？"学生开始提出一些想法，例如："我们要把工作做到极致，我们可以表达更多的东西，重写后我会感到更骄傲……"她接着问："那么，在生活中，你在什么情况下可能会根据自己或他人的反馈重做某件事？"最后，她给学生提供了一系列提示，让全班学生体会"现实生活"中需要自我调节的案例，其中包括"重新做"或"对初次尝试进行改进"。以下是她的几条提示："你曾经因为某种电子游戏好玩而多次玩这种游戏吗？你为什么会那样做？你基于什么反馈信息？结果如何？汽车修理工呢？音乐家呢？足球运动员会如何基于反馈提高赛场表现？"她知道亚当喜欢玩滑板，于是问他："学滑板怎么样？你第一次试着做'海豚跳'的时候发生了什么？你利用了什么反馈信息？很好！事实证明，在生活中，你经常需要注意和利用反馈。要特别注意，有些反馈是自我反馈，而我们在课堂上是练习利用另一种反馈。写出感官细节可以利用什么反馈？你可以利用老师对信息结构图和重点内容的反馈，在写下一稿时进行修订，这样就可以看出是如何利用反馈的了。"

　　面对阿什比老师做出的大量批改，法里德感到不知所措。幸运的是，在与同事讨论法里德屡屡出错的问题时，阿什比老师意识到，如果针对法里德一两个需要改进的方面给出反馈，效果会更好。与法里德共同确定需要改进的内容，可以帮助他从被动学习转为主动学习。阿什比老师在黑板上列出了一些学生认为会限制写作能力的问题，然后让学生投票选出三个最重要的问题。法里德（和其他学生）认为他们在写作中面临的一大困难是句子零散，阿什比老师将这一问题列入三个重点问题。第二天，阿什比老师收集了一些学生写的典型零散句子，经过匿名化处理后投到屏幕上。她问学生："这些句子有什么共同错误？这些错误对你的理解有什么影响？你如何让读者明白想要表达的意思？"阿什比老师又讲了一些句子结构方面的内容，然后学生两人一组合作纠正投影仪上显示的错误，并与全班同学分享。最后，学生可利用这些反馈信息，提醒自己不要犯同样的错误。阿什比老师重点观察了法里德的自我调节行为，并对其提出表扬。

引导"调节反馈"思维技能的策略和活动

使用记事簿。某些学校要求学生使用记事簿记作业。教师让学生记下每个时间段（或每天）的任务，有时还会与学生讨论根据所记信息的反馈进行自我调节的意义。他们会举例说明家长如何用记事簿进行工作记录，还会讨论记事簿作为反馈源在商业中的应用。这些做法可以使任务更有意义，也有助于学生养成记事的习惯。

基于感觉进行检查。教师应鼓励学生自问："如果感觉自己做得不好，应该利用反馈信息做一些改变吗？"这种方式可唤起学生的元认知。

大声说出想法。学生有时在阅读过程中会遇到困难。将这些困难作为自我反馈，学生可大声说出自己的想法，以解决遇到的困难。例如，当两人一组朗读时，学生可以大声说："这个字是什么意思？"然后选择合适的思维技能解决问题。他们可能会说"让我们继续读下去，看看能否通过上下文语境了解意思"，或者说"我会努力弄明白它的意思"（teachervision. fen. com）。

设定个人目标。目标是进行自我调节的良好基准。设定个人目标可以使学生对一些事情进行反思。目标进展情况可作为反馈。

写反思日志（www. slideserve. com）。反思是自我反馈的一种形式。在任何学科领域，学生都可能被要求对自己做过的事（如阅读、科学实验和历史课题等）进行反思。成功的关键是什么？他们利用了哪些工具、技能或策略？他们可以做哪些改变来进一步完善工作？经过反思，学生会知道利用反思进行自我调节。让学生写下或谈谈反思日志是如何影响或改变他们的思维或行为的。例如，某学生在对近期的科学实验进行反思后，对自己能够设计、组织和实施一个有意义的科学实验感到惊讶，她惊讶地发现自己那么喜欢科学！强烈要求做更多实验。她对科学的态度发生了变化。

制定自我调节标准。完善的评估标准可以让学生知道如何进行自我检查。清晰的标准会明确指出每项行为的评估指标，学生将自己所做工作与标准要求进行对比后，就可以准确评估自己的工作。然后，学生可以根据评估反馈决定是否对工作进行改进和改变。评估标准的使用方法很多，教师和学生都可以制定自己的评估标准。学生可以利用标准进行自我评价和相互评价。

使用网上"教练"。鼓励学生使用可以对所学内容给出实时反馈的网站。

结合写作与绘画。让学生写一段描写性文字，并画一幅图描述所写的内容。然后，掩藏所画图画，让同伴看那段文字，并让其根据读到的内容画出想象的画面。最后，两名学生对比所画图画并给出反馈，比较各个细节的差距。学生还可以将该策略作为反馈，纠正语言不精确导致的误读。"棕榈树在哪里？"（作者提问）"你在文章中没有告诉我任何关于棕榈树的信息。如果你想描述它们，你必须在书面描述中添加细节。"（伙伴回答）此类问题可以作为反馈，使学生在写作过程中进行自我调节。这对英语学习者大有裨益（Chancer，2000）。

教师如何引导班里不擅长"调节反馈"思维技能的学生？

"团队合作"思维技能

　　思维并不是孤立存在的，其形成和发展都受到社会因素的影响。人与人之间的相互协作可以促进思维能力的发展。因此，"团队合作"思维技能是 21 世纪人才需掌握的重要技能。为了进行有意义的合作，学生必须学会分享自己的想法，倾听他人的想法，并从他人思维和想法中获益。换言之，学生参与分享或互动教学等活动不只是分担任务，也是为了提高自己的思维能力。

　　如果学生擅长运用"团队合作"思维技能，会在倾听同伴的想法和观点时敞开自己的心扉。"团队合作"与其他思维技能在收集、转换和传达信息三个阶段都是相互交织、密不可分的。例如，在中学历史课上，扎克和斯宾塞合作学习历史上某种特定文化现象。他们一起收集原始信息、阅读信息，然后讨论如何将信息分类。他们通过相互提问（如，你是如何做出这个决定的？我们应该基于哪些特点来描述这一类别？）引导自己发现高效分类信息的方法。最后，他们对信息进行了整合，奠定了研究报告的基础。他俩的报告反映出各自的用词特点，但由于受到了对方的影响，两份报告明显有着共同的思维线索。

　　在五年级课堂上，学生在朗读小说《海狸的信号》（Speare，1984）。这本书的主题是关于团队合作对学习的促进作用。故事发生在 17 世纪，一个叫马特的男孩被他的父亲暂时留在缅因州的荒野上。马特独自外出打猎时，遇到了一个和他年龄相仿的印第安小男孩阿泰安。两人互相学习基本的生活技能，互相学习对方的文化，并由此产生了深厚的友谊。阅读后，学生一起以小品的形式展示小说中的团队合作。布里安娜、钱德勒和佩德罗相互倾听、验证对方的想法，在此基础上集思广益，提出了更多的想法。他们积极合作来研究这个故事，最终成功地演出了这个小品。

不擅长"团队合作"思维技能的学生

不擅长"团队合作"思维技能的学生通常是两个极端，第一种人不为团队做贡献，只是等着别人思考，可以说他们在认知层面不作为。第二种人大包大揽，要么主动负责，认为自己的想法是小组中最好的，要么被其他人"点名"，负责大部分的工作。"被点名者"虽然是被动接受，但他们通常认为自己是精英，能力超群，会乐于承担负责人这个角色。主动大包大揽的人很少会意识到他人的贡献，经常会抱怨其他学生，公开或暗中表现出对他人的不尊重。这种行为可能导致团队不和谐，也可能导致其他成员产生不作为的情绪，甘当背景。

下面是不擅长"团队合作"思维技能的范例。玛丽、泰勒、埃里克和伊恩要完成团队合作项目，写一份关于刘易斯和克拉克探险队的报告。玛丽、埃里克和伊恩认为泰勒是小组中最聪明的人，所以就提议泰勒负责收集资料并熟悉相关内容。他们希望泰勒能为每个人分配好内容，制成卡片供他们准备课堂展示，而自己仅承担制作海报、从网上下载图片、做辅助工作等简单任务。到了课堂展示的时候，尽管有人在表达时磕磕绊绊，但整个团队看起来配合得当。这是典型的合作学习，而不是团队合作。泰勒承担了其他组员给她的"任务"，但她没有意识到，如果其他人也贡献出自己的想法，她本可以学到更多。

在另一个班级里，达里克、弗朗西斯科、乔安妮和休一起做科学实验。作为实验的主持人，达里克拿走了所有设备，想要独立做实验，弗朗西斯科提出抗议，说他也想做实验，并质问达里克为什么要独占。乔安妮任由他俩去争，自己开始做毫无意义的工作，把实验说明抄到成绩册上。休则在为乔安妮做一些辅助工作。争论过后，达里克宣布弗朗西斯科可以负责实验的第三和第四部分，以做出团队合作的样子，但其他两人仍只是消极的参与者。实验结束以后，达里克告诉乔安妮实验数据，让她制作图表。尽管休一直在辅助乔安妮，但他一直都没有参与实验的机会。

你班里有哪些学生不擅长"团队合作"思维技能？

引导玛丽、伊恩、泰勒、埃里克运用"团队合作"思维技能。你可能并不认为团队合作可以增强学生的"团队合作"思维技能。多数教师倾向于将团队合作策略作为提高整体学习效率的方法，让某些"好"学生帮助"差"学生。通过配对分享等策略，"差"学生的学习积极性或许会有所提高，但他们并没有发现团队合作的潜在价值。"我说……你说……"层面的"分享"模式会错

过很多深层次的交流，而缺乏了这些深层次交流，学生的固有想法将很难因他人思维的影响而改变。合理的团队合作应该是如下模式："我说……你说……现在我说……是的，如果……在那种情况下……我从来没有那样想过……哇，现在我认为……哦，我想清楚了。"

在之前的两个团队合作反面案例中，教师关注的都是活动的结果，而不是过程。在玛丽、伊恩、泰勒、埃里克的案例中，埃雷拉老师意识到班里学生需要学习团队合作过程、构建团队合作模式、理解团队合作的重要性。在后面的活动中，他采用了新的活动模式。他并没有具体指出上一次活动中分担任务不平衡的现象，而是评论说，他看到有的学生只是简单地借用了别人的研究成果，他们在课堂上展示的内容丝毫没有融入自己的想法。有一两名学生甚至什么都没有做。还有一名学生独来独往，非常自负。

在和学生讨论团队合作时，埃雷拉老师指出了团队思考的价值。他通过几个事例说明团队合作对工作产生的巨大影响（最具创新性的公司都有上佳的团队合作流程）。在写求职信时，人们通常都会说自己是"团队型员工"或擅长团队合作，这是非常有分量的一项内容。大学生之所以要加入优秀的学习群体，是因为他们相互尊重，分享思想和成果，提高全员学习效益。

埃雷拉老师强调："为了练习团队合作，你们必须共同完成一个任务，每个人都必须承担一部分工作，而各个工作之间紧密联系。你们要进行相互评价，看看自己是否尊重他人的贡献？对共同思考的结果有什么贡献？作为团队成员为项目做了哪些工作？前段时间我们研究了加利福尼亚州淘金热，每个小组先分享一下研究成果吧。"他不间断地让学生就研究话题展开头脑风暴，寻找研究的信息源，然后设定分享研究成果的最后期限。最后他问了学生一些具体情况，如带多少研究成果打印件到汇报现场等，并要求学生解释原因。

在接下来的一周中，学生采取了新的工作方式（团队合作），注重并整合各成员研究成果的价值，并以此为基础创造新的内容。首先，团队成员轮流介绍自己的研究成果，其他成员至少提出两个问题，或针对主题陈述自己的观点，共同丰富该部分内容，同时将他人的研究成果与自己的研究相结合，共同确定报告的形式（如纸质研究报告、电子文档或幻灯片等）和要求（如地图、时间线、视觉效果和内容等）。每个成员负责完成一项任务，整合所有相关信息。

最后，各小组分享团队合作中好的做法和遇到的挑战，和全班同学交流各组的成果展示（展示在教室里进行），并在留言本上写下简短反馈。

引导"团队合作"思维技能的策略和活动

纠正团队合作误区。让学生演示"团队合作"的反面场景（比如上文提到的案例），然后让他们"停下来"总结如何在这些场景中进行团队合作。什么是团队合作？让学生分组进行团队合作来找到上述问题的答案。听听学生的想法，然后让他们回顾自己和伙伴刚刚进行的团队合作，看看是否分享了自己的想法，是否因别人的观点而改变了自己的想法？

认真倾听。给学生提供一些团队合作思维的相关信息（如上文范例所示）。例如，"当认真倾听别人，在头脑中思考别人的想法而不打断别人时，你会改变自己的观念、产生新的想法或验证自己之前所说的话。我们必须尊重他人才能被他人有益的想法影响或改变。你将如何做到这一点？"

分配拼图任务。在分配拼图游戏任务时，要将团队合作的理念贯穿于任务的分配和评估（例如，倾听他人、做出贡献、尊重他人、帮助同学和整合他人的想法等）中。无论执行什么任务，每个小组成员都要承担不同的工作，并将自己的工作成果与他人分享。当两个组承担同一项任务时，承担相同工作的人可先进行交流，以丰富自己的知识，并在自己的小组中将其共享（Kagan，1992）。

利用技术手段。Google Docs（谷歌文档）和 Google Drive（谷歌网盘）等网络文字处理程序可供小组成员远程处理同一个文档，并相互查看各自的工作进展。

制定评估标准。制定一套标准，对团队合作各项工作进行评估（如对团队的贡献、是否尊重他人想法和遵循项目流程等）。各成员可根据标准对自己和他人的工作进行评价。教师可以利用 SurveyMonkey 或 Qualtrics 等技术手段，使学生在查看评估数据的同时，可以匿名填写数据。

合作完成文档。为了评价各成员的贡献，让他们简要说明成果中必须具备的内容（种子），即个人认为最重要的内容。然后小组共同把大家的内容整合起来，寻找共性和关联。让他们在此基础上合作完成文档（花朵）。

使用团队思维用语。提高学生对团队思维用语的使用意识。在准备分享小组成果时，鼓励他们使用团队思维提示语，例如，"我们决定……我们相信……我们有些人相信……其他人认为……我们想出了几种不同的答案或解决方案……我们的想法与……（组名）类似"（Kinsella，2001）。

教师如何引导班里不擅长"团队合作"思维技能的学生？

小结

- 交流技能反映了人的社会属性。当今社会，先进的网络技术为学生提供了多种工具，使他们与世界各地的人们进行交流。这就要求学生能够理解和尊重不同交流方式中的文化差异，也要求教师传授新的交流方式。MiCOSA 教学法介绍了 5 种传达信息的思维技能。本章列举了课堂上擅长和不擅长各技能的学生情况，辅以很多实用的课堂策略，供教师和学生讨论学习。

● "善用关键词"是传达信息的一项基本技能，对第二语言学习者来说尤为重要。定义标签是对词汇的描述或分类，当与词汇概念相结合时，词汇就产生了意义。为了有效地传达信息，学生必须在口语和书面语中运用"精准表述"思维技能。

● 在 21 世纪，学生有望与具有不同文化背景、不同宗教习俗和不同生活方式的人进行"团队合作"。他们应积极分享自我观点，仔细倾听他人想法，并从中受益。因此，学生需要掌握"恰当用语"思维技能，以恰当措辞精准表达，互相尊重。

● 运用"调节反馈"思维技能，学生可以认识到自己的错误并进行改正，并以此来指导和调节自己的学习和生活行为，从而基于自己的行为结果学习并成长。

参考文献

Beers, K. (2003). *When kids can't read: What teachers can do: A guide for teachers 6–12.* Portsmouth, NH: Heinemann.

Bowen, C. (2011). Information for families: Semantic and pragmatic difficulties. www.speech-language-therapy.com

Bowers, J. (2000a, March). *Little kids can do great things.* Writing Workshop. Ventura, CA: Office of the County Superintendent of Schools.

Bowers, J. (2000b, October). *K-Krew Workshop Series.* Oxnard, CA: Ocean View School District Office.

Chancer, J. (2000). Creating Imagery. ELA Professional Development Workshop. Conejo Valley Unified District Office, Thousand Oaks, CA.

Cleary, L. M., & Peacock, T. D. (1998). *Collected wisdom: American Indian education.* Boston: Allyn & Bacon.

Cummins, J. (2003). BICS and CALP: Origins and rationale for the distinction. In C. B. Paulston & G. R. Tucker (Eds.), *Sociolinguistics: The essential readings* (pp. 322–328). London: Blackwell.

Dahl, R. (1996). *James and the giant peach.* New York, NY: Puffin.

Dutro, S. (2004). A *focused approach to frontloading English language instruction for Houghton Mifflin.* California Reading and Literature Project. La Jolla, CA: University of California San Diego.

Everett, K. (1986). *Bridging language experience into the classroom.* A workshop for Meadows Elementary School, Thousand Oaks, CA.

Greene, J. F. (2009). *Language! A literacy intervention curriculum.* Boston, MA: Sopris West.

Haven, C. (2009, October 12). The new literacy: Stanford study finds richness and complexity in students' writing. *Stanford News Service.* Retrieved from http://news.stanford.edu/pr/2009/pr-lunsford-writing-101209.html

Kagan, S. (1992). *Cooperative learning.* San Juan Capistrano, CA: Resources for Teachers, Inc.

Kinsella, K. (2001). *Strategies to build a school-wide academic writing program.* Office of the Ventura County Superintendent of Schools. Ventura, CA.

Kinsella, K. (2003, March). *Strategies to promote responsible reading and writing in grades 6–12.* Workshop presented to Ventura County Schools. Cowan Center, Camarillo, CA.

Perona, S. (1989, Jan/Feb). The tea party: Intro, through, and beyond a piece of literature. *The Writing Notebook*, 30–31.

Sheridan, R. B. (2008/1775). *The rivals: a comedy.* Gloucester, UK: Dodo Press.

Speare, E. G. (1984). *The sign of the beaver.* Bel Air, CA: Yearling.

T A L K–Teaching Activities for Language Knowledge. (1977). *A project of the National Diffusion Network, Department of Education.* Rockford Public Schools, Rockford, Illinois.

Trilling, B., & Fadel, C. (2009). *21st century skills: Learning for life in our times.* San Francisco, CA: Jossey-Bass.

第三编

MiCOSA 教学法的
实施方法

第七章

课程标准：确定思维技能并明确教学目标

内容、课程和标准中包含的思维技能是强化当前和未来课程的催化剂，也是使用和发展21种思维技能的强心剂。

还记得那些"云开雾散""茅塞顿开"的惊喜时刻吗？当我刚开始学习这些思维技能以及如何对学生进行引导时，也时常感觉被同样的"迷雾"包围。了解那些思维技能之后，我知道自己将要有所收获，但直到把所学内容与某个简单问题联系起来的时候，我才完全理解了这些技能的力量。这个问题是："你即将登上圣玛利亚号，前往西印度群岛。请计划在旅途中需要带的补给品，并解释理由。"

有人让我尽可能多地确定完成这项任务所需的思维技能，那一刻我突然感到茅塞顿开！首先，我确定了一些看似最直观的思维技能："制订计划"和"比对多源信息"。然后我继续挖掘，发现"排序分类"有助于筹备各种补给品，"因果假设"有助于考虑多种选择。我试着进一步深入研究，发现在"制订计划"之前需要"设定目标"。我需要知道有多少人同行、行程时长（时间位置）。我必须发现人员和物资之间的关联。我该给每人带多少食物？需要航行多少天？我逐渐明白了！难怪我给学生们布置类似的作业时，他们会感到很困难！我从来没有想过，开始看起来如此容易的任务，竟然要花费这么多心思。现在，我明白了将思维技能与教学内容和教学标准结合起来的重要性，并进行了各类问题调研（向一名小学教师）。

世界各个国家和地区的教育委员会都制定了相关标准框架，对学生的成绩进行规范。但是，这些框架的名称各不相同，包括"标准"、"学术内容标准"、"核心课程"和"内容框架"等。2010 年，美国制定了语言艺术课和数学课的通用国家标准，称为《通用核心州立标准》（CCSS）。为了保持一致性，Mi-COSA 教学法将《通用核心州立标准》简称为"标准"。

要将思维技能与"标准"结合起来，教师首先要了解所选"标准"的核心理念。核心理念介绍了标准中主要的概念、技能、策略或步骤。例如，七年级"文学阅读标准"要求学生"分析作者如何介绍和对比不同的人物和主要观点"。该标准的核心理念是"分析作者如何介绍和对比不同的观点"。

六到十二年级"大学和职业准备度锚定标准"中写作标准要求学生"利用多个纸质和数字渠道收集相关信息，评估各信息源的可信度和准确性，在避免抄袭的前提下对信息进行整合"。该标准的主要核心理念是"利用多个纸质和数字渠道收集相关信息"。

"标准"中的一些核心理念与思维技能有明确的关联，且易于识别。而另一些则比较微妙含蓄，需要进行分析。尽管让学生达标通常需要让其掌握多种思维技能，但为了便于学习，教师可以每次专注于一种思维技能。然后，教师可以利用核心理念和思维技能来设计课程内容、课程目标、大概念、核心问题和评估方法，展现其对教学的指导作用。

确定思维技能

美国《通用核心州立标准》（2010）中的很多内容都使用了与 MiCOSA 教学法 21 种思维技能相似的词语。你可以在《通用核心州立标准》和 21 种思维技能中发现类似的词语，比如，比较、关联、推理和排序。因此，教师首先要能够在"标准"中找到这些相关的思维技能。例如，三年级"英语语言艺术"学科要求学生"比较和对比同一作者笔下相同或相似人物故事的主题、背景和情节"。"比较"这一动词让你直接想起"比较判断"思维技能，因为它有比较和对比的意思。在七年级，"比较判断"思维技能的应用变得更为复杂——"将某个故事、戏剧或诗歌的剧本与其制成的音频、电影、舞台剧或多媒体作品进行比较和对比"。表 7-1 展示了《通用核心州立标准》中包含的思维技能，重点突出了各学科和各年级较为常用的思维技能。确定了《通用核心州立标准》中这些思维技能之后，教师就可以将它们作为教学重点，帮助学生更好地把握课程标准，并将这些技能衔接到课程的其他标准中。

表 7 - 1 《通用核心州立标准》中的思维技能

英语语言艺术：三年级

文学阅读标准：9

比较和对比同一作者笔下相同或相似人物故事的主题、背景和情节。

信息类文本阅读标准：3

利用**时间、顺序、因果**相关语言描述文本中一系列历史事件、科学观点或概念之间的**关系**。

写作标准：5

在同学和成年人的帮助下，**计划**、修改和编辑文字内容以培养和提高写作能力。

听说标准：1

围绕三年级的相关话题和文章与同学进行广泛的**合作式讨论**，借鉴他人观点，清楚地表达自己的观点。

英语语言艺术：九到十年级

文学阅读标准 6 - 12：4

理解文章中出现的**词或短语**，包括比喻和隐喻。

信息类文本阅读标准 6 - 12：2

理解文章的中心思想，分析其在文中的体现，对文章内容进行客观**总结**。

写作标准 6 - 12：2. a

能够确定主题，准确**组织复杂的观点、概念和信息，使之产生重要的关联**，并明确其异同点。

听说标准 6 - 12：2

整合不同媒介或不同形式的**多个信息源**（如视觉信息、数量信息和口头信息等），评估每种信息源的可信度和**准确性**。

数学标准：四年级

运算和代数思维：4OA. 1

用**比较**关系解释乘法算式，如将 $35＝5×7$ 解释为 35 是 7 的 5 倍或 5 的 7 倍。

数字和运算——分数：4. NF3. c

同分母带分数的加减运算，如将带分数转换为分数，或**进行相应的加减运算**。

几何 4. G. 2

以是否存在平行线或垂直线，或是否存在某一特定角度为依据，对二维图形进行**分类**。能够**识别**直角三角形，并将直角三角形单独**归类**。

数学标准：七年级

统计与概率：7. SP. 2

根据随机样本中的数据，**推测**具有某种特征的群体数量。生成大小相同的**多个样本**（或模拟样本），进行估测或**预测**。

数学标准：九到十二年级代数Ⅱ

建方程式 A-CED. 2

创建包含两个或多个变量的方程式，以表示**不同数量之间的关系**；利用标签和刻度在坐标轴上绘制方程式。

数学标准：九到十二年级统计与概率

解释分类数据和定量数据：S - ID5.

用双向频率表将数据**归纳**为两个**类别**。

进行推理并证明结论：S - IC1.

将统计学理解为基于随机抽取样本**推断**相关参数的过程。

多数教师对"因果假设"思维技能比较熟悉。五年级科学标准要求"学生了解不同类型恶劣天气的原因和影响"。十年级历史标准要求"学生能够分析第一次世界大战的原因和过程"，还要求"学生能够分析第一次世界大战的影响"。同样，各年级和各学科课程"标准"中还经常出现另一种较为熟悉的思维技能——"比对多源信息"思维技能。尽管"标准"中没有出现"多源信息"这样明确的字眼儿，但其含义是明确的。五年级的学生必须"能够开展短期研究项目，利用多个信息源对某个主题进行多方研究"。九年级和十年级的学生要对该任务进行更深入的研究——"开展……研究项目以回答或解决……问题，（以及）对该主题的多个信息源进行整合"。练习活动一见表7-2。

表7-2　练习活动一：确定"标准"中明确提到的思维技能

　　活动说明：利用下列思维技能，明确《通用核心州立标准》、加利福尼亚州立标准，以及佛罗里达州州立标准中提到的思维技能提示词，并用下划线标明。在每条下划线提示词上方写出思维技能的名称。

1. 四年级数学标准。比较分子和分母都不同的两个分数。

2. 幼儿园到十二年级数学标准。做到精确。

3. 八年级科学标准。对八年级课程中的某个问题进行定义……进行不同类型的调查研究，例如系统观察和实验。

4. 一年级写作标准。（学生）写记叙文……用时间相关词汇标明事件顺序。

5. 八年级数学标准。（学生能够）理解多项式中零与因数的关系，寻找各种数学思维及其与其他学科之间的关联。

6. 幼儿园到二年级听说标准。（学生能够）与不同的伙伴就（不同年级的）话题或文本展开合作式对话。

7. 幼儿园社会科学标准。比较不同文化的家庭习俗和传统。

收集信息的思维技能	转换信息的思维技能	传达信息的思维技能
系统搜索	设定目标	善用关键词
保持专注	制订计划	精准表述
善用关键词	比较判断	恰当用语
比对多源信息	排序分类	调节反馈
判断空间位置	寻找关联	团队合作
把握时间位置	视觉化	
保持信息精准	逻辑推理	
	因果假设	
	归纳总结	

答案：1. 比较判断；2. 保持信息精准；3.（a）设定目标，（b）系统搜索；4.（a）把握时间位置，（b）善用关键词；5. 寻找关联；6. 团队合作；7. 比较判断。

确定隐含的思维技能

确定某标准中隐含的思维技能稍为复杂，要求教师对该标准进行分析并确定学生达到该标准所需的思维技能。通常，教师必须确定两种以上思维技能。这主要有两个原因：一是有时我们可能会在课上用到两种以上思维技能；二是确定多种思维技能可以帮助不理解某项标准的学生。教师要学会从确定的思维技能中选择一种或几种在课堂上使用。下面是加利福尼亚州的一年级标准。首先找出隐含的思维技能，然后再进行"深入挖掘"，通过解析该标准来明确其他思维技能。

> 一年级历史社会学：在地球仪或地图上定位自己所在的社区、加利福尼亚州、美国、七大洲、四大洋。

什么是隐含思维技能？你如何找到它？记住，从该标准中的某个核心理念（学生要定位七大洲的位置）入手通常会有所帮助。有时你会发现，关注动词会非常有用，这里的动词就是"定位"。

● 为了成功地定位七大洲，学生需要运用"判断空间位置"思维技能。在……上方、在……下方、左、右、顶部、底部、东、南、西、北等空间术语是帮助学生"定位"自己和其他物体空间位置的关键词。如果没有较好的空间方位感，学生会感到困难，就难以遵循老师讲解或同学的示范。

● 该标准中可能还隐含了哪些思维技能？是的，"判断空间位置"是主要的思维技能。但是，学生还必须运用其他有助于加强学习的思维技能。比如，运用"善用关键词"思维技能，通过定义标签、词汇和概念去学习各个地方的名称，并理解洲的概念。

● "精准表述"思维技能有助于学生在地图和地球仪上准确定位位置，或准确地描述位置。

现在，试着在下面六年级的标准中找到隐含的思维技能。这表面上看起来很简单，但实际上，学生需要运用一套复杂的思维技能。

> 六年级语言艺术：进行成果展示，要求运用适当的眼神交流、声音洪亮，发音清晰。
> 该标准的核心理念是关于如何恰当表述。

● "运用适当的眼神交流、声音洪亮"，其实是想让自己的行为被社会接受。教师应引导学生在不同场合使用恰当的语用策略，并关注言语和非言语线索的一致性或关联性。

• 还需要什么技能？在收集此次任务信息时，学生必须运用"善用关键词"和"比对多源信息"思维技能。他们需要了解音量、眼神交流和发音清晰的意义，也需要理解"展示"和"成果"两个词。

• 然后，他们在准备口头陈述时必须掌握多源信息。

• 收集信息后，学生要运用"比较判断"思维技能对信息进行转换，将自己听到或说出的内容与范例以及同学听到或说出的内容进行比较，观察自己的音量和发音能否持续地吸引观众的注意力。

• 最后，在展示成果时，学生通过观察、倾听或阅读他人的反馈来进行自我调节。

如果你发现了学生达到该标准所需要的其他技能，我们并不意外。你可能会惊讶地发现，一个标准就包含了这么多思维技能。别担心！随后你将学习如何选择其中一两项技能，并将它们整合到课堂中。我们的主要目标是帮助学生培养、使用和迁移重要的思维技能。

练习活动二（见表 7-3）确定了哪些思维技能帮助学生达到该标准。这次，不要只看到"识别""绘制""特定"等动词，因为它们对发现隐含思维技能帮助不大。看一下该标准的核心理念，它要求学生识别各种几何图形，并知道这些图形的区别和特性。这要求学生必须了解各种几何图形特定的物理属性和定义标签。

表 7-3　练习活动二：确定隐含的思维技能

活动说明：确定学生成功达到下列标准所需的隐含思维技能。

二年级数学：识别并绘制有特定属性的图形，例如，多边形或多面体；识别三角形、四边形、五边形、六边形和立方体。

_____

_____

_____

收集信息的思维技能	转换信息的思维技能	传达信息的思维技能
系统搜索	设定目标	善用关键词
保持专注	制订计划	精准表述
善用关键词	比较判断	恰当用语
比对多源信息	排序分类	调节反馈
判断空间位置	寻找关联	团队合作
把握时间位置	视觉化	
保持信息精准	逻辑推理	
	因果假设	
	归纳总结	

- 你考虑过"排序分类"思维技能吗？这当然会有所帮助。但是，为了"识别并绘制有特定属性的图形"并"识别（图形）类别"，学生可能还需要运用其他思维技能。

- 首先，学生必须通过定义标签、词汇和概念理解图形属性、角、面、三角形、五角形、六边形和立方体的含义。

- 学生仔细观察图形时，需要运用"保持专注"和"保持信息精准"思维技能。例如，五边形有五个边，六边形有六个边。

- 面对不同类型的图形，学生必须运用"比对多源信息"思维技能（了解所有图形的属性）对这些图形进行比较，以正确地对图形进行归类。

- 学生还需要运用"判断空间位置"思维技能，才能准确地绘制出指定的图形。

这些标准可能比较复杂，将它们拆解开来会很有帮助。如表7-4所示的练习活动三，它与世界历史有关。

表7-4 练习活动三：确定隐含的思维技能

活动说明：确定学生成功达到下列标准所需的隐含思维技能。

十年级世界历史：追溯工作和劳动的演变过程，包括奴隶贸易的消亡，移民、采矿、制造业，劳动分工，以及工会运动的影响。

收集信息的思维技能	转换信息的思维技能	传达信息的思维技能
系统搜索	设定目标	善用关键词
保持专注	制订计划	精准表述
善用关键词	比较判断	恰当用语
比对多源信息	排序分类	调节反馈
判断空间位置	寻找关联	团队合作
把握时间位置	视觉化	
保持信息精准	逻辑推理	
	因果假设	
	归纳总结	

首先明确该标准的核心概念。该标准要求学生追溯工作和劳动的演变过程，还概述了具体的重点领域：（1）奴隶贸易的消亡；（2）移民、采矿、制造业的影响；（3）劳动分工；（4）工会的诞生。该标准要求学生明确该核心概念及其四个重点领域涉及的基本思维技能。

● "因果假设"思维技能能够帮助学生明确因果关系并做出判断，你注意到该标准中出现"影响"一词了吗？"消亡"一词有什么提示作用？学生必须了解什么导致了奴隶贸易的消亡。但该标准还要求学生研究运动和事件之间的因果关系，比如移民、采矿对工作和劳动的影响。

● 你考虑过"把握时间位置"思维技能吗？很好！"演变"一词表明事情是随着时间推移不断发展的，因此，学生必须运用"把握时间位置"思维技能收集信息，以确定事件发生的时间顺序。

该标准更为复杂，因为包含了几个潜在的重要思维技能。我们的目的不是让你疲于对某个标准进行详细的分析，而是让你体会某些标准的复杂程度。意识到这一点以后，教师就能够找出那些无法理解某个标准、概念或想法的学生，并引导培养学生的相关思维技能。以下是与追溯工作和劳动演变相关的其他思维技能：

● 学生需要运用"比对多源信息"思维技能收集信息。为什么？就像完成复杂拼图一样，该标准要求学生收集多个信息片段，以便完整地再现工作和劳动的演变。

● 为此，学生还需要寻找各种事件之间的关联（例如，奴隶贸易的消亡对工作和劳动演变的影响）。

是的，这可能不太好理解，但是，通过这个高度复杂的标准，你可以看到"标准"与思维技能之间的广泛联系。

隐含在"标准"常见术语中的思维技能

当你浏览"标准"时，经常会看到一些熟悉的术语，比如，"了解"（know）、"分析"（analyze）和"描述"（describe），这些术语并没有明确地指向某种思维技能，会让你不确定如何向学生传授这些知识。此外，你很难一眼看出这些术语的丰富内涵。布卢姆的"认知过程维度"强调根据复杂程度对这些术语进行分类。同样，韦伯的"知识深度"模型对完成某项任务所需的知识深度进行了分析和分级。从字面来看，你可能认为让学生"了解"很简单，而让他们"分析"很复杂。但是，在标准中，事情并不是那么简单。"描述"、"确定"（determine）、"评估"（evaluate）、"解释"（interpret）、"生成"（generate）、"分解"（decompose）（听起来跟死亡有关，但这里指的是数学中的分解！）、"描绘"（delineate）、"代表"（represent）等术语经常出现，我们该如何理解它们的含义呢？许多术语与批判性思维有关，可以帮助学生从大量事实中"筛选"出关联性和意义（Lantos，2006）。这需要学生运用各种思维技能。因此，定义这些词汇并分析它们在"标准"中的含义，有助于教师确定所需技能，从而帮助学生成功而批判地理解这些标准。

确定学生"了解"所需的思维技能

很多标准要求学生"了解"某些内容，教师也希望学生"了解"相关知识。我们来深入了解一下"了解"一词的含义。《朗文高阶英文词典》（*Longman Advanced American Dictionary*，2000）认为"了解"就是"掌握某事的相关信息，确定某事，熟悉某事，意识到某事的存在或真实性；熟练或有经验"。

在许多情况下，"了解"一词只代表对事实或基本内容的表面认知（例如，了解时间表，了解 50 个州）。但是，"了解"的要求往往要复杂得多。以下是四项社会研究标准要求学生"了解"的具体内容，明确有助于学生"了解"这些知识的思维技能。

1. 了解穆斯林王国统治伊比利亚半岛的衰落历史。该标准要求学生运用几种思维技能。"历史"和"衰落"这两个词提示学生运用"把握时间位置"思维技能，因为需要参考一段时间内的信息。该标准中提到了伊比利亚半岛，学生必须运用"判断空间位置"思维技能，因为位置对该标准很重要。伊比利亚半岛有多个穆斯林王国，所以学生很可能还要运用"排序分类"思维技能。

2. 了解汉谟拉比法典的重要性。了解某事的重要性，学生需要用到一系列思维技能。首先，运用"善用关键词"思维技能，利用标签、词汇和概念对术语进行定义，对术语有一个初步的了解。根据"了解"一词的定义可知，运用"因果假设"思维技能有助于学生优化自己的理解，因为"了解重要性"可以被理解为"为什么重要"。寻找事件之间的关联将使学生进一步认识汉谟拉比法典的重要性，因此也要用到"寻找关联"思维技能。

3. 了解航海大发现、航线位置，以及地图绘制对新欧洲世界观的发展产生的影响。在该标准中，"位置"一词说明学生要运用"判断空间位置"思维技能。此外，"大航海大发现"这一表述要求学生根据"航海大发现"中各事件影响的深远程度对事件进行量化和排序。学生需要运用"因果假设"和"排序分类"思维技能来确定各种事件的影响。然后，学生需要运用"比较判断"和"寻找关联"思维技能对各次航行进行比较，并寻找关联，从中发现各次航海对地图绘制的影响。最后，他们还要借助这些思维技能对地图绘制和"新欧洲世界观的发展"进行研究。

确定学生"分析"所需的思维技能

就确定思维技能而言，关注"分析"更为重要，它是批判性思维的核心，也是《通用核心州立标准》中经常出现的词。学生进行分析需要用到哪些思维技能？根据《韦氏大词典》（*Merriam Webster*），"分析"是指"对事件要素（如实质、过程、情况）进行分解，以发现其本质或内在联系"。《朗文高阶英语词典》对"分析"的定义进行了补充——"对某事进行仔细检查或思考，以促进理解"。因此，学生要把某个想法或过程进行"分解"，思考各要素之间的相互关系。下面是"分析"在三项标准中的具体应用。

1. 分析……具有历史和文学意义的文献，包括美国基础文献〔如《独立宣言》（*Declaration of Independence*）、《宪法序言》（*Preamble to the Consti-tution*）和《权利法案》（*Bill of Rights*）〕，探索其前提条件、目的和结构。

了解"分析"的目的至关重要。分析往往涉及一些需要分类的复杂材料。例如，在上述标准中，学生必须对文献进行分析以了解其前提条件、目的和结构。从分析前提条件、目的和结构背后的定义标签、词汇和概念入手，学生要牢牢掌握这些概念，否则就会偏离正轨！然后，学生要对文献进行"分解"，提炼出前提条件、目的和结构，最后找到这些元素之间的关联，使之产生意义。

2. 详细分析作者如何利用特定的句子、段落或更长的篇幅（如一节或一章）发展和完善自己的观点或主张。

学生在"分析"过程中，需要将标准"分解"成作者的观点、句子、段落、章节等更长篇幅。寻找这些类别之间的关联有助于学生理解作者的观点，及其与句子、段落和章节之间的关联。

3. 分析影视剧或舞台剧对剧本或原文的忠实度和脱离度。

该标准要求学生在"分析"过程中，将影视剧或舞台剧的要素"分解"成紧密衔接的几类：（1）高度忠实；（2）大部分忠实；（3）不太忠实；（4）脱离原文。学生必须会运用"排序分类"思维技能，以比对剧本和原文，最后找到不同类别之间的关联，这是分析忠实度或脱离度的基础。

含义模糊的高频术语

现在，你已经理解了两个含义模糊的术语（"了解""分析"），MiCOSA 教学法提供了一个图表（见表 7-5），列出了"标准"中出现的其他高频"模糊"术语，如"综合"（synthesize）、"解释"和"评估"。每个术语都对应几种 Mi-COSA 思维技能。此外，从图表还可以看出与 21 世纪的核心思维——批判性思维或创新性思维——相关联的术语。

表 7 - 5 高频模糊术语中蕴含的思维技能

高频术语 ＊表示与批判性思维或创新性思维密切相关	定义	所需的 MiCOSA 思维技能
＊分析	对事件要素（如实质、过程、情况）进行分解，以发现其本质或内在联系（1）。对某事进行仔细检查或思考，以促进理解（2）。	寻找关联 排序分类 逻辑推理
＊解释	根据个人的信仰、判断或环境进行设想（1）； 用可理解的术语解释或讲述当前的意义（2）。	善用关键词 比对多源信息 归纳总结 逻辑推理
＊评价、评估	仔细鉴定和研究，确定意义、价值或状况（1）。	比较判断 排序分类 比对多源信息 精准表述
＊综合	将不同的事物结合到一起组成新整体；将分散的事物组成整体（2）。	比对多源信息 排序分类 比较判断 寻找关联
证实、证明（数学 & 科学）	通过推理或证据进行证明或解释；通过多个例子进行说明和解释（1）。	比较判断 寻找关联 精准表述 因果假设
确定、＊决定、判断	通过调查、推理或计算得出结论（1）。若某事可决定另一件事，则说明它直接影响另一件事（2）。	比较判断 寻找关联 逻辑推理 因果假设 归纳总结 调节反馈
区分、分别、分辨	划分不同的种类和类别（1）。识别两个或多个人或物之间的区别（2）。	比较判断 比对多源信息 排序分类 精准表述

续表

高频术语 * 表示与批判性思维或创新性思维密切相关	定义	所需的 MiCOSA 思维技能
描述、描绘、描写	通过文字呈现或说明（1）。利用细节进行描述（2）。	善用关键词 比较判断 寻找关联 视觉化
* 开发、阐述	基于发展程度和细节进行阐释或说明（1）。借助一段时间内产生的新想法，变得更大更强（2）。	精准表述 制订计划 比对多源信息 因果假设 把握时间位置
* 整合、吸收	形成、协调或整合成一个有机整体（1）。基于组合提高效率（2）。	比较判断 寻找关联 比对多源信息 归纳总结

(1) Merriam-Webster Dictionary. Online version：www.merriam-webster.com/

(2) *Longman's Advanced American Dictionary*（2000），Essex，England：Pearson Education Limited.

确定"标准"中的模式

"标准"中体现出相似性，不同年级的相似模式是《通用核心州立标准》的基础。无论是在英语、历史和社会研究领域，还是在科学、数学和技术领域，《通用核心州立标准》都与涵盖面广、认知要求高的大学和职业准备（CCR）标准一致。大学和职业准备度锚定标准提出了学生各学科要达到的十项指标。在这些指标的指导下，《通用核心州立标准》进一步细化了各年级的具体标准，并逐级提高其复杂性。

同样，教师要帮助学生增强思维技能。通过观察《通用核心州立标准》等标准中体现的学习过程，教师可以确定学生当前的理解水平，并计划如何让学生达到标准要求。表 7-6 以大学和职业准备度锚定标准中的阅读标准为例，展示了学生所处年级、"标准"和思维技能之间的关系，尽量将学生所处年级、该年级阅读标准、传授和学习该阅读标准所需的思维技能列在同一行。从幼儿园所需思维技能开始，每年都在前一年的基础上增加技能使用的复杂性。随着内容变得愈加复杂，教师还可以增加其他思维技能。图中用斜体字表示的思维技能是每年都要用到的思维技能，这样可以体现出工作的连续性。

表7-6 利用《通用核心州立标准》发展思维技能

大学和职业准备度锚定标准2：确定文章的中心思想或主题，分析情节发展，归纳主要论证细节和观点。

年级	《通用核心州立标准》	所需的MiCOSA思维技能的发展
幼儿园	借助提示和帮助，复述熟悉的故事及其主要细节。	善用关键词 精准表述 归纳总结 把握时间位置
四年级	基于文章的细节，确定故事、戏剧或诗歌的主题，并对文章进行总结。	善用关键词 精准表述 归纳总结 把握时间位置 寻找关联 逻辑推理
七年级	明确文章的主题或中心思想，分析情节发展，对文章进行客观的总结。	善用关键词 精准表述 归纳总结 把握时间位置 寻找关联 逻辑推理 排序分类 制订计划
十一至十二年级	确定文章两个以上的主题或思想，分析情节发展，及各思想的相互影响在深化文章主题方面发挥的作用，对文章进行客观的总结。	善用关键词 精准表述 归纳总结 把握时间位置 寻找关联 逻辑推理 排序分类 制订计划 （由于任务变得越来越复杂，各思维技能的应用也变得愈加复杂。）

从"标准"到思维技能和教学目标

目前，已经确定了很多有助于学生达到标准的思维技能。由于"标准"提出的多为学习大概念，因此教师要将这些大概念分解成可操作的目标，为传授思维技能（有时是跨学科的思维技能）奠定基础。

明确教学目标及其所需的思维技能

以本章前面提到的一项标准为例，教师可以在确定"标准"中的思维技能之后，明确教学目标和思维技能目标。该标准的核心理念下面有下划线，帮助教师整合学生学习所需的思维技能。

> 二年级数学。识别并绘制有特定属性的图形，例如，多边形或多面体。识别三角形、四边形、五边形、六边形和立方体。

该标准的核心理念是要求学生识别图形（多边形）的具体属性并能够画出这些图形。围绕该核心理念，教师曾确定了学生可能需要用到的隐含思维技能：运用"善用关键词"思维技能理解每个术语的含义；运用"保持专注"和"保持信息精准"思维技能仔细观察和绘制图形；运用"比对多源信息"思维技能对各种图形进行比较，对其进行正确分类。在下面的案例中，教学目标涉及相关思维技能，直观地说明这些技能对实现教学目标的作用。

> 教学目标：让学生掌握多种多边形的特殊属性，能够精准地识别、定义、描述和比较这些图形。

写下教学目标后，教师要选择某种思维技能作为第一阶段的重点。如果选择的是"善用关键词"思维技能，你可以这样设定思维技能目标：

> 思维技能目标：学生能够用准确的定义标签、词汇和概念去识别和描述各物品的属性和概念，并能够阐述各属性之间的差异。

如果教师还选择了其他思维技能，可以这样设定思维技能目标：

（1）学生将学习运用"保持专注"思维技能，以准确区分两个以上的属性、观点或概念。
（2）学生将运用"比对多源信息"思维技能来描述不同观点或概念的属性。（3）学生将运用"比较判断"思维技能对属性、观点或概念进行比较并对其进行正确的分类。（4）学生将运用"精准表述"思维技能展示辨别属性的能力。

在下面的例子中，教师将《通用核心州立标准》五年级写作标准应用到了科学课中。

信息类文本阅读标准 3。根据科学文本中的具体信息，阐释其中两个以上事件、观点或概念之间的关系。

该标准的核心理念是让学生能够阐释两个以上事件、观点或概念之间的关系。在讲授自然灾害（科学课某个单元的内容）时，教师可以以地震和海啸为例，依据该标准的核心理念展开活动。

哪些思维技能可以帮助学生发现和解释"相互关系"？如果仔细观察，你会发现很多这样的思维技能。首先，你可能会想到"寻找关联"思维技能，但是，考虑到教学目标和学生需求时，你可能会改变选择。在众多的思维技能中，你可以重点选择"因果假设"思维技能，因为它是"寻找关联"思维技能的基础。如果学生擅长运用"因果假设"思维技能，可以在学习自然灾害时很好地理解各种关系。因此，你的教学目标可设定为：

教学目标：在学习自然灾害时，学生能够理解其中的因果模式，深入探究地震和海啸的因果关系，理解各要素之间的辩证统一关系。

在学生学习 MiCOSA 教学法介绍的 21 种思维技能之初，可以每次只学一种思维技能（第一阶段）。但是，教师要为传授下一个思维技能设定教学目标。在本案例中，你要传授的思维技能是"因果假设"。

思维技能目标：学生能够发现不同背景下的因果模式，通过"因为"、"结果"和"因此"等提示词确定文中的因果关系，思考如何将该思维技能应用到学校内外其他情境中。

通常，教师需要将某个标准分解成若干更小、更容易理解的部分。为了说明如何对标准进行分解，MiCOSA 教学法借鉴了圣迭戈州立大学某些研究生的做法，学习他们如何在五年级课堂上利用 MiCOSA 教学法进行教学。他们将

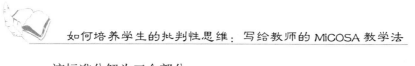

该标准分解为三个部分：

（1）研究地震的本质，以及地震位置和断层线的关系，从而假设地震发生的原因。

（2）深入研究地震的灾难性后果——海啸，让学生结合日本发生的海啸进行研究。

（3）地震对建筑物结构完整性的影响，以及如何提高学校和家庭的抗震能力。

第一堂课教授"地震的原因"，教师可以这样设定目标：

> 第一堂课教学目标：听完并读完地震原因相关文章后，学生能够协作讨论并总结对主题的理解，并利用多媒体、相关技术、地震图和实践活动来扩展自己的知识。

> 第一堂课思维技能目标：（1）"因果假设"思维技能。学生能够确定因果关系，利用"如果……那么……"等提示框架帮助自己描述、理解和传达因果关系。明白"因为"、"结果"和"因此"等关键词是确定因果关系的线索。（2）"归纳总结"思维技能。学生能够对自己的发现进行总结，理解文本的主要观点。（3）"团队合作"思维技能。学生能够明白在团队合作时，他们可以分享观点，并基于他人观点修正想法，从而提高思维能力。

第二堂课讲授地震造成的灾难性后果——海啸，教师可以这样设定目标：

> 第二堂课教学目标：学生能够阅读信息类文本、观看视频并相互协作，具备展示地震与海啸因果关系的能力。能够了解海啸的位置和特点，对海啸最可能发生的地方提出假设。

> 第二堂课思维技能目标：（1）"因果假设"思维技能。学生能够确定因果关系，基于假设进行预测，能够利用"当……时，那么"和"如果……那么……"等提示框架描述、理解和传达因果关系。（2）"判断空间位置"思维技能。学生能够在图上画出两个位置之间的关系，并理解这种关系。（3）"团队合作"思维技能。学生能够明白在团队合作中，可以与他人交流观点、反思并完善自己的观点，增强批判性或创新性思维。

将思维技能融入教学目标

练习活动四（见表 7-7）在简化的内容标准中加入了"制订计划"思维技能。教师应努力将思维技能目标融入教学目标。

表 7 - 7　练习活动四：包含思维技能的教学目标

活动说明：设定包含"制订计划"思维技能的教学目标。下划线处为标准的核心理念。 简化的标准：学生能够<u>提前构思</u>如何写一段记叙性文字。 思维技能：制订计划 **教学目标：**（设定你的教学目标，要提及"制订计划"思维技能。） ——————————————————————————————— **思维技能目标：**（设定"制订计划"思维技能的相关目标，确保该目标适用于其他教学活动。） ——————————————————————————————— ——————————————————————————————— **参考答案：**"制订计划"思维技能 **教学目标：**在叙述自己童年某件大事之前，学生能够利用信息结构图计划和组织自己的想法。 **思维技能目标：**学生能够借助"制订计划"思维技能选择和收集相关信息，并计划实现目标所需的步骤和过程。

　　与练习活动四类似，练习活动五（见表 7 - 8）也确定了相关教学目标和思维技能目标，这次的思维技能是"排序分类"。学生需要再确定一种达到标准所需的思维技能，并分别设定两种思维技能的教学目标和思维技能目标。

表 7 - 8　练习活动五：包含思维技能的教学目标

活动说明：设定包含某种思维技能的教学目标，并写出相关的思维技能目标。 简化的标准：<u>按照精确的步骤和程序</u>开展实验、进行测量或执行技术性任务。 思维技能：排序分类 **教学目标：** ——————————————————————————————— ——————————————————————————————— 思维技能目标：学生能够运用"排序分类"思维技能 —————————— 现在，再确定一种达到标准所需的思维技能，并设定相关的教学目标和思维技能目标。 **确定的思维技能：** ——————————————————————————————— **教学目标：** ——————————————————————————————— ———————————————————————————————

思维技能目标：

_____

_____

参考答案："排序分类"思维技能

教学目标：学生能够运用"排序分类"思维技能，按照一定的程序确定四种不同土壤的成分。

思维技能目标：学生能够运用"排序分类"思维技能，理解任务步骤，高效思考。

第二种思维技能参考答案："保持信息精准"思维技能。

教学目标：学生能够在测量或执行技术性任务时做到保持精准，以确定四种不同土壤的成分。

思维技能目标：学生能够运用"保持信息精准"思维技能解决复杂问题，成为更积极、更成功的学习者。

小结

● 《加利福尼亚州通用州立标准》中的某些词语与 MiCOSA 教学法介绍的 21 种思维技能准确对应。了解标准的核心理念有助于教师明确思维技能，本书介绍的相关案例和实践活动可以加深教师的理解。

● 确定隐含的思维技能需要进行更深入的分析，而确定某项标准的核心理念有助于确定隐含的思维技能。本书介绍的相关案例和实践活动可以加深教师的理解。

● "了解"和"分析"等我们熟悉的术语有时含义比较模糊。确定标准中包含的思维技能和概念后，我们就可以发现这些术语与思维技能的关联。本书介绍的相关案例和术语分析表可以加深教师的理解。

● 我们确定并整理了《通用核心州立标准》的通用模式，供学生进行大学和就业准备。这些标准对不同年级提出了具体要求，难度逐级提高。同样，学生的思维技能也可以相应得到提高。学生从幼儿园就开始学习思维技能，随着学习内容复杂性的增加，其应用的思维技能种类也愈加多样。

● 起初，教学目标和思维技能目标需要被分别设定。但是，随着学生水平的提高，教师可以将思维技能目标和教学目标融合起来。有时我们需要将某些复杂的标准细化为若干部分，教学目标也要随之变化。本书介绍的相关案例和实践活动可以加深教师的理解。

参考文献

Lantos, J. (2006, September). Critical thinking is critical. *Los Angeles Times*. Retrieved from http://articles.latimes.com/2006/sep/16/opinion/oe-lantos16

Longman Advanced American Dictionary. (2000). Essex, England: Pearson Education Limited.

Merriam-Webster. (2012). Analyze. Retrieved from www.merriam-webster.com/dictionary/analyze

National Governors Association Center for Best Practices, Council of Chief State School Officers. (2010). *Common core state standards*. Washington, DC: National Governors Association Center for Best Practices, Council of Chief State School Officers.

第八章

知识迁移：提炼大概念

教学生进行知识迁移能助其将学习延伸到当前任务或课堂内容之外，进而能够掌握某些大概念，在学校、家庭或未来的新学习环境中灵活运用批判性思维。

经过一年的学习，学生能学到什么？当教师为他们设下高远目标后，可能会见证他们利用所学知识进行创造，他们的新观点或许能解决棘手的社会或经济问题。有些教师还可能有幸目睹学生为社会做出的重要贡献。但是，仅仅简单地记住相关知识，或完成精彩项目、报告和书籍，是无法取得这样的成就的。要实现这些目标，学生必须超越教师传授的知识，去理解内容背后的大概念，还必须将所学知识迁移到新的学习领域，创造性地解决课堂外遇到的问题。

进行知识迁移要密切结合且充分依赖之前的工作，即确定思维技能并将其与教学内容整合，制定思维技能目标和教学目标。这些目标可以帮助教师在课堂上深入研究思维技能和教学内容，使学生理解某些大概念，并将所学内容迁移到新的环境中。

教学生进行知识迁移时，教师不仅在介绍一系列事实或大量信息，也是在教他们未来的学习方法，使其不拘泥于眼前的内容。从很多方面来说，教学生进行知识迁移是教育的精髓（Bransford，Brown & Cocking，2000；Martinez，2010）。我们希望学生毕业后能在社会上取得成功。当他们能够进行知识迁移时，说明已经掌握了相关的思维技能，学习了足够的文化知识，并能灵活运用这些知识和技能（Anderson & Krathwohl，2001）。若学生能对所学内容进行迁移，说明他们理解了所学内容，并能将其与新的环境相关联——从而在其他环境（包括未来的工作环境）中有所创新。在利用 MiCOSA 教学法教学生进行知识迁移时，教师将利用相关思维技能帮助学生从教学内容中提炼大概念，再将这些大概念迁移到新的情境中。教学生进行知识迁移可以帮助他们做好 21世纪的职业发展和大学学习准备，成为追求有意义职业的全球公民——这是教育的主要目标。但是，学习的迁移不是自然而然的事情，它需要教师的教育和引导，以及大量的练习。

区分学习的近迁移和远迁移

从某种意义上说，学校的很多学习活动都涉及某种程度的迁移。描述迁移种类或连续性的术语很多，包括近迁移和远迁移，积极迁移和消极迁移，垂直迁移和水平迁移，低阶迁移和高阶迁移等。各种术语的侧重点不同。珀金斯和萨洛蒙（Perkins & Salomon，1992）认为迁移是将技能发展成条件反射，这样学习者就可以在更复杂的情况下迁移和使用基本的思维技能。例如，在学习弹钢琴时，学生通过不断练习，把不同的按键指法和双手同时互不干扰的能力变成条件反射行为。学生从相当简单的曲子开始练习，先形成条件反射，之后就学会了弹钢琴，便开始学习如何带着感觉和表情演奏。阅读亦是如此，当学生理解文章的基本技能变成条件反射后，就成了一名真正的读者，便能够运用这些技能阅读各种文章，自如地总结文章的意义和中心思想。

同样，在学习 MiCOSA 批判性思维技能的过程中，教师也是以同样的方式帮助学生学习和运用相关思维技能。学生在老师的支持和引导下创建衔接原则，迁移思维技能，在不同情境中应用这些思维技能。随着时间的推移，学生开始对相关思维技能形成条件反射，逐渐成为批判性的思考者，不需要别人引导就可以运用相关思维技能。

MiCOSA 教学法中有两种迁移概念对教师很有帮助：近迁移和远迁移。近迁移指学生将刚学到的内容迁移到新的学习中；相反，远迁移要求学生处理原初内容或过程，使之适用于各种新情境。

在近迁移中，我们将知识迁移到相似的情境中。例如，如果你学会了削土豆皮，可能会将削土豆皮的技能迁移到削胡萝卜皮或削苹果皮上。最初的算数学习就是通过近迁移实现的，学生了解老师演示的运算过程后，将其运用到各种类似的新问题中。多段落文章写作也离不开近迁移。近迁移教学的重点是让学生掌握完成任务的步骤，并将这些步骤迁移到新的问题中。随着学习内容复杂性的增加，学生对内容的理解逐渐加深，他们在该领域的近迁移技能也会变得愈发纯熟，这时，学生就开始具备批判性思维了。

远迁移比近迁移复杂，它是教师希望学生最终掌握的技能。远迁移可以使学生的理解更加深入，使其能够在与原初情境不同的新情境（内含变化的情境）中运用所需的重要知识和技能。例如，学国际象棋的学生可能会学习"控制中心"原则，帮助他们在比赛中获得优势（Perkins & Salomon，1988）。在国际象棋中，控制棋盘的中心可以使棋子拥有最大的机动性，同时拥有更好的进攻或防守机会。相比之下，蜷缩在角落或边线试图保持安全并不利于比赛发挥，还会使棋子易受攻击。棋手从中提炼出控制中心以获取战略优势的原则，并通过迁移该原则理解棋盘之外的情况。例如，在政治竞选中，候选人经常积极地设法"控制"摇摆不定的中间选民，通过拉拢这些数量巨大的中间选票获得战略优势，从而在选举中获胜。

远迁移的学习方向是大原则，这些大原则紧贴本质要求——学生有能力将所学内容应用到其他领域。对多数学生来说，远迁移不是自然而然发生的（Oregon Technology in Education Council，2007），它需要学生运用批判性思维有意识地从相关情境中提炼原则，并将其应用到新情境中（Perkins & Salomon，1988）。

学生提炼和迁移学习内容的技能或原则有时被称为大概念。大概念对知识迁移有着重要的作用，因此被认为"具备课堂外的恒久价值，可以被用来处理更大的概念、原则或过程"（Wiggins & McTighe，1998，p. 10）。大概念整合了学生对所学内容的理解，尽管他们可能已经忘了所学内容的具体细节，但这正是教师所期望的。因此，当学生提炼并理解了相关的大概念时，就可以对所学内容进行知识迁移了。

理解和使用大概念

在教室、课外班甚至课本中，我们都可以发现很多关于大概念的例子，但不清楚哪些可以帮助学生进行同一内容领域的知识迁移、哪些可以帮助学生进行不同内容领域的知识迁移。因此，MiCOSA 教学法将大概念分为狭义大概念和广义大概念，并对每种大概念进行了详细讨论，这样教师就可以轻松地提炼大概念并引导学生发现。两种大概念对学生的学习和知识迁移都非常重要，具有不同的特点和作用。

狭义大概念：近迁移的基础

在文学、科学或数学等特定的内容领域内，教师通过提炼和使用狭义大概念来总结课堂，帮助学生运用相关思维技能专注于想要深入挖掘的内容领域。

狭义大概念有助于他们理解同一内容领域内的案例或话题，从而进行知识迁移。由于这种迁移发生在同一内容领域之内，因此与近迁移密切相关。

例如，四年级地理科学某项标准要求学生学习沙漠、冻土带、珊瑚礁和雨林等生态系统。老师要在该标准框架内提炼狭义大概念，比如，生态系统中气候、植物、动物和相关物理特征是相互依存的。为了挖掘内容深度，学生将学习生态系统的各个特征，然后通过"寻找关联"、"因果假设"、"比较判断"和"归纳总结"等思维技能分析这些相互关系并整合他们的发现。该狭义大概念有助于学生深入理解生态系统的相关知识。由于它与生态系统紧密相关，所以无法帮助学生将知识迁移到科学之外的领域，但学生可以在同一学习单元或内容领域内迁移此狭义大概念——在本案例中，学生可以将该狭义大概念迁移到沙漠、苔原、海洋和雨林等生态系统。

狭义大概念有哪些特征？ 狭义大概念与"标准"的核心理念密切相关，与教师设计的教学内容密切相关。因此，它的第一个特点是源于某个标准的核心理念，是对该核心理念的归纳总结。其次，狭义大概念必须具有足够的深度和细节来传达有意义的概念。提炼狭义大概念，教师通常要摆脱标准中具体字词的束缚，深入思考其内容，让学生可以思考并整合标准中涉及的大概念。了解狭义大概念，学生能够发现或建构相关的意义，因此是指导教学的理想方法。最后，由于狭义大概念是近迁移或同一内容领域内迁移的基础，所以必须适用于该学习领域内的其他内容。在同一个学习单元内，学生需理解 2～4 个狭义大概念，从而深入理解学习内容。

如何提炼狭义大概念？ 基于狭义大概念的特征，表 8-1 展示了提炼狭义大概念的三个主要步骤，教师可以根据需要对每一步进行完善：（1）寻找并总结某个标准的核心理念；（2）对内容进行详细回顾，确定哪些狭义大概念真正具有意义；（3）检查狭义大概念是否有助于加深理解，是否可以应用到同一学习单元的相关内容中。

表 8-1 提炼狭义大概念的步骤

步骤	注意事项
寻找并总结某个标准的核心理念。	撰写初步报告。
对内容进行详细回顾，确定哪些狭义大概念真正具有意义。	对报告进行完善。
检查狭义大概念是否有助于加深理解，是否可以应用到同一学习单元的相关内容中。	进一步完善报告，对其效度进行反复检查。

我们将基于具体的案例进一步解释每个步骤，演示如何提炼大概念。

（1）寻找并总结某个标准的核心理念。提炼狭义大概念首先要从标准入

手，找出其核心理念并画上下划线。数学或科学标准中的核心理念可能很容易看出来，但是，英语语言艺术通用核心标准中的核心理念会随着文字材料或主题的变化而变化。要提炼狭义大概念，教师必须将这些标准与某个特定的内容领域结合起来。例如：

> 五年级信息类文本阅读标准 3：根据文本中的特定信息，解释历史、技术或科学文本中两个以上人物、事件、观点或概念之间的相互关系。

刚开始，你可能会忽略与核心理念相关的内容或背景，只关注确定两个以上人物、事件、观点或概念之间的相互关系。但是，该标准要求根据科技文本中的特定信息确定两个以上人物、事件、观点或概念之间的相互关系。在这种情况下，教师应将该核心理念与自然灾害研究等具体学习内容结合起来，以自然灾害（科学课的某个单元）为内容背景，理解该标准的核心理念，就可以将其理解为：

> 核心理念：解释地震和海啸之间的相互关系。

（2）对内容进行详细回顾，确定哪些狭义大概念真正具有意义。哪些学习内容是学生必须掌握的？教师应该先对内容进行思考或研究，再进一步完善最初的表述，使之成为有意义、有价值的迁移原则。这并不是重新描述标准，虽然这也是开始的必做任务。例如，如果没有研究或了解相关内容领域，教师可能会提炼出低质量狭义大概念，如例一所示：

> 例一：低质量狭义大概念：地震会引发海啸。

尽管低质量狭义大概念在某种程度上也是正确的，但是缺乏足够的针对性，无法反映任何有深度的知识。如果对内容进行深入思考，你可能就会意识到，该表述没有指出引发海啸有诸多原因，也没有指出并非所有地震都会引发海啸。虽然该表述也可能会指导学生研究地震和海啸，但缺乏重点和深度，不太可能让学生进行深入探究或激发学生的批判性思维。

> 例二：高质量狭义大概念：海啸一般由地震等水下剧烈震动引发。

例二在核心理念的基础上，传达了足够多的具体信息，可以指导学生在几个领域进行深入研究。一些特定的词语使句子的意思更加丰富：1）"一般"这一术语表明海啸还有其他原因，学生可能会发现小行星或山体滑坡也能引发海啸；2）"……等"这一词语表明地震只是引发海啸的水下剧烈震动情况之一——还有什么情况可以引发海啸？地震有什么特点？3）"水下剧烈震动"这一说法会使学生深入研究剧烈震动的情形，研究何种地震属于剧烈震动，以及陆上地震与水下地震是否类似、造成的结果是否相同。

（3）检查狭义大概念是否有助于加深理解，是否可以应用到同一学习单元的相关内容中。狭义大概念的主要作用是促进学生对知识的深入理解，使之可以牢记并运用所学知识；第二个作用是实现近迁移。近迁移可以确保提炼的狭义大概念具备必要特征。如果要进行反复检查，你可以先检查所提炼的狭义大概念是否能使学生深入了解相关知识，再检查它是否适用于同一学习单元的相关内容。例如，看到"海啸一般由地震等水下剧烈震动引起"，你可能会想它是否与原来标准的核心理念一致？即，理解两个以上事件之间的复杂关系。是的，在该案例中是一致的。自然灾害这一单元会要求学生探究火山与其他两种自然灾害的关系，学生会把水下火山爆发归为剧烈震动情况，找出火山爆发的多种原因。

我们再以历史类文本为例，从前例展示的标准中提炼狭义大概念，过程与前例相同，具体细节不再详述。你会发现，你提炼的狭义大概念与前例并不相同。例如，以《印第安战俘》（Indian Captive）这本小说为例，结合五年级历史标准——解释美洲印第安部落与新移民之间的合作、冲突或互动。我们按照三个步骤来提炼大概念：

（1）寻找并总结某个标准的核心理念。从《通用核心州立标准》中选择一条标准（比如下面的标准），将其与历史文本联系起来。

> 五年级信息类文本阅读标准3：根据文本中的特定信息，解释历史、技术或科学文本中两个以上人物、事件、观点或概念之间的相互关系。

> 添加内容：历史标准：解释美洲印第安部落与新移民之间的合作、冲突或互动。
> 文本：社会学课本、网上资源、纪实文学作品。
> 总结核心理念：解释美洲印第安部落与新移民之间的相互关系。

（2）对内容进行详细回顾，确定哪些狭义大概念真正具有意义。该历史标准中有几个地方可以使你深入理解具体细节。例如，印第安部落、英国人、法国人和其他相关人员为控制土地而产生竞争，这反映了这些群体的利益和价值观；殖民者和印第安部落之间为进行毛皮贸易而在农业、结盟、条约和文化交流方面的合作代表着一种信任而非战争，为什么会这样呢？条约的破裂和大屠

杀使人们开始质疑那些价值观和利益，改变了人们的行为；印第安部落对侵占和同化进行了强有力的抵制——是什么价值观让他们做出这样的决定？你可以从这些丰富的内容中提炼出很多有意义的狭义大概念。

教师可以借此机会开展表 8 - 2 中练习活动：提炼狭义大概念，让学生超越"事实"本身，去探索事实背后有意义的问题。基于某项标准的核心理念，下文提出了一个低质量狭义大概念，你可以对其进行完善使之符合狭义大概念的特征。

表 8 - 2　练习活动：提炼狭义大概念

标准的核心理念：解释美洲印第安部落与新移民之间的相互关系。

低质量狭义大概念：新移民与美洲印第安部落之间既斗争又合作。

● 对内容进行详细回顾，确定哪些狭义大概念真正具有意义。

● 检查狭义大概念是否有助于加深理解，是否可以应用到同一学习单元的相关内容中。

根据对内容的理解和狭义大概念的特征，试着提炼一个质量更高的狭义大概念：_____

_____

在阅读自己的答案时，你可能已经从以下几个方面，对低质量狭义大概念进行了完善：第一，该狭义大概念没有体现标准的真正意义，包括各群体之间因不同的世界观、经济利益，以及不尊重原住民主权而产生的复杂关系。第二，低质量狭义大概念无法使学生深入探讨各群体之间的关系（或寻找因果关系），只对这些关系进行了模糊的命名。根据学生阅读的文本材料和对他们的能力要求，教师可以采取不同的方式对低质量狭义大概念进行完善。最后提炼的大概念可能是这样的：

狭义大概念一：信仰体系和经济、社会利益的不同导致美洲印第安部落和移民者之间的关系逐渐发生转变。

狭义大概念二：移民者认为自己有权对美洲印第安人撒谎，有权征服，甚至屠杀他们，这导致了印第安人与殖民者之间很多原本的合作关系破裂，也导致了长期的不信任。

（3）检查狭义大概念是否有助于加深理解，是否可以应用到同一学习单元的相关内容中。狭义大概念一有助于学生加深理解，因为它考虑信仰体系、经济利益、社会利益等多种因素，以及这些因素对社会政治的影响。经济利益和关于人权的信仰体系会使人们产生不同的复杂思想。就知识迁移（应用到本单元的相关内容）而言，该狭义大概念可应用于"西进运动"、"松岭对峙"和接管"恶魔岛"等很多事件中。同样，狭义大概念二也有助于加深学生理解，谈及在不平等的社会经济关系中各方的实力差距，以及这些差距对各方政策的影响。例如，基于狭义大概念二，学生可以解释印第安人被迫在加利福尼亚州劳作和生活的原因。

广义大概念：远迁移的基础

　　学生对相关内容有了深入了解并真正理解其狭义大概念后，就可以将自己的思维和理解迁移到更广泛的学习内容，即通过广义大概念进行远迁移。广义大概念一般建立在狭义大概念的基础上。学生通过狭义大概念进一步深化自己的理解，进而提炼出广义大概念，广义大概念可以帮助学生确定相关原则，将其应用于新的学习和思考中。广义大概念是一座桥梁，可以帮助学生将已经了解的内容迁移到新的内容领域。

　　构建广义大概念需要具备多种思维技能和清晰的批判性思维。要建设这跨越多个内容领域的"桥梁"，学生必须做到收集和掌握多源信息、进行抽象性工作、运用"视觉化"思维技能、比较不同内容领域并寻找其中的模式和关联。学生必须能够很好地通过反馈进行自我调节，反复检查假设是否准确。教师的行为将对学生发展这些思维技能起到很大的作用。当"看到"广义大概念与各种学习内容之间的联系时，学生会非常兴奋，也会记住这些时刻和自己的见解，这具有恒久的价值。教师也要珍惜这些时刻。

　　想一想上文珀金斯和萨洛蒙（Perkins & Salomon，1988，1992）提出的迁移案例，学生发现控制棋盘中心可以获得战略优势。"骑士"在棋盘中央时，棋手对局势的掌控力是在其他位置的四倍。同样，"主教"和"兵/卒"等棋子占据棋盘中央时，棋手对局势的控制力也会增强，因为在棋盘中央棋子具有较高的灵活性。这一经验是否可以迁移到新的学习内容领域，即进行有意义的远迁移？要进行这种迁移，学生需要"有目的且下意识地进行分析，并注意从内容背景中提炼思维技能"（Perkins & Salomon，1988）。从国际象棋这一内容背景中，我们可以抽象地概括出哪些广义大概念并将其迁移到新的学习内容中呢？

- 控制中央可以加强对全局的掌控。
- 离开看似安全的位置以提高灵活性，可以加强战略优势和总体安全。
- 系统地探索各种可能性——甚至那些一开始看似有风险——可以获取更大的优势。

　　通过提炼和理解广义大概念，学生可进行远迁移。控制中心这一广义大概念对学生理解国际象棋之外的学习领域有什么帮助？"控制中心"原则在商业、金融或军事领域有什么应用？在商业领域，摩根（Morgan，2012）曾说，在有效的协作组织中，众多主要领导者一定会相互接触，相互倾听意见；控制中心可以使协作更有效。在金融领域，人们调整持股量以获得大量收益，将风险低、回报低的安全股份换成多样化的高风险股份。同样，躲在安全地带不可能获得军事主动权，而探索最具战略意义的位置，可以最大限度地控制局势。

广义大概念有哪些特征？ 广义大概念是一种抽象的原则或表述，体现了狭义大概念或标准的关键理念和本质，适用范围更广。因此，广义大概念的第一个特征是其建立在狭义大概念的基础上。第二个特征是，提炼广义大概念的目的是帮助学生深化对内容的理解并获得自己的见解。这就需要我们考虑提炼出的广义大概念是否有助于加深理解、提高洞察力。利用广义大概念的相关原则，学生应该能够将学习内容从原来的领域迁移到新的领域，因此，能够进行迁移也是广义大概念的主要特征。由于广义大概念有助于学生在不同学习内容领域之间（而不是在某一学习内容领域内）迁移所学知识，所以广义大概念常常与远迁移联系在一起。

如何提炼广义大概念？ 根据高质量广义大概念的相关特征，提炼广义大概念可以遵循以下四个步骤：

1. 首先提炼出高质量狭义大概念，去掉其原始背景，形成初步的广义大概念。从提炼高质量狭义大概念入手是提炼广义大概念最高效的途径，因为在提炼狭义大概念过程中，你已经完成了深入挖掘相关细节这一艰难的任务。

2. 检查提炼的广义大概念是否足够深入细致，可使人产生自己的见解——必要时要对照相关标准，检查每一部分内容。

3. 如果提炼的广义大概念不够深入细致，就要检查狭义大概念的各部分内容，再对广义大概念进行修改或删减。

4. 确定提炼的广义大概念能否有意义地应用到其他背景中，并对其进行必要的修改，确保可以进行知识迁移。

以上文从印第安部落与移民者之间的相互关系中提炼的狭义大概念一为例，表8-3按照上述四个步骤，展示从高质量狭义大概念中提炼广义大概念的方法。

表8-3 基于狭义大概念提炼高质量广义大概念（一）

步骤	范例和注意事项
1. 首先提炼出高质量狭义大概念，去掉其原始背景。	狭义大概念：信仰体系和经济、社会利益的不同导致美洲印第安部落和移民者之间的关系逐渐发生转变。 初步的广义大概念：信仰体系和经济、社会利益的不同会影响和改变一些关系。
2. 检查提炼的广义大概念是否足够深入细致，可使人产生自己的见解——必要时要对照相关标准，检查每一部分内容。	是否足够深入细致？ √ 提到了三种相互交织的原因，很充分。 √ 关系不够具体。 √ 缺少时间概念。

续表

步骤	范例和注意事项
3. 如果提炼的广义大概念不够深入细致，就要检查狭义大概念的各部分内容，再对广义大概念进行修改或删减。	完善后的广义大概念： 信仰体系和经济、社会利益的不同会逐渐影响和改变人与人或国与国之间的关系。
4. 确定提炼的广义大概念能否有意义地应用到其他背景中，并对其进行必要的修改。	广义大概念是否有助于进行有意义的知识迁移？ √可以很好地适用于其他历史运动中。 √适用于当前的事件，使人理解历史事件与当前事件的关系。
最终的广义大概念：信仰体系和经济、社会利益的不同会逐渐影响和改变人与人或国与国之间的关系。	

以上文提到的狭义大概念二为例，表8-4展示了从高质量狭义大概念中提炼广义大概念的方法。

表8-4　基于狭义大概念提炼高质量广义大概念（二）

步骤	范例和注意事项
1. 首先提炼出高质量狭义大概念，去掉其原始背景。	狭义大概念：移民者认为自己有权对美洲印第安人撒谎，有权征服，甚至屠杀他们，这导致了印第安人与殖民者之间很多原本的合作关系破裂，也导致了长期的不信任。 初步的广义大概念：如果一方对另一方完全不尊重，那么最初的信任关系就会破裂或完全反转。
2. 检查提炼的广义大概念是否足够深入细致，可使人产生自己的见解——必要时要对照相关标准，检查每一部分内容。	是否足够深入细致？ —理念导致的行为不具体（行为要素）。 √关系足够明确。 —广义大概念中缺少时间概念。
3. 如果提炼的广义大概念不够深入细致，就要检查狭义大概念的各部分内容，再对广义大概念进行修改或删减。	完善后的广义大概念： 一方对另一方的歧视性理念会导致其产生破坏原有牢固关系的行为，造成长期的不信任。
4. 确定提炼的广义大概念能否有意义地应用到其他背景中，并对其进行必要的修改。	广义大概念是否有助于进行有意义的知识迁移？ √非常适用于不同群体之间的关系和行为。 √适用于当前事件，使人理解历史关系与当前事件的关系。 √可以将人类交往中由不同理念、行为和反应导致的关系变化迁移到其他领域。 √适用于政治（如投票走势）和/或教育（如不信任学校）运动。
最终的广义大概念：一方对另一方的歧视性理念会导致其产生破坏原有牢固关系的行为，造成长期的不信任。	

从印第安部落与移民者之间的关系提炼出的狭义大概念较为完善，这使完善广义大概念的过程非常简单。如果狭义大概念不够复杂，那么提炼广义大概念就会困难得多。

让我们以其他学科为例，想一想《通用核心州立标准》中某项信息类文本阅读标准，它要求学生解释两个以上人物、事件、观点或概念之间的<u>相互关系</u>。如果将该标准应用到一篇关于自然灾害的科学文本中，教师可能会让学生学习自然灾害对人、城镇和经济产生影响。

要提炼广义大概念，我们首先要去除与背景相关的语言，这样才能总结出抽象的观点。去除与背景相关的语言后得到的初步观点：不良行为会对人产生影响。

1. 首先提炼出高质量狭义大概念，去掉其原始背景，形成初步的广义大概念。	狭义大概念：自然灾害会对人们的生活、家园、经济产生复杂而相互关联的影响。 初步的广义大概念：不良行为会对人产生影响。

这基本上是一个正确的表述，且不局限于当前的背景，但并不能指导我们得出自己的见解。远迁移的原则是有助于人们加深理解，并引导其未来的行为或推理。从这个意义上来说，"不良行为会对人产生影响"无法帮助学生加深理解，也无法指导其未来的行为或推理。

2. 检查提炼的广义大概念是否足够深入细致，可使人产生自己的见解——必要时要对照相关标准，检查每一部分内容。	—"不良行为会对人产生影响"仅是一种正确的表述，并没有什么特殊的作用，因为它表达的内容太过笼统。 —目前，这一表述不会助人加深理解。 —该表述不够深入细致，无法激发批判性思维。

接下来，完善最初的广义大概念——"不良行为会对人产生影响"，使其体现足够的细节，从而激发人们产生深刻的见解。在本案例中，标准和狭义大概念让学生了解了地震或海啸对人们生活、家园及经济的影响。主要包括以下几个方面的内容：（1）自然灾害可以引起复杂的相互作用；（2）可以对"影响"一词进行修改，反映出复杂的相互作用；（3）受影响的是"人"，最初的表述没有提到这一点；（4）把自然灾害说成不利"条件"比不良"行为"更准确。步骤三列出了完善后的广义大概念：

3. 如果提炼的广义大概念不够深入细致，就要检查狭义大概念的各部分内容，再对广义大概念进行修改或删减。	完善后的广义大概念： 不利条件会对人们的生活产生多种影响，这些影响很复杂，而且相互作用。

最后，步骤四要确定该广义大概念能否被有意义地应用于其他背景中。

4. 确定提炼的广义大概念能否有意义地应用到其他背景中，并对其进行必要的修改。	广义大概念：不利条件会对人们的生活产生多种影响，这些影响很复杂，而且相互作用。 √是的，可以应用到其他背景中，例如，贫穷会影响到教育、食品消费、营养和健康，这些因素会相互影响。 √同样，该广义大概念可以帮助学生明白为什么干旱的影响如此巨大（因为它与食物来源、生产资料、土地之间有很多关联），还有助于学生理解事件间的相互影响。 √该广义大概念可以帮助学生发现世界不同事件之间的潜在关系和相互关系，使其明白多数事件并不是线性关系，需要对其进行复杂的思考。例如，当你考虑买什么车时，是否考虑到汽车的功能可能会导致某些生活方式的消失？

利用 MiCOSA 教学法指导"知识迁移"

利用 MiCOSA 教学法，教师不仅要让学生提炼大概念，还要让他们运用或迁移大概念。狭义大概念和广义大概念是进行知识迁移的基础，也是思维技能应用的指导原则。若学生能从不同的学习内容中总结相关原则并对其进行运用（或迁移），在处理新问题、主题或项目时就不会感觉"一切归零"。这点对学习者来说尤为重要，因为学习了各类知识以后，必须能够将其灵活运用。

当学生开始理解和提炼狭义大概念和广义大概念之后，会积极地运用这些大概念进行近迁移或远迁移。也就是说，他们会把狭义大概念和广义大概念作为"桥梁"，将之前学到的知识应用到新的内容领域中。

回想一下前文提到过的技能衔接原则，作为引导思维技能的方法，它与大概念极为相似。学生创建思维技能衔接原则的过程也与提炼狭义大概念和广义大概念类似。例如，学生在完成文学类任务时，可能会创建这样的思维技能衔接原则："当运用'因果假设'思维技能时，我可以考虑多种选项，制订出更好的计划。"该衔接原则可以被简化或精炼为："提出假设有助于创造更多选择，做出更好的计划。"为促进相关思维技能的发展，教师应要求学生思考该衔接原则还适用于其他哪些情境。表 8-5 展示了如何运用"因果假设"思维技能将原始内容衔接或迁移到其他学习领域。

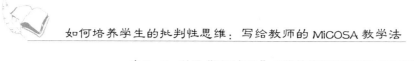

表 8-5 利用"因果假设"思维技能衔接原则迁移原有知识

原始背景	完成文学类任务时，学生在收集信息的过程中运用"因果假设"思维技能提出多种解决潜在问题的方案。
衔接原则	提出假设有助于创造更多选择，做出更好的计划。
教师给出的迁移提示： 在家里如何利用该衔接原则？	在计划一场家庭庆祝活动时，我可能会假设有人不会准时到达，所以会考虑安排这段时间的活动，这样就不会有人感到失望了。
教师给出的迁移提示： 在学校如何利用该衔接原则？	在做科学实验时，我必须对可能出现的结果及原因进行假设，这有助于规划实验步骤。

迁移不是自然而然发生的，它需要学生运用批判性思维。因此，教师要帮助学生掌握学习内容并运用相关思维技能。思维技能的衔接原则为学生进行知识迁移设定了框架，提供了上佳的实践机会。此外，教师也要让学生思考：狭义大概念和广义大概念的相关原则还适用于哪些领域？

提炼狭义大概念和广义大概念之后，教师要借此机会让学生运用批判性思维进行知识迁移。利用广义大概念让学生进行知识迁移时，教师可以这样提示："现在浏览你的狭义大概念，想一想这个关于自然灾害的狭义大概念或原则还可以应用到哪些领域？请想出两三个应用领域。"在考虑利用提炼的狭义大概念让学生进行知识迁移时，教师可以列出一个信息结构图，帮助学生思考可能用到的迁移方法（见表 8-6）。

表 8-6 案例：利用狭义大概念进行知识迁移

狭义大概念	在自然灾害这一内容领域进行知识迁移
海啸一般由地震等水下剧烈震动引发。	● 水下火山爆发也会导致剧烈震动——还有哪些剧烈震动的原因？ ● 火山爆发的原因有很多，人们会怀疑是否还有其他的原因。

同样，教师也可以引导学生利用广义大概念进行知识迁移，但要让学生思考如何将广义大概念或原则应用到其他内容领域。以前文提到的从自然灾害相关内容中提炼的广义大概念为例，教师可以说："除了研究地震和海啸的影响之外，请再举出两到三个将该原则应用到其他内容领域的例子。学生以小组合作的方式最大限度地进行思考，注意各个术语（如'多个'、'复杂'和'相互'等）。"这一过程不是自然而然形成的，学生需要投入一定的时间，利用批判性思维思考、测试并最终确定能促进知识迁移的大概念。表 8-7 展示了如何

利用广义大概念进行知识迁移。

表 8 - 7　案例：利用广义大概念进行知识迁移

广义大概念	利用广义大概念将知识迁移到地震和海啸之外研究领域的范例
不利条件会对人们的生活产生多种影响，这些影响很复杂，而且相互作用。	当人们生活贫困（不利条件）时，受教育的机会（时间、资源）就会减少，健康资源（好的食物和医疗）也会减少。健康和教育水平的降低会加重贫困。战争（不利条件）可以造成多种心理影响（如恐惧、不信任、创伤后应激障碍，以及对某些群体的成见），这会影响组织和个人的未来关系和福祉。这些心理影响会导致某些人宁愿保持糟糕的关系也不愿去解决问题。

　　学生提炼并应用广义大概念后，会非常兴奋。对他们来说，这些广义大概念实用且难忘，会贯穿于他们未来在学校内外的学习和创造活动。

小结

　　● 指导学生进行知识迁移是教育的核心，这可以使学生充分理解所学内容，并在日后对其进行应用。

　　● 尽管知识迁移的相关定义和术语琳琅满目，但在 MiCOSA 教学法中，最实用的就是近迁移和远迁移。近迁移是指学生将提炼的大概念应用到相似的情境中。远迁移是指学生将提炼的足够深入细致的核心大概念应用到新的内容领域。

　　● 在指导学生进行知识迁移时，教师要能够提炼并运用大概念。有些大概念与学习内容"接近"，被称为狭义大概念，狭义大概念有助于学生深入理解同一学习内容领域，而广义大概念则跨越不同的内容领域。

　　● 若学生已经理解并提炼出狭义大概念和广义大概念的相关原则，就可以有意识地利用这些原则进行知识迁移。学生需要运用批判性思维，在进行知识迁移的同时牢记这些原则。

参考文献

Anderson, L. W., & Krathwohl, D. R. (Eds.). (2001). *A taxonomy for learning, teaching, and assessing: A revision of Bloom' taxonomy of educational objectives*. New York: Addison Wesley Longman.

Bransford, J. D., Brown, A. L., & Cocking, R. R. (Eds.). (2000). *How people learn: Brain, mind, experience and school: Expanded version.* Washington, DC: National Academy Press.

Martinez, M. E. (2010). *Learning and cognition: The design of the mind.* Upper Saddle River, NJ: Merrill.

Morgan, J. (2012). *The collaborative organization: A strategic guide to solving your internal business challenges using emerging social and collaborative tools.* Columbus, OH: McGraw-Hill.

Oregon Technology in Education Council (OTEC). (2007). *Learning theories and transfer of learning.* Retrieved from http://otec.uoregon.edu/learning_theory.htm#transfer

Perkins, D. N., & Salomon, G. (1988). Teaching for transfer. *Educational Leadership, 46*(1), 22–32.

Perkins, D. N., & Salomon, G. (1992). *Transfer of learning: Contribution to the International Encyclopedia of Education* (2nd ed.). Oxford, England: Pergamon Press. Retrieved from http://learnweb.harvard.edu/alps/thinking/docs/traencyn.htm

Wiggins, G., & McTighe, J. (1998). *Understanding by design.* Alexandria, VA: Association for Supervision and Curriculum Development.

第九章

评估的力量

在课前准备及授课阶段开展评估，可以让学生充分了解自己的学习状况，教师也可以适时调整授课形式和进度，以获得最佳教学效果。

本学年，迪特尔老师将引导学生探索自己的思维模式，让他们了解在认知领域的优势和不足。评估将贯穿整个学年，主要检验学生运用各类思维技能的能力、理解完成作业的情况、对主要问题的反馈，以及构建知识迁移所需衔接原则的能力等，力争全面反馈学生对21种思维技能的习得情况。

让我们走进迪特尔老师的课堂。学生正在专心致志地填写"MiCOSA思维技能调查"。他们逐个听取教师对思维技能的描述，再根据自己对技能的掌握程度给自己打1～4分。他们知道在评价中必须诚实，因为这项调查，即这次评估及其反馈，将成为自己学习新知识的基石。

看到"评估"这个词，你可能会联想到"妄下结论"、"压迫性"或"僵化"等负面意义，还会想起枯燥的备考经历或等待结果的焦急情绪。那些考试并不都能反映学生的真实水平，因此，有必要开展动态评估，提示和引导教师和学生顺利完成教学目标，取得更大的进步。评估包括形成性评估和总结性评估。虽然总结性评估（学习结束时进行总结）很实用，但形成性评估更为重要，因为它可以帮助教师组织教学，也可以指导学生开展学习。

利用评价和反馈指导教学的动态评估观是一个多层次的过程。预评估有助于聚焦教学，非正式观察等形成性评估可以帮助教师随时进行教学调整，而表现评估是学生实现教学目标的信息基础。

MiCOSA 思维技能评估将帮助教师检验和促进学生的思维技能发展，让学生有机会分析和评估自己思维能力的优势和不足，从而进行反思。这有助于他们积极探索下一步行动，更高效地实现目标。

核心知识，即学习的"本质"问题，是评估过程的一部分，可以激发学生的探究精神，使其进行批判性思考。核心问题也可以指导和引导学生理解大概念。学生努力提炼出相关大概念以后，就能够将当前的知识迁移到其他内容领域，实现自主学习。学生能否独立使用甚至提炼大概念是评估的重要依据，因为这表明他们真正理解了核心知识，并可以将其灵活运用。

在组织 MiCOSA 思维技能评估时，教师可以借鉴威金斯和麦克泰格（Wiggins & McTighe，2006）的向后映射概念。以下是两个指导性问题，可以帮助教师系统地组织课堂活动和课程评估：

- 哪些知识是核心知识？
- 哪些评估可以反映学生的理解水平？

明确课程或某单元的核心问题有助于进行评估。因此，确定相关标准、思维技能、教学目标和大概念是设计评估方法和评估内容的基础。教师可以利用多源信息阅读和收集资料，以确定教学内容和目标，明确其核心问题。基于核心问题进行有意义的评估并不是一蹴而就的过程，需要反复进行某些步骤，并对相关内容进行修改和完善。例如，你要设计一堂关于"地下铁路"（19 世纪美国废奴主义者把黑奴送到自由州、加拿大、墨西哥以及海外的秘密网络。——译者注）的课。首先，你要深入查找与该主题相关的资料，然后，分析"社会科学课程"标准，找出与"地下铁路"相关的内容，从而确定核心问题。接下来，你要从《通用核心州立标准》中挑选一个信息类文本阅读标准，帮助学生学习"地下铁路"的相关知识。经过对比挑选，你确定了这样一个标准：学生能够解释历史类文本中<u>两个以上人物、事件、观点或概念之间的相互关系</u>。因为该标准与内容非常匹配。此外，鉴于"地下铁路"运动的成功应归功于高效的网络，你将"寻找关联"作为重点思维技能，且它符合《通用核心州立标准》。现在，你已经成功地确定了学生要学习的核心知识，并将其融入教学目标了。

确定了核心知识后，教师可能会自问："本单元学习结束后，学生如何最好地展示对核心知识的掌握情况？我如何对他们进行评估？是回答核心知识的相关问题，做一些选择题，还是完成精心设计的任务？我是要求他们写一些简短的文章，还是观察他们在视觉艺术和技术展示等方面的表现？"（Stiggins et al.，2006）这就是总结性评估。

确定好总结性评估后，教师可以将核心知识分成两三个可操作的"模块"，即提炼大概念。你可以基于这些大概念提出一些核心问题，以评估学生对核心知识的掌握和理解情况。这些大概念会逐渐被整合起来，形成完整的核心知识（基于客观的总结性评估）。

最后，教师要从已确定的思维技能（本例是寻找关联）中概括衔接原则，思考该原则对于学生理解核心知识的作用。虽然学生也会创造自己的衔接原则，但教师应为他们明确教学目标，并引导他们朝着目标前进。

在这个过程中，教师不仅确定学习内容的核心知识，还确定一些评估核心内容，这将有助于教师和学生共同了解对知识的掌握情况。

哪种评估可反映学生的理解力？

MiCOSA 评估应该针对以下几个方面对学生进行评估：

- 整合原有知识文化与新的学习内容。
- 有效运用相关思维技能。
- 对单元学习的核心知识进行反馈——提炼狭义大概念和广义大概念。
- 达到教学目标并能够将知识迁移到新的情境中。

循序渐进地进行这些评估，有助于学生逐步达到教学目标。

评估学生的思维技能

MiCOSA 教学法注重对思维技能的评估，因为思维技能是学习的核心，可以在多种学习内容之间进行迁移。以下三种评估方式可以反映学生对 21 种思维技能的掌握情况：（1）学生思维技能调查表；（2）学生思维技能结构图；（3）家长和教师调查问卷。表 9-1 对每种方式进行了介绍。附件 B、C 和 D 为每种调查方式的范例，读者可以从 PDToolkit 上下载打印相关资料。

表 9-1　MiCOSA 教学法三种思维技能评估方式说明

思维技能评估方式	目的	范例
1. 学生思维技能调查表："学习者的自我认知"	*向学生介绍 21 种思维技能。 *将调查作为预评估。 *调查反馈有助于教师确定教学目标和核心知识。	收集信息：思考你的学习情况。当接受某项任务并为之收集信息时，按照 1~4 分的标准，你会给自己的每项思维技能打多少分？ 1=我没有运用该思维技能或用得不好； 4=我一直在运用该思维技能 "系统搜索"思维技能： 1　2　3　4 在为任务收集信息过程中，我会寻找相关线索。比如，我会阅读任务说明，查看标题和图表。

续表

思维技能评估方式	目的	范例
2. 学生思维技能结构图	*帮助学生理解之前的调查结果。 *激励作用：学生在学习和掌握思维技能的过程中，会对其进行追踪和记录，看到自己的点滴进步。	在信息结构图中，学生可用不同颜色标记给自己打分（1～4 分）。1 分用黄色表示，表示不擅长该技能；2 分用橙色表示；3 分用红色表示；4 分用绿色表示。
3. 家长和教师调查问卷	*家长可以提供关于孩子的有价值信息。 *家长视角可以帮助老师了解学生。 *向家长介绍可应用于家庭环境中的思维技能，可以扩展和支持课堂教学。 *帮助教师聚焦课程目标。	因为见证过孩子学习对家庭、社区和自我发展非常重要，所以教师和家长对孩子的思维模式、学习情况和解决问题能力很有发言权。请思考孩子在学习上的优势和不足，你不必就各学习领域一一回答，当然如果可以的话更好。你的任何想法都让我们受益匪浅。 你见证他/她学习成功的范例： —————————————— 你见证他/她学习困难的范例： ——————————————

学生思维技能调查表。 MiCOSA 学生思维技能调查表"学习者的自我认知"要求学生对自己掌握的 21 种思维技能逐一进行评估，并明确学习的三个阶段：收集信息、转换信息和传达信息。该调查有助于学生了解将要学习的思维技能，并为每种思维技能贴上了定义标签，归类于相应的学习阶段。因此，学生不会对自己的思维技能自评得过于宽松或过于严苛。刚开始，学生对自己思维技能（元认知）的评价会各不相同，因为这也许是他们第一次对此进行自评。该调查表简要列举了学生在新学年要学习的 21 种思维技能。此次调查可以作为预评估，帮助教师确定课堂上使用的重点思维技能。

学生思维技能结构图。 完成"学习者的自我认知"调查问卷后，学生要填写"学生思维技能结构图"，把调查问卷中的量化评分转移到彩色的信息结构图，以显示其思维技能的优势和不足。

家长和教师调查问卷。 "家长和教师调查问卷"可被看作一种访谈形式，它要求家长根据学生在家里的表现评估他们的思维能力。教师可以在开学第一天向家长们介绍"家长和教师调查问卷"，或针对某些学生进行问卷调查。同样，教师也要完成针对某些学生的"家长和教师调查问卷"，以加深对某些学生的了解，或全面了解班里学生的情况。基于问卷调查与学生的自我评估，教师可确定教学中需要运用的重点思维技能。

基于核心问题对学生进行评估

核心问题涉及学习内容的本质，能够推动学生思维技能的发展。核心问题可反映出学生的批判性思维。如果教师认真设计核心问题，其答案应该不只是"是"或"否"。核心问题应该是更深层、更具批判性的问题，可以让学生逻辑清晰地进行深入思考（Elder & Paul，2009）。例如，当研究海洋时，教师可以设计这样有意义的核心问题来检查学生的理解情况：海洋的深处与大气的不同高度层有什么相似的结构？

核心问题有助于分析或评价自己的思维。分析性问题可能是这样的："哪些因素加剧了海啸对日本的毁灭性影响？"评价性的问题可能是这样的："如果我从失败中总结出经常出现的问题，能否利用这些信息改变行为或想法，从而更好地完成任务？"因此，我们需要缜密思考，才能设计出高效的核心问题。

通常情况下，教师提出核心问题，积极主动地引导和评估学生的思维。但是，学生深入研究某些内容之后也可能提出自己的问题。以研究地震原因为例，学生可能会问："我知道地震的主要原因是地球板块的运动，但是什么导致板块运动呢？"这种自发提问可促使学生寻找答案。在学习过程中，当学生开始研究某个问题、事件或观点时，会更多地提出类似的问题。这种自发提问可以推动他们在寻求答案的过程中扩展思维，收集多源信息。教师应该在课堂上引导学生提出这种丰富的、发人深省的问题。

在教学和评估中设计核心问题可以培养和唤起学生的批判性思维和好奇心，使他们探究答案并进行深入研究。通过回答核心问题，学生可以就所学内容提炼大概念，其中包括当前学习单元相关狭义大概念，以及更加抽象的、可以迁移到当前课程和学习单元之外、渗透到其他领域、将学习内容关联起来的广义大概念。通过回答核心问题，学生可以得到结构性指导，从而进行深入研究，最终提炼出有意义、可迁移的广义大概念。核心问题具有巨大的价值，理应被纳入评估体系。

如何利用核心问题？ 走进厄尔老师的科学课堂，观察他在教学过程中如何利用核心问题。他即将开始新学习单元的教学，该单元涉及两个标准：一个标准与说明文的阅读有关（寻找两个以上事件、观点或概念之间的关系），另一个与自然灾害的因果效应有关。在准备今天的课程时，他围绕两个标准的核心理念设定了两个教学目标（一个内容目标、一个相关思维技能目标）。

第一节课：内容目标：在听、读一篇关于地震原因的文章后，学生能够协作讨论并归纳总结对该主题的理解，并能够利用多媒体、相关技术、地震图和实操活动扩充知识。

第一节课：思维技能目标：（1）"因果假设"思维技能：学生能够确定因果关系，借助"如果……那么……"等提示框架来描述、理解和传达这些关系，了解"因为"、"结果是"和"因此"等关键词是确定因果关系的线索；（2）"团队合作"思维技能：学生了解在进行团队合作时，可以分享自己的观点，借鉴他人的想法完善自己的观点，以增强思维技能。

但是，厄尔老师并没有立即为学生明确这些目标。相反，他与学生展开了互动，用学生喜欢的语言提出了一些核心问题，以激励学生提炼关于学习内容和思维技能的大概念。

关于内容的核心问题（逐条贴在彩色卡片上）
● 地震对环境、人类和经济有什么影响？
● 震级和地震后果有什么关联？
● 我父母或亲人的故乡发生地震的可能性有多大？

关于思维技能的核心问题（逐条贴在另一张彩色卡片上）
● 为什么了解因果关系很重要？
● 原因能变成结果吗？结果能变成原因吗？
● 在其他内容学习领域中，什么可以帮助我们确定因果关系？
● 团队合作对我们的思维和学习有什么影响？

当厄尔老师的学生们走进教室时，立刻被墙上这些简洁却发人深省的问题所吸引。这些核心问题起到了刺激作用，引导学生进行探索，展开推理，全面理解学习的本质。

厄尔老师将一个墙上的问题抄到白板上，进行重点研究。这个问题是："为什么了解因果关系很重要？"他补充道："描述你做过的某件事及其带来的影响，陈述你对这个问题的理解。它对你的思维有什么影响？"厄尔老师利用这个核心问题和学生进行了互动，还将其作为一种预评估，了解学生对该思维技能的掌握情况。这些重要反馈可以很好地帮助他开展新的教学工作。

随着时间的推移，学生对核心问题的回答会逐渐深入。因此，在整个单元学习中，厄尔老师一直把全部核心问题贴在教室墙上，帮助学生专注地对这些问题进行研究。他还将这些问题融入自己的形成性评估中，以检验学生的理解情况（Ainsworth & Christenson，1998）。从学生的回答中获得的反馈可以让厄尔老师了解到学生学习的薄弱环节和错误理解，从而对多数学生不理解的内容进行重新讲解。此外，在本单元学习结束后，他还可以将这些反馈融入总结性评估。这样不仅使学生有机会再次对核心问题进行更深入的思考，而且可以让教师检验之前的建议和干预措施是否有效。

设计核心问题。很多伟大的教育家都认同核心问题的重要性，很多教科书也都利用核心问题帮助学生提炼大概念。教师应该掌握设计核心问题的技能。核心问题反映了学习中提炼的大概念，因此，"反推"是设计核心问题的好方法，即根据"答案"设计核心问题。此外，教师会发现提出好的核心问题得益于对某个大概念的深入探究，例如，"地震仪器是如何测量地震震级的？"

无论选择哪种教学方式，在开始新单元教学之前，教师都有必要设计一些核心问题和大概念。这既可以保证核心问题（以及学生的回答）深入而翔实，又可以保证学生的学习内容设计合理。虽然提出大量问题有助于更好地了解学生的疑惑，但教师最好还是控制核心问题的数量，以帮助学生有侧重点地学习。

由大概念反推核心问题。从狭义大概念反推核心问题是个有效方法。本书第八章介绍了如何基于以下三项标准提炼狭义大概念和广义大概念：

（1）寻找并总结某个标准（或要学习的某部分标准）的核心理念。

（2）对内容进行详细回顾，确定哪些狭义大概念真正具有意义。

（3）检查狭义大概念是否有助于加深理解，是否可以应用到同一学习单元的相关内容中。

我们将这些标准应用到核心问题的设计中，也就是说，核心问题能否：

（1）与某个标准（或要学习的某部分标准）的核心理念相关联？

（2）鼓励学生做出有意义、深刻而翔实的回答？

（3）得出适用于本单元以外内容领域的结论？

教师应努力设计出既满足以上三项标准又可以激发学生好奇心和兴趣的核心问题。例如，厄尔老师提出的核心问题结合了学生的文化背景，激起了学生的好奇心："我父母或亲人的故乡发生地震的可能性有多大？"提出核心问题后，教师一定要清楚希望得到什么样的回答。我们可以创建一套评估标准来评价学生对核心问题的回答。为学生介绍评分（1~4分）的三项标准，让他们知道如何打分。教师可以参考表9-2中的评分标准给学生的回答打分。

表9-2 基于狭义大概念的核心问题回答评分标准

	很强	强	充分	不充分
	4	3	2	1
总结出核心理念	极为简洁，充分总结了该标准的核心理念。	较为充分，清晰地总结了该标准的核心理念。	部分总结了该标准的核心理念，且意义不明确。	未能充分、明确地总结该标准的核心理念。

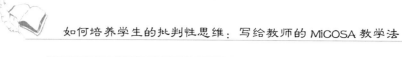

| 回答深刻而翔实 | 语言精炼，论据充分，清晰地反映了对主题的深入理解。 | 语言清晰，细节明确，反映了对主题主要内容的理解，但缺乏深度。 | 语言简单，细节不充分，对主题的理解有限，可能存在误解。 | 对主题有较大误解。 |
| 有意义的实践应用 | 列举精妙的案例，能够准确应用所学的大概念。 | 列举合适的案例，能够较为准确地应用所学的大概念。 | 列举了案例，但与所学的大概念关系不大且不准确。 | 未列举案例或案例不准确，未能准确应用所学的大概念。 |

广义大概念的提炼标准也为相应的核心问题提供了类似的框架。因此，当教师基于广义大概念提出核心问题时，可以使用类似的标准评估学生的回答：也就是说，核心问题能否：

（1）与狭义大概念或广义大概念的相关思维技能相结合？

（2）鼓励学生做出有意义、深刻而翔实的回答？

（3）得出适用于本单元以外内容领域的结论？

表9-3展示了一份评分标准，可以让教师了解学生基于核心问题提炼广义大概念的能力。

表9-3 基于广义大概念的核心问题回答评分标准

	很强 4	强 3	充分 2	不充分 1
与狭义大概念相关联	学生未局限于背景语言，非常成功地利用了狭义大概念，回答准确且有效地进行了知识迁移。	学生基本未局限于背景语言，充分地利用了狭义大概念，回答准确且进行了知识迁移。	学生保留了部分背景语言，部分利用了狭义大概念，回答基本正确，未能有效地进行知识迁移。	学生保留了背景语言，利用了狭义大概念，但回答不完整，未能进行知识迁移。
回答深刻而翔实	语言精炼，论据充分，清晰地反映了对主题的深入理解。	语言清晰，细节明确，反映了对主题主要内容的理解，但缺乏深度。	语言简单，细节不充分，对主题的理解有限，可能存在误解。	对主题有较大误解。
有意义的实践应用	列举精妙的案例，能够准确应用所学的大概念。	列举合适的案例，能够较为准确地应用所学的大概念。	列举了案例，但与所学的大概念关系不大且不准确。	未列举案例或案例不准确，未能准确应用所学的大概念。

由内容目标反推核心问题。 对教师来说，先提出核心问题再提炼狭义大概念会比较困难，因为很难保证提出的问题可以让学生做出深入而细致的回答。教师必须对相关内容有足够深入的了解，才能知道什么样的核心问题可以引导学生进行深入的探究。

如果你决定基于教学目标提出核心问题，首先要提出一个基本问题，再逐步完善该问题使其能够激发学生的批判性思维。例如，你可以提出："你对地震有什么了解？"然后将其完善成更具批判性的问题，比如，"你认为导致地震的原因是什么，为什么了解地震原因很重要？"或者"我们如何预测地震何时发生？"这些问题可以引导学生应用相关思维技能思考学习内容。

在指导某种思维技能的初期，教师设计的思维技能核心问题是相对独立的。例如，"理解因果关系对你进行假设和预测有什么帮助？"这些核心问题可以帮助学生思考如何在当前及其他任务中运用这些思维技能。学生的回答有助于构建衔接原则（见第三章），衔接原则是广义大概念的一种形式，可以迁移到未来的学习中。

教师还可以利用其他核心问题进一步激发学生的批判性思维和探究精神。例如，"告诉别人地震和海啸的原因与影响能否帮助他们决定住哪里？"或者"知道地震和海啸的原因与影响对生活在加利福尼亚州的我们有什么帮助？"这些问题没有让学生被动地接受一系列事实，而是让他们专注于要学习和理解的内容，进行批判性思考。

评估学生的目标达成及知识迁移情况

在评估学生学习情况过程中，教师可以采用总结性评估，强调批判和创新思维，还要创造机会让学生将学习内容迁移到当前学习单元之外。你可以让学生思考下一步行动，帮他们形成一种思维定式，认为自己还没有达到学习的"终点"，利用新掌握的知识打开未来的发现之门。

总结性评估。 总结性评估是对学习的总结，由于一般在课程结束后进行，因而也被称为课后评估。表现任务、论文和测试等总结性作业，往往都采取常规模式。它是对学生达成教学目标过程的展示，具有非常重要的作用。

课后评估可以采取多种形式，可以是正式的，也可以是非正式的，评估过程可长可短，当然也可以进行多次评估。例如，教师可以要求学生创造性地回答关于某篇文章、某次展示或某个项目的核心问题；还可以利用更为传统的测试进行评估，让学生做选择题或回答一系列开放性问题。与此同时，教师还可以要求学生总结相关衔接原则和"下一步"的核心问题，鼓励他们迁移知识并深入探究。不管采取什么评估形式，其目的都是一样的：用最真实的方式评估学生对教学目标的理解，包括内容目标和思维技能目标。

随着对评估方案熟悉度的增加，教师可以邀请学生建议或自行设计评估方案，展示对教学目标的掌握情况。最终评估方案的设计与学生的利益相关，可以激励学生积极参与，认真学习，对他们非常有意义。

分析总结性评估案例。让我们再回到厄尔老师的课堂上。他知道，设计一套有效的课后评估方法来评估学生对教学目标的掌握情况，他必须：

● 将相关的思维技能、核心内容和《通用核心州立标准》中的语言艺术技能融入评估中。

● 基于核心问题和大概念进行评估，要求学生举例说明（证明学生理解学习内容并能够进行知识迁移）。

● 要求学生创建能将所学内容迁移到其他任务的衔接原则，并举例说明（证明学生有能力迁移思维技能）。

鼓励学生提出未来学习的核心问题，并通过推理做出回答（证明学生能够进行知识迁移）。为了评估学生对地震原因及影响的掌握情况，厄尔老师制定了如下的课后评估方案。他要求学生以新闻广播的形式展示学到的知识，将全班分为四个协作小组，给每个小组分配了一项表现任务，四项任务汇总成最终的新闻广播。最后，基于学生对相关的内容和思维技能的掌握情况，他会做出总结性评估。通过这种方式进行评估，学生可以看到教学内容和思维技能之间的关联，了解老师将根据他们对内容和思维技能的掌握情况进行评估。

第一节课：课后评估：全班分成四个协作小组，分别展示对地震位置和构造板块运动等地震原因主要术语，以及地震学基础知识的理解。然后对这些信息进行归纳总结，并模拟新闻播报来分享这些知识。为了吸引大家的注意力，你们可以设计一个核心问题并在展示的过程中揭晓答案。在新闻广播的最后，每个人都要提炼一个狭义大概念，并举例说明如何将其应用到其他情境，从而展示你对本堂课的理解。写出一个你们学过的因果关系衔接原则，并举例说明如何将其应用到其他任务中。

要注意的是，厄尔老师的课后评估不限于模拟新闻广播，还要求学生反思与学习相关的大概念和思维技能。厄尔老师从课程开始就将大概念纳入评估，这样学生会认为大概念很重要，不是没什么价值的课后思考。

厄尔老师列出了每个小组的评估重点：

第一组：本小组扮演地震学家，要回答的问题是："什么是地震？如何测量地震？不同的测量方法对房屋有什么影响？"本小组将利用模拟实验研究里氏震级及其对建筑物的影响。

第二组：本小组扮演地质学家，要回答的问题是："地球分为哪几层？地球的运动是如何引起地震的？"本小组将制作一个三维模型来展示他们的理解。

第三组：本小组扮演科学家，要回答的问题是："地表或水下的板块摩擦是如何引起地震的？"本小组将创建一个模型来模拟和演示他们的发现。

第四组：本小组扮演探险家，要回答两个问题："什么是断层线？断层线在哪里形成？"本小组将建造一个模型来展示三种不同的断层线——转换断层线、正断层线和逆断层线，并在地图上画出每种断层线。

厄尔老师还将思维技能核心问题——"与他人合作对自己的思维和学习有什么影响？"——作为课后评估的一部分。最后，他要求学生提出下一步学习的核心问题，例如："世界各地的科学家是否会相互协作，分享他们对某些地区可能发生的自然灾害的预测？如果是这样，他们会如何协作？"厄尔老师让学生设想答案，并尽可能多地寻找证据证明他们的推理，他将这一要求纳入了"下一步"总结性评估。学生可以借鉴新闻广播的经历，讨论世界各地的地震学家、地质学家、科学家和探险家如何分享知识。

最后，厄尔老师知道给学生提供机会非常重要，要让他们重新明确和整合对狭义大概念和广义大概念的理解。他让学生运用批判性思维寻找迁移广义大概念的例子，并将其作为一种课后评估，检验学生是否可以对广义大概念进行迁移。该活动还可以帮助学生今后在新情境中利用狭义大概念和广义大概念。

表9-4整合了与本章目标相关的大概念，可以帮助教师设计核心问题，厘清狭义大概念和广义大概念之间的关系。这些大概念概括了课程的教学目标。

表9-4　案例：整合相关大概念和核心问题

内容核心问题	狭义大概念	广义大概念
（1）地震对环境、人类和经济有什么影响？ （2）震级和地震后果有什么关联？ （3）我父母或亲人的故乡发生地震的可能性有多大？	（1）自然灾害会对人们的生活产生复杂而相互关联的影响，这些影响既复杂又相互作用。 （2）随着震级的增加，地震对地表的影响不断增大。 （3）他们的故乡离断层线越近，发生地震的概率就越大。	（1）不良条件会对人们的生活产生多重影响，这些影响既复杂又相互作用。 （2）对自然灾害等级与潜在影响的了解程度会影响人们对自然灾害的准备。 （3）寻找各种自然灾害中的共性有助于对自然灾害进行预测。

思维技能核心问题		概括原则
（1）为什么了解因果关系很重要？ （2）原因能变成结果吗？结果能变成原因吗？ （3）在其他内容学习领域中，什么可以帮助我们确定因果关系？ （4）团队合作对我们的思维和学习有什么影响？		（1）理解因果关系可以使我在行动之前考虑影响，并因此改变思维模式。 （2）在文本中找到"因为"、"结果是"和"因此"等提示词能帮助我快速确定因果关系。若文中没有这些提示词，我会在脑海中想象这些词应该出现的地方。 （3）一个事件或观点的结果可能变成另一个事件或观点的原因，反之亦然。一个结果可能有多个原因，一个原因可能产生多个结果。 （4）协作有助于我考虑他人观点，吸取他人长处弥补自己的不足，从而加强自己的思维。

总结性评估不是一种结束，而是一次反思。评估是教学的重要组成部分，可以鼓励学生进一步学习并发展探索性思维。这是一个永无止境的求索过程。

利用预评估整合新的学习内容与原有知识文化

学生整合新的学习内容与原有知识文化之后，会更乐于接受新信息。在开始新的学习单元之前，对学生的原有知识进行预评估可以帮助他们更好地学习新知识。预评估的反馈结果可以让教师了解学生的学习意愿，也可以指导教师进行有针对性的教学，以便更好地照顾到每个学生的需求、能力和兴趣。

有些预评估的目的是了解学生情况，有些是为了评估学生在相关内容领域的原有知识，这些预评估可以让教师了解学生原来的学习习惯，明确是否需要让学生事先掌握相关的词汇、概念或必备技能，以确保学习的连续性。通过预评估，教师会发现某些学生已经熟练掌握了相关内容和思维技能，因此可以为他们安排强化项目或活动，使其进行更深入的学习，也就是说，教师要有针对性地因材施教，不要让所有学生站在同一起跑线上。

对原有知识和文化背景进行预评估还可以给学生提供反馈，有助于学生重视现有知识，并将其与新的信息整合起来以学习新的知识。此外，预评估的反馈可以让教师思考如何实现教学目标，并设计所需的技能、流程、观点和概念，并明确需投入的精力。

进行有意义的预评估。核心问题是非常有效的预评估工具。在前面的例子中，厄尔老师就利用思维技能核心问题进行了预评估，他问道："为什么学习因果关系很重要？描述你所做的某件事及其影响。它对你的思维有什么改变？"这些问题帮助他发现了学生对更多因果关系的理解。同样，教师也可以利用内容核心问题进行预评估。以地震课程为例，教师可以问学生是否能预测地震发生的时间和原因。从学生的回答中，我们可以得知哪些学生已经了解了地震的原因，哪些学生还存在错误认知。还有学生可能会在回答问题时讲述一些自身经历（也许是悲剧）或从文化角度对问题进行解释。进行预评估时，你可以将那些能够激发学生原有知识、文化基础、学习内容和思维技能的问题纳入评估体系。

下面是评估学生原有知识的通用问题：

- 这与你所处的文化有什么关联或区别？
- 这能否让你想起以前做过的事情？你当时有什么感觉？为什么？
- 你如何理解_____（概念词/短语）？

通过这些问题，学生可以对自己的本土文化进行分享、提问、反思和联想。

让学生参与评估

积极参与评估可以促进学生的进步。当帮助老师制定评估标准时，他们可以明确获得理想分数的做法，最终对自己的得分感到满意。这让他们可以掌控自身行为（Ainsworth，2010）。但是，教师要做一些基础性工作，帮助学生理解教学目标和核心问题。学生必须理解核心问题与狭义大概念、广义大概念、衔接原则的联系，才能达到教学目标。教师应鼓励学生参与进度表和评分标准的设计。

利用进度表进行自我评估

进度表可以追踪记录学生在阅读方式或数学概念方面的进步。为了更好地设计进度表，学生要明确自己的目标、计划及进行最终评估的方法，还要将制定的目标写下来，从而理解并掌握目标的真正含义。表9-5是一名学生的进度表，重点记录了内容目标、思维技能目标和核心问题。

表 9-5 将批判性思维纳入学生自我评估的学生进度表

姓名_____科目_____时间_____

学习内容标准：《通用核心州立标准》七年级写作标准 6-12：能够进行清晰且连贯的写作，并基于任务、目的和读者身份设计文章的发展、结构和风格。

	我的进度表
内容目标：收集和使用研究信息	● 我将利用不同的资源对话题进行研究，获取分析任务所需的信息，并检查信息源的可靠性。 ● 我将以简单易懂的方式计划我的工作。
思维技能目标：利用多源信息，对不同信息源提供的信息进行分类	● 为了规划写作，我会写下所需信息的类别，从而建立有意义的关联。 ● 在阅读时，我会把不同信息源提供的信息归入相应的类别。
有助于分析信息，完成学习目标的问题	● 我为什么要利用不同信息源收集所需的信息？ _____ ● 我该如何思考和判断信息源的可靠性？ _____ ● 分类对收集报告所需信息有什么帮助？此外，对我还有什么帮助？ _____ ● 对信息进行分类对我在报告中表达观点有什么帮助？ _____
实现目标的步骤	(1)_____ (2)_____ (3)_____ (4)_____ (5)_____
对工作的反思	
未来如何利用这些目标？	

注意：在表中加入彩色评估分数就成了评估标准。

设计评估标准助学生进行自我评估

评估标准非常重要！它将成为学生的计划指南，指导学生分析任务的方法，使其了解教师的评估方式，从而更好地调节自己的学习行为。学生可以了解自己的水平，还可以知道如何才能达到更高的水平，使学习不再盲目。学生会了解老师对自己的期待，并知道如何才能实现目标。当被要求参与制定评估标准时，他们会全心投入，深入学习，不再把完成任务看成"老师的要求"，而是看成学习中的协作性探索。

你可能已经制定了一些评估标准和学生自我评估方法，以获得有价值的反馈。我们应该在学生的批判性思维技能和推理技能评估标准中加入一些内容，如判断、分析、假设和关联等。例如，学生除了写论文之外，是否还可以运用相关思维技能判断论文的可信度，或明确论文结论的要点及其与论文的关系（Brookhart，2010，p.92）？设计高效的自我评估方式，制定完善的评估标准，可以根据学生的表现评估他们的推理能力（Brookhart，2010，p.92）。表9-6A是一份学生自我评估指南，体现了批判性思维的特征。该指南除了数字评分外，还让学生描述自己的进步。因此，该指南是形成性评估的重要内容。

表9-6A　内容中的批判性思维：学生自我评估（空白版）

评估重点	问题	学生评分	同学/老师评分	学生点评/反思：我做得怎么样？我还存在什么问题？
清楚地解释和分析了_____（主题、主旨、论据、情节和观点）	我能否明确问题，并清晰地进行解答？			
列举切题的论据	我是否在文中列举了3个事例来支持主题？			
对论据进行清晰的解释	我是否清晰地解释了选择这些事例的原因及其对分析主题的帮助？			

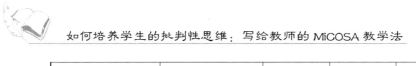
以书面形式清晰地表达观点和思维	我的观点、组织、用词是否清晰地展示了所学内容？我是不是很少犯语法和词汇错误，让读者能够理解想表达的意思？			

给我的工作打分：回答以上问题，按照 1～4 分的标准给自己打分：

4——优秀——我的回答很棒，展示了对任务的深刻理解。我利用有力的论据（事例）支持分析，能够清晰地记录自己的想法，很少或没有语法和词汇错误。

3——良好——我理解任务。我可以利用可靠的相关的论据支持分析，能够清晰地记录自己的想法，尽管存在一些语法和词汇错误，但不影响读者理解我想表达的意思。

2——及格——我基本理解任务，但难以理解某些观点。我的论据不完整，只有部分与问题相关。我的书写中有很多语法、词汇和结构性错误，影响读者的理解。

1——勉强及格——我无法理解任务，必须寻求帮助。我要在别人的帮助下才能从文本中找到相关论据支持分析。我很难将案例与自己的写作结合起来，书面表达中存在很多错误，需要别人的帮助才能让读者理解我的想法。

0——不及格——即使在别人的支持下，我也完成不了这项任务。

表 9－6B 和表 9－6C 提供了两个范例，学生基于对故事主题的分析进行自我评估。第一个范例是关于印第安文化的故事，名为《一个"慢"男孩》（A Boy Called Slow）（表 9－6B）。表 9－6C 展示了学生如何将课堂上学到的批判性思维迁移到家庭生活中。根据要求，学生要分析自己文化中某个故事的主题，展现他们对课程的理解。该范例是关于一个墨西哥故事——《拉约罗娜》（La Llorona）。

表 9－6B 内容中的批判性思维：学生自我评估（完成版）

评估重点《一个"慢"男孩》	问题	学生评分	同学/老师评分	我的点评/反思：我做得怎么样？我还存在什么问题？
清楚地解释和分析了主题	我能否明确问题，并清晰地进行解答？	4		我知道如何理解主题。该故事的主题是：尊重是自己赢得的。我想知道故事是否还有其他主题？
列举切题的论据	我是否在文中列举了 3 个事例来支持主题？	4		该故事中有很多事例表现了"坐牛"年轻时的勇敢和机智。我想知道是否可以举 3 个以上的事例，因为我发现的事例远不止 3 个。

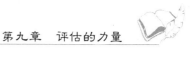

续表

评估重点 《一个"慢"男孩》	问题	学生评分	同学/老师评分	我的点评/反思: 我做得怎么样?我还存在什么问题?
对论据进行清晰的解释	我是否清晰地解释了选择这些事例的原因及其对分析主题的帮助?	4		我认为我很好地解释了每个事例是如何体现勇敢的。
以书面形式清晰地表达观点和思维	观点的组织: 我的信息结构图是否清楚地展示了所学的拉科塔文化相关内容?	3		我很难将学到的拉科塔(苏族)相关知识整合起来,因为那些是关于不同的主题。我列举了学到的 5 个事例。 我想知道是否可以做得更好。
	观点和用词: 我的观点和用词是否清楚地展示了所学内容?	3		我用了"尊重""强大""负责任"等高尚的词来描述人物特征。
	语法和词汇: 我是不是很少犯语法和词汇错误,让读者能够理解想表达的意思?	3		我的表述有一些时态和拼写错误,但不妨碍你的理解。

给我的工作打分:回答以上问题,按照 1~4 分的标准给自己打分:

4——优秀——我的回答很棒,展示了对任务的深刻理解。我利用有力的论据(事例)支持分析,能够清晰地记录自己的想法,很少或没有语法和词汇错误。

3——良好——我理解任务。我可以利用可靠的相关的论据支持分析,能够清晰地记录自己的想法,尽管存在一些语法和词汇错误,但不影响读者理解我想表达的意思。

2——及格——我基本理解任务,但难以理解某些观点。我的论据不完整,只有部分与问题相关。我的书写中有很多语法、词汇和结构性错误,影响读者的理解。

1——勉强及格——我无法理解任务,必须寻求帮助。我要在别人的帮助下才能从文本中找到相关论据支持分析。我很难将案例与自己的写作结合起来,书面表达中存在很多错误,需要别人的帮助才能让读者理解我的想法。

表 9 - 6C　内容中的批判性思维：学生通过知识迁移进行自我评估（完整范例版）

评估重点 我自己文化中的一个 故事《拉约罗娜》	问题	学生评分	同学/老师 评分	我的点评/反思： 我做得怎么样？我还 存在什么问题？
清楚地解释和分析了主题	我能否明确问题，并清晰地进行解答？	3		我选择的主题：利用欺骗手段获取想要的东西往往会导致悲剧。我不确定这是不是最佳主题。我本可以选择一个关于阶级差异的主题。
列举切题的论据	我是否在文中列举了 3 个事例来支持主题？	3		我认为可以举出 3 个强有力的事例。 我不确定我选的 3 个事例放到一起能否总结出某种结论。
对论据进行清晰的解释	我是否清晰地解释了选择这些事例的原因及其对分析主题的帮助？	4		我解释了她如何设计嫁给了英俊的丈夫，但是她不应该因为丈夫对她不好就杀死所有的孩子。她发疯了，我认为是这样的。
以书面形式清晰地表达观点和思维	观点的组织： 我是否在复述时对故事进行了组织，使故事有意义？	3		信息结构图帮我确定了主题，并提供了合理论据。我可以举出更多的事例。 我想知道是否能够做得更好。
	观点和用词： 我的观点和用词是否清楚地表达了我的意思。 语法和词汇： 我是不是很少犯语法和词汇错误，让读者能够理解想表达的意思？	3		我用了"徒劳"和"不安全"等词来形容故事中的母亲。我还认为用"欺骗"来描述该故事的部分主题会很贴切。

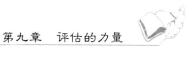

续表

评估重点 我自己文化中的一个故事《拉约罗娜》	问题	学生评分	同学/老师评分	我的点评/反思: 我做得怎么样? 我还存在什么问题?
以书面形式清晰地表达观点和思维		3		我做得非常好,但仍存在一些错误,主要是逗号的使用。

给我的工作打分:回答以上问题,按照1~4分的标准给自己打分:

4——优秀——我的回答很棒,展示了对任务的深刻理解。我利用有力的论据(事例)支持分析,能够清晰地记录自己的想法,很少或没有语法和词汇错误。

3——良好——我理解任务。我可以利用可靠的相关的论据支持分析,能够清晰地记录自己的想法,尽管存在一些语法和词汇错误,但不影响读者理解我想表达的意思。

2——及格——我基本理解任务,但难以理解某些观点。我的论据不完整,只有部分与问题相关。我的书写中有很多语法、词汇和结构性错误,影响读者的理解。

1——勉强及格——我无法理解任务,必须寻求帮助。我要在别人的帮助下才能从文本中找到相关论据支持分析。我很难将案例与自己的写作结合起来,书面表达中存在很多错误,需要别人的帮助才能让读者理解我的想法。

表9-7 学生对任务相关思维技能的反思和自我评估

	清楚地确定和分析使用的思维技能	列举切题的论据	对论据进行清晰的解释	与他人协作	我的点评: 我做得怎么样? 我还存在什么问题? 我对学习的调节(节奏,反思)怎么样?
收集信息	说出至少一种在本次任务中帮助我收集信息的思维技能: ————	举一个我在该任务中使用该思维技能的例子: ————	解释我为何以及如何使用该技能: ————	在为本次任务收集信息过程中,我与他人的协作如何? (1~2个词) ———— 说出你做的所有工作: —我分享了 —我倾听了 —我的思维受到了他人影响。	———— ———— ———— ———— ————

续表

	清楚地确定和分析使用的思维技能	列举切题的论据	对论据进行清晰的解释	与他人协作	我的点评：我做得怎么样？我还存在什么问题？我对学习的调节（节奏，反思）怎么样？
转换信息	说出至少一种帮助我转换并深入思考内化信息的思维技能：_____	举一个我在该任务中使用该思维技能的例子：_____	解释我为何以及如何使用该技能：_____	在为本次任务转换信息过程中，我与他人的协作如何？（1~2个词）_____ 说出你做的所有工作：—我分享了 —我倾听了 —我的思维受到了他人影响。	_____
传达信息	说出至少一种帮助我传达所学内容的思维技能：_____	举一个我在该任务中使用该思维技能的例子：_____	解释我为何以及如何使用该技能：_____	在传达所学知识过程中，我与他人的协作如何？（1~2个词）_____ 说出你所做的所有工作：—我分享了 —我倾听了 —我的思维受到了他人影响。	_____

表9-7中的反思和评估标准可以指导教师定期对学生的21种思维技能进行评估。该评估标准可以让学生进行自我评估，让教师清楚地了解学生对各思维技能的理解与困惑。教师可以把观察记录分享给学生，并融入总结性评估或课后评估。

利用形成性评估提供反馈

教师在设计课后评估和预评估方案时，应该适时检查学生的学习情况，确保他们理解课程内容。形成性评估可以让教师和学生朝着正确的方向充满动力地前进，有助于学生深入理解内容，提高批判性思维，最终学会进行知识迁移。形成性评估的反馈能帮助教师确定学生对内容和思维目标的理解程度，以及应该在哪方面对学生进行指导，以达到教学目标。威金斯（Wiggins，2012，p.12）对反馈的作用进行了充分研究，并得出结论："少讲、多反馈，可以达到更好的学习效果。"

反馈可以让教师和学生知道距离目标还有多远（Wiggins，2012）。因此，有效的反馈结果应等于或略高于学生目前的学习水平（Hattie，2012），且必须与教学目标结合在一起。有效的反馈可以鼓励学生突破原有知识，批判性地思考学习情况。通过认真设计和进行形成性评估，学生可以基于反馈结果调节自己的学习行为。引导对话也可以帮助学生调节自己的学习行为。在下面的评语中，教师引导学生理解自我调节的意义，这种反馈有助于学生进行自我调节："我注意到，如果你能放慢速度，仔细阅读每一个问题，然后再看文章，从中寻找关键词，就能做出正确的回答。这是一个上佳策略，很好地利用了'调节反馈'和'保持信息精准'思维技能。"

提供反馈

当今世界，教师要在很短的时间内传授大量信息，常常感到压力巨大，也常常没有时间给学生提供有意义的反馈。即使有时间分析学生的表现，也只能发现学生的错误，却不能逐一对其进行标记和修改。但是，如果教师能发现这些错误的共性，就可以同时帮助多个学生，还可以让他们主动学习从本质上改正错误。以这种方式，教师可以引导学生更好地提升理解能力（Fisher & Frey，2012）。如果反馈太复杂、无法用简单的话语描述，或者很多学生都犯有同样的错误，那么教师就应该重新讲解这些信息，而不是提供冗长的反馈。

反馈有助于学生达到教学目标。教师应尽量使用学生喜欢的语言，有针对性地进行点评，提供可以立即迁移和实践的反馈。利用 MiCOSA 教学法，教师可以向学生提供学习内容、过程和思维技能方面的反馈。例如，在一堂撰写信息报告的语言艺术课上，你可以：（1）对所选主题进行点评，要求学生提供更多细节，或者检查信息的准确性（内容反馈）；（2）建议学生将相似的信息汇总到一起，使报告更连贯（过程反馈）；（3）建议学生重新审视自己对信息进行分类的方法，并思考如何利用"比较判断"思维技能提高准确性（思维技能反馈）。这种有针对性的引导可以使学生感到自己的进步，而不仅仅感觉到被评判或被打分。

学生之间的反馈

教师可以教学生为同学提供有效反馈的方法，让他们可以互相支持，相互学习。要让学生理解"反馈是双向的"（Tovani，2012，p. 48）。学生不仅要接受反馈，还可以给出建设性的反馈。这就给他们传达了一个信息：他们的意见很重要，他们有发言权，是自己学习中不可或缺的一部分。此外，反馈不仅让学生了解自己对教学目标的掌握情况，还可以让教师明确如何调整教学计划以满足学生的不同需求。

选择正确的评估方法

教师和学生收到的反馈取决于使用的评估方法。本章前面提到，评估方法包括简答题、选择题、开放性问题、表现任务和口头讨论（Stiggins et al.，2006）。

如果只让学生进行简答，教师就无法从反馈中得知学生为什么做出这种回答，但这是了解学生数据掌握情况或思维模式的高效方法。

如果教师想了解学生的思维模式，可以让他/她回答更为复杂的问题，这可以更深入地了解教学目标的达成情况。例如，你可以让学生解释他/她对"比较判断"、"寻找关联"和"逻辑推理"等思维技能的使用和理解，或展示他们进行批判性思考的能力。

表现任务也是一种评估形式，可以让学生应用自己学到的内容，因此，这是一种评价学生技能和创造性的上佳策略。尽管这种形式需要学生进行真实的"表演"，但这种评估非常简单，比如观察学生在完成任务的过程中是否运用了各类思维技能。

提出指导性问题或组织小组讨论是课堂上常用的方法，可以了解学生的理解情况。MiCOSA 教学法的引导对话可以指导教师如何提问，以帮助学生加深或明确对自己思维的理解。在整个过程中，教师要根据学生的回答不断提出问题。此外，虽然与学生进行谈话或组织会议可能会占据一定的时间，但在某些情况下，这样做可以消除教师对某些学生理解水平的误判。

设计形成性评估的方法和流程

表现任务和核心问题可以促进形成性评估，还可以为总结性评估提供指导。它们是评估过程的一部分，可以在不同的任务中被不断完善，深化学生对概念和技能的理解。但是如何设计形成性评估的方法和流程呢？如何考虑并选择你认为很有效的核心问题？哪些任务可以帮助你进行评估？

第一，在选择内容核心问题方面，要考虑利用哪种创造性方法帮学生了解必要的内容，主动参与设计问题并努力寻找答案。教师能向学生提供或建议哪些资源，可以指导学生获得哪些资源？设计时间框架，确定何时投入更复杂的任务中，何时进行简短的过渡性的活动。如果设计多种思维技能核心问题，教师要努力将每种思维技能与教学内容对应起来，使学生看到内容与思维技能的关联，帮助学生将思维衔接到其他课程中。此外，教师要在整个学习单元过程中设置核心问题，不要等到学习结束后再提问题，这有助于突出和强化各部分教学内容。

第二，教师要考虑设计什么任务。在本章中，我们重点关注表现任务。可以问自己："我希望该任务体现学生对什么知识的理解？"例如，如果你想知道学生对主题的理解或了解他们的计划与技能，就可以让他们创建信息结构图。如果你想了解他们进行批判性思考或通过协作分享学习的能力，你可以设计短文、短剧、口头表演、动手活动、协作解决问题、拼图活动、基于任务的各类活动和小型任务等。

教师要在学生进行表现任务时向他们提供指导。例如，表现任务Ⅱ（见下文）要求学生找到一篇文章中的因果提示词。为此，教师可以先进行简单讲解，再给学生演示如何确定文章中关键的因果提示词。如果文章中没有关键词，教师还可以向学生介绍其他识别因果关系的方法。

表现任务Ⅰ相关核心问题

内容核心问题：我父母或亲人的故乡发生地震的概率有多大？

思维技能核心问题：为什么学习因果关系很重要？

形成性评估：表现任务Ⅰ。学生将讨论他们的父母或祖父母来自何方，然后在地图上标出这些地方，并将这些地方与容易发生地震的地区联系起来。在这个练习中，学生将以团队合作的形式对内容核心问题进行解释和回答，然后与全班分享讨论结果。

让学生回答思维技能核心问题可以加深他们的理解。教师可以指导他们在反思日志中回答思维技能核心问题，并结合个人经历解释自己的回答。

表现任务Ⅱ相关核心问题

内容核心问题：地震的震级与结果有什么关系？

思维技能核心问题：在其他文本或学习领域中，我可以借助什么确定因果关系？

形成性评估：表现任务Ⅱ。在授课前，教师首先为学生讲解关键词汇，然

后让学生阅读一篇关于地震起因的文章。这项任务分为两部分。

第一，在开始阅读时，学生会记下对关键术语、位置问题、构造板块运动或地震学基础知识的疑惑（写在便条上或写电子评论）。他们将两人一组讨论这些疑惑。两人都解决不了的疑问将交由全班讨论，同时，学生将该问题记在便条上或电子评论中，贴在教室前面显眼的位置。如果可能的话，教师可以对问题进行归类以减少问题数量，然后分类解决问题。学生将在反思日志中回答内容核心问题。

第二，学生在阅读文章过程中，会重点关注因果关系提示词，帮助自己确定因果关系。如果文章中没有因果关系提示词，他们也要想办法确定并关注因果关系。确定好关键词或因果关系后，学生将两人一组对思维技能核心问题进行讨论，并将自己的理解和结论记录在反思日志中。

表现任务Ⅲ相关核心问题

内容核心问题：地震对环境、人、经济有什么影响？

思维技能核心问题：原因能变成结果吗？结果能变成原因吗？

形成性评估：表现任务Ⅲ。 教师可以为学生提供信息结构图模型，帮助他们进行总结，学生将以小组合作的方式找出文章的主要观点和重要论据，即地震对环境、人和经济的影响。他们将在反思日志中回答思维技能核心问题，并通过列举事例支持自己的观点。

表9-8 教师教学和学生学习的结构性评估框架

预评估：关于内容的原有知识和思维习惯

表现任务Ⅰ以及基于内容和思维技能的核心问题

表现任务Ⅱ以及基于内容和思维技能的核心问题

表现任务Ⅲ以及基于内容和思维技能的核心问题

表现任务评估：基于内容和思维技能的核心问题；衔接原则和广义大概念

X——*——*——X——*——*——X——*——*——X——*——*——X

*连续的形成性评估有助于教师得到反馈，了解学生完成表现任务和理解核心问题的情况，例如，非正式观察、非正式采访、引导对话、快速测试（白板、拇指朝上/拇指朝下）、同学评估、自我评估、小测验和开放性问题。

X表现任务包括：创建信息结构图（概念性信息结构图和规划性信息结构图）、文章、短剧、口头表演、动手活动、协作解决问题、拼图活动和小型任务等。

在学生进行表现任务的过程中，教师可以在他们中间走动，对他们的活动进行观察、提问、肯定、再跟踪、支持和指导。注意学生如何进行团队合作。他们会分享自己的想法吗？会倾听他人的想法吗？他们的思维会受组里其他人的影响吗？你可以根据这些非正式互动评估学生对目标要求的达成情况。

结合表9-8对地震原因和影响的结构性评估框架，思考表现任务作为关键的形成性评估方法，是如何奠定课后评估基础的。教师获得的每一点反馈都会影响接下来的教学，帮助学生逐渐达成教学目标。这是一个不断累积的过程。

整合各评估环节

让我们走进李老师的四年级课堂，看他是如何利用评估指导教学的。李老师明白，在21世纪，学生不仅要掌握相关知识，还必须知道如何有效地评估和使用这些知识。他知道，如果学生能在有意义的背景下收集信息，就会更容易记住这些信息并对其进行使用和迁移。因此，他希望学生能够综合理解所学知识。

第一步：李老师从《通用核心州立标准》中选择一项标准，要求学生分析各种文本的主要信息源和次要信息源。他设计了内容目标：

> 内容目标：学生能够分析主要信息源和次要信息源，对印第安人和奴隶的待遇进行比较，了解前者被强迫在保留地生活并在加利福尼亚州淘金，后者被强迫在甘蔗种植园工作和生活。

他还设定了一个思维技能（比较）目标：

> 思维技能目标：在对某些概念进行比较时，学生能够理解相关概念的属性、与其他概念的共性，以及概念之间的差异。

李老师概括了内容目标和思维技能目标中的相关核心理念，并在此基础上提炼了相关狭义大概念及相应的核心问题。然后，他构建了重要思维技能的衔接原则，并提炼相关广义大概念来扩大范围。他知道认真制订课程计划可以得到一套内在的"评估标准"，引导学生达到最佳的理解水平。在向学生提出核心问题之前，他会自己回答这些问题，以确保这些问题措辞谨慎，能得到学生深刻而详细的回答。他的预评估和课后评估都基于相关的大概念。作为课后评估的一部分，学生以团队合作的形式，基于核心问题提炼广义大概念，概括相关技能和策略，计划未来的学习。学生还创建了衔接原则，以便将"比较判断"思维技能迁移到其他情境中。

第二步：在预评估中，李老师重点评估了学生"比较判断"思维技能。他要求学生尽情想象经常被比较的事物：天气、自然环境（生物群落）、个人喜恶、政治观点、信仰、价值观、物质财富、工作、时尚和食物。在家庭作业方面，他要求学生比较他们在家里可能吃的两种水果或蔬菜，并注意它们的异同之处。他特意选择这个看似简单的比较，鼓励学生不要只列出一些比较性属性，比如"它们都是圆的……，一个是橙子，一个是苹果"。他想了解学生能否将信息分类进行比较，比如个人情感和偏见、物品本身的文化意义等。

第三步：同时，李老师还设计了一些表现任务，通过任务反馈了解学生的进步情况，明确学生掌握相关内容和使用相关思维技能的方法。他巧妙地将内容核心问题和思维技能核心问题融入每一项表现任务，要求各协作小组研究历史上的两个事件（印第安人被强迫在保留地生活并在加利福尼亚州淘金、奴隶被强迫在甘蔗种植园工作和生活），进行多源信息收集并加以比较。

在第一个形成性评估的表现任务中，他要求各小组演一个短剧，展示他们对四个角度的理解：（1）从印第安人的角度看加利福尼亚州淘金生活；（2）从牧师的角度看加利福尼亚州淘金生活；（3）从奴隶的角度看种植园的生活；（4）从种植园主的角度看种植园的生活。他还要求学生回答核心问题，了解他们是否理解学习中的某个大概念。在学生收集信息、制订计划和表演短剧的过程中，李老师不断地对他们进行评估并反馈结果。在学生回答核心问题时，他一直在观察他们的表现，他悄悄地在学生中间走动，对学生的回答进行肯定、提问或指导。

第二个表现任务可以反馈学生比较奴隶和印第安人待遇的能力。学生必须选择或创建一个信息结构图，以体现奴隶和印第安人待遇的相同点和不同点。这种形成性评估有助于李老师了解学生比较的深度，以及自己调整教学的方式。他再次要求学生回答一个核心问题，对该问题的回答有助于学生总结学习的本质。和以前一样，他全程观察学生的表现并提出反馈。

最后，作为第三项表现任务，他要求学生提交最后的展示方案（大纲），这样就可以帮助他们发现问题并提供支持。在学生制定方案时，他会评估学生的需求并向学生提供帮助和指导。如果某个小组在规划时缺少对内容深度的把握，他会引导他们使用"寻找关联"思维技能，帮助他们将更深入、更准确的知识融入其中。某个小组列出了大量有关奴隶待遇的详细信息，但很少提及印第安人的待遇。李老师认为，各小组的大纲必须准确地概述最后要展示的内容。他在各小组之间走动，鼓励学生在规划中体现自己的深刻理解，以便让他人见证。他提出了一个与"制订计划"相关的思维技能核心问题，对该问题的回答可以作为衔接原则帮助学生进行知识迁移。

第四步：作为总结性评估措施，李老师要求学生完成一个任务，利用PPT比较殖民者对待两种人群的态度，即被强迫在保留地生活并在加利福尼亚州淘金的印第安人和被强迫在甘蔗种植园工作和生活的奴隶。他要求学生不仅要回忆知识点，还要对历史上这些迫使某些人背井离乡、为他人利益从事非人劳动的黑暗时期进行对比和比较。为确保学生积极参与该任务，在介绍了最终的评估方法后，李老师邀请学生和他沟通设计一套评估标准。学生认为哪些方法有助于他们达成教学目标？表9-9是该评估标准的简要模板。

表9-9 李老师的思维技能目标和内容目标评估标准

	4 优秀	3 达标	2 基本达标	1 不达标	点评/我的问题
计划： ● 明确展示的目的、听众和形式。 ● 信息结构图中体现的比较关系。 ● 事件排序。	● 明确了展示的目的、听众和形式。 ● 信息结构图清晰地展示了丰富的细节对比。 ● 该计划清晰而缜密地体现了事件的顺序。	● 基本明确了展示的目的、听众和形式。 ● 信息结构图清晰地展示了细节对比。 ● 该计划清晰地体现了事件的顺序。	● 初步明确了展示的目的、听众和形式。 ● 信息结构图需要更多详细的细节对比。 ● 该计划初步体现了事件的顺序。	● 未能明确展示的目的、听众和形式，需要进一步改进。 ● 信息结构图未能清晰地展示对比关系，需要进一步改进。 ● 该计划事件顺序混乱，需要进一步改进。	
思维技能： ● 对"比较判断"思维技能的使用能力。	● 基于充分的案例体现了两方的相似之处。 ● 基于充分的案例体现了两方的不同之处。	● 基于充分的案例基本体现了两方的相似之处。 ● 基于充分的案例基本体现了两方的不同之处。	● 体现了两方的相似之处，但过于基础和具体，不利于进行推理。 ● 体现了两方的不同之处，但过于基础和具体，不利于进行推理。	● 未能基于充分的案例体现两方的相似之处，需要进一步改进。 ● 未能基于充分的案例体现两方的不同之处，需要进一步改进。	

续表

	4 **优秀**	**3** **达标**	**2** **基本达标**	**1** **不达标**	点评/ 我的 问题
内容： ● 印第安人和奴隶待遇相关知识的准确性和深度。	● 内容翔实，论据充分，可以有效支撑主题。 ● 所选材料切合主题。 ● 利用优质信息源。	● 内容基本翔实，论据基本充分，基本可以支撑主题。 ● 所选材料与主题相关。 ● 利用合适的信息源。	● 内容和论据可以支撑主题，但不够深刻。 ● 所选材料与主题不完全相关。 ● 利用有限的信息源。	● 内容不翔实，论据不充分，需要进一步改进。 ● 所选材料多数与主题不相关，需要进一步改进。 ● 利用无效信息源，需要进一步改进。	
批判性思维： ● 推理和两方论据。	● 所选信息与两个主题领域密切相关。 ● 信息结构完善、符合逻辑。 ● 所选材料衔接非常自然、联系非常紧密。	● 所选信息与两个主题领域相关。 ● 信息结构良好。 ● 所选材料衔接自然、联系紧密。	● 所选信息与两个主题领域相关，但缺乏批判性和原创性。 ● 可以看出基本的信息结构，但有些关联不明显。 ● 有些内容之间没有关联、缺少过渡，影响流畅性。	● 信息关联度不够，有些信息与两个主题的关联不明确，需要进一步改进。 ● 信息组织不佳，难以发现信息之间的关联。 ● 各种信息之间缺少关联，缺少过渡和关联材料，需要进一步改进。	

第五步：最终展示（课后评估）结束后，李老师基于思维技能评估标准检验学生对相关思维技能的掌握情况。该评估标准提出了以下问题："你运用了哪些思维技能收集任务信息？你运用了哪些思维技能转换信息？你运用了哪些思维技能将新学的知识传达给我们和听众？你们是如何进行小组合作的？你还有什么问题？"

该评估标准提供的信息非常丰富。李老师发现，学生可以越来越轻松地借助相关思维技能理解自己的学习内容。他还可以发现一些不容易识别，但对学习很重要的技能，从而调整自己的教学。他从评估标准中发现学生的协作能力还有待加强。各协作小组在上个月取得了很大的进步，他希望下一步重点帮助学生更好地倾听他人想法，这样他们就可以记住和理解听到的内容，并将自己的观点与听到的内容结合起来。

学年结束时，李老师的学生再次拿到了学年初进行预评估的调查问卷，又进行了一次问卷调查，这一次他们惊喜地发现自己的思维有了明显的进步，已经为未来的学习做好了准备。

小结

- 进行有效的动态评估，教师应先确定某一课程、任务或单元学习的核心知识，设计并利用一些可以激发学生批判性思维的核心问题，激发学生兴趣并指导课程建设。

- 评估的目的是让学生了解自己的理解水平，并让教师了解学生。因此，教师和学生要从学生、家长和教师的视角对 21 种思维技能进行评估。教师要对预评估、形成性评估和总结性评估的结果进行整合，从而获得有意义的反馈，以帮助学生开展学习。

- 当学生参与设计评估方案时，会体会到更多的参与感和认同感。

- 形成性评估基于核心问题，目的是引导学生理解学习内容相关大概念，并使其能够在课堂之外使用这些大概念。

参考文献

Ainsworth, L. (2010). *Rigorous curriculum design*. Englewood, CO: The Lead and Learn Press.

Ainsworth, L., & Christenson, J. (1998). *Student-generated rubrics: Assessment model to help students succeed*. Orangeburg, NY: D Seymour.

Brookhart, S. (2010). *How to assess higher order thinking skills in your classroom*. Alexandria, VA: ASCD.

Elder, L., & Paul, R. (2009). *The art of asking essential questions*. Dillon Beach, CA: The Foundation for Critical Thinking.

Fisher, D., & Frey, N. (2012). Making time for feedback. *Educational Leadership, 70*(1), 42–47: ASCD.

Hattie, J. (2012, September). Know thy impact. *Educational Leadership, 70*(1), 18–23: ASCD.

Stiggins, R., Arter, J., Chappuis, J., & Chappuis, S. (2006). *Classroom assessment for student learning: Doing it right—Using it well*. Boston, MA: Pearson Education.

Tovani, C. (2012). Feedback is a two-way street. *Educational Leadership, 70*(1), 48–51: ASCD.

Wiggins, G. (2012). 7 keys to effective feedback. *Educational Leadership, 70*(1), 10–16: ASCD.

Wiggins, G., & McTighe, J. (2006). *Understanding by design* (expanded 2nd ed.). Upper Saddle River, NJ: Pearson.

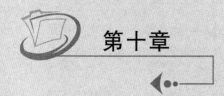

第十章

课程设计：整合各类元素

《MiCOSA 课程设计指南》可以帮助教师利用和整合在本书中学到的 Mi-COSA 教学法要素，指导整个教学过程。

伊奈宝老师问她的学生："父母、祖父母、阿姨或叔叔有没有给你讲过故事？这些故事是你们文化中的故事吗？"当学生回答了这一问题后，她继续问："他们为什么要讲这些故事？"然后学生开始分享自己的想法。听完他们的回答后，伊奈宝老师说："你们提到的某些原因与在家里听到或读到的故事主题有关，即他们希望你们从故事中汲取经验教训。想一想什么是主题，然后写下自己最初的观点并记住这些观点。学习完生活与文学这一单元后，你们要基于新视角重新审视自己最初的观点，并修正自己的思维。"

"我们将阅读一篇关于'坐牛'的故事，他是一位伟大的拉科塔族领导人。故事名称叫《一个'慢'男孩》，在阅读这个故事时，你们要找出故事的中心思想，列举事例等论据来支撑主题，寻找并记录对拉科塔文化的理解。然后，反复进行这项工作，寻找自己文化故事中的主题、论据和文化。这些故事蕴含丰富的思想和发人深省的经验教训。如果你是拉科塔人，可以阅读其他文化的故事。要运用'比较判断'和'寻找关联'思维技能，深化对故事主题和文化的理解。"

当教师开始利用 MiCOSA 框架制定完整的课程设计时，就要整合学到的所有要素。像伊奈宝老师一样，我们要结合丰富的课程内容与学生的原有知识文化，利用引导对话帮助学生发展相关的思维技能。教师可基于这些要素提炼学习标准相关大概念，从而评估学生对内容的掌握程度和对知识的迁移能力。《MiCOSA 课程设计指南》将帮助教师规划课程发展。

《MiCOSA 课程设计指南》

MiCOSA 教学法可以帮助教师把关键元素有效地融入课程设计中。它提供了一套总体方案：围绕思维技能制定教学计划，基于核心问题展开探究，鼓励学生提炼大概念并进行知识迁移。此外，MiCOSA 教学法还鼓励教师利用引导对话帮助学生发展思维，并指导他们进行自主学习。MiCOSA 教学法的总体方案将指导教师评估学生的学习情况并支持学生进行知识迁移。在评估学生学习情况时，教师应该重点评估学生回答核心问题的能力，因为这些问题可以体现学生对不同学科内容进行概括的能力。

《MiCOSA 课程设计指南》（见表 10 - 1）提供了一个框架，将课程设计的各要素整合到一起，帮助教师激发学生的批判性思维并指导学生进行知识迁移。框架中各要素都是《MiCOSA 课程设计指南》的重要内容。MiCOSA 课程设计借鉴了威金斯和麦克泰格（Wiggins & McTighe，2006）的后向映射概念，遵循三个指导性问题。前两个指导性问题是课程发展的支撑：

- 哪些知识是核心知识？
- 哪些评估可以反映学生的理解水平？

第三个问题可以引导教师进行课程设计，评估学生对知识的掌握和迁移情况：

- 哪些方法（程序）可以激发学生的动力、促进学生的学习？

表 10 - 1 《MiCOSA 课程设计指南》

I：确定学习目标：哪些知识是核心知识？
内容标准
1. 确定内容标准及其核心理念。
2. 确定目标思维技能。
制定课程目标
3. 制定内容目标和思维技能目标。
4. 提炼目标的狭义大概念。
5. 提炼目标的广义大概念。
6. 构建有助于思维技能迁移的衔接原则。
II：学习评估方案：哪些评估可以反映学生的理解水平？
核心问题和课后评估方案
7. 提出针对内容和思维技能的核心问题。

8. 设计总结性评估方案。

预评估

9. 选择针对内容和思维技能的预评估方案。

非正式的持续性形成性评估

10. 制定与课后评估和核心问题相关的形成性评估手段。

Ⅲ：教学方案：哪些方法（程序）可以激发学生的动力、促进学生的学习？

11. 设定教学顺序，整合以下内容：

（1）围绕与文化或个人相关的问题（事件）开展活动。

（2）评估原有知识和文化基础，以衔接新的学习。

（3）发展相关思维技能，并将其与内容相结合。

（4）利用引导对话检验和引导学生对学习的理解。

（5）基于狭义大概念和广义大概念开发内容深度。

（6）利用相关策略和活动帮助学生掌握学习内容。

（7）利用相关策略和活动进行形成性评估。

（8）利用反馈调整教学。

（9）鼓励团队合作。

（10）将总结性评估和知识迁移融入教学。确定下一步行动。

确定学习目标：哪些知识是核心知识？

制订教学计划首先要确定学生应该理解的知识。教师想让学生学习理解哪些知识？哪些思维技能有助于这种理解？为了让学生达成教学目标，教师需要利用哪些材料、安排哪些日常课程？第七章概述了如何确定课程标准，将其作为传授思维技能和确定核心理念的重点。第八章介绍了如何提炼大概念、挖掘内容深度。第九章讲述了评估的力量，确定核心问题有助于更有效地计划和评估学生的学习。本章旨在将上述知识融入课程设计。似乎看起来有点复杂，但不必担心，规划时间有助于逐步处理各种问题。若教师可以熟练地讲授内容知识和思维技能，就可以更容易地指导学生进行知识迁移（基于狭义大概念和广义大概念），也可以更容易地基于核心问题评估学生的学习。教学相长是多数老师追求的目标。

《MiCOSA 课程设计指南》提到的教学法可以指导教师的教学。表 10 - 2 介绍了其中一种教学法，展示了确定教学目标的过程及范例。

确定内容标准及其核心理念。明确教学的内容标准（详见第七章）能够帮助教师确定相关的思维技能，可以在所选标准的核心理念下画横线。

确定目标思维技能。确定学习核心理念所需的思维技能以及达到课程标准所需的思维技能。

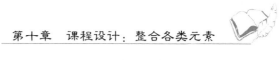

表 10-2　确定教学目标：哪些知识是核心知识？

步骤	示例
确定内容标准及其核心理念（在核心理念下画横线）	四年级科学课标准 LS3.a，b：<u>生物的生存既离不开其他生物，也离不开其生存的环境</u>。理解这一理念的基础：（1）学生要了解生态系统中有各种生命体和非生命体。（2）学生要知道，在任何环境中，都会有生存得很好的动植物、生活得不好的动植物和根本无法生存的动植物。
确定目标思维技能（在核心技能下画横线）	<u>寻找关联</u> 比较判断、比对多源信息、因果假设
制定内容目标	让学生口头和书面解释核心理念："生物的生存既离不开其他生物，也离不开其生存的环境"。让他们把各种生命体和非生命体归入四个不同生态系统。
制定思维技能目标	学生将运用"寻找关联"思维技能展示生态系统中环境，以及植物和动物之间的相互关系。他们还将理解"寻找关联"思维技能在课外生活中的作用。
提炼狭义大概念	狭义大概念 1：生态系统的存续离不开系统中各元素之间的相互作用。 狭义大概念 2：如果你发现了某生态系统元素间的相互关系，就可以将其应用到新的生态系统中。 狭义大概念 3：为了生存，生态系统的各种生物必须与栖息地的各种生命体和非生命体相互作用。 狭义大概念 4：能适应环境的动植物生存得更好。

续表

步骤	示例
提炼广义大概念	广义大概念 1：作为人类，我们是家庭、运动团队、宗教团体、文化甚至城镇和世界等众多系统的重要元素。为了在各个系统中生存，我们必须相互依赖，相互负责。 广义大概念 2：作为人类，我们生活在相互影响、共享资源的社区。我必须智慧地利用人际资源，因为我们的行为不仅会影响和改变社区，还会改变整个世界。 广义大概念 3：为了更好地生活，我们必须时刻准备适应和改变我们的生活方式。
构建衔接原则（选一两个用于教学）	思维技能衔接原则：当我发现关联时…… ……我可以理解和确定相关的模式和趋势。 ……我了解各种信息之间的关联……然后对所学知识有了更深入的理解。 ……我对生态系统各组成部分有了一定的了解，知道它们发挥什么作用。 ……这有助于我记住生态系统的各个元素及其意义。

制定内容目标和思维技能目标。内容目标（详见第七章）基于课程标准，明确了教学内容。内容目标应该具有可评估性，供教师在课后评估中了解学生的学习情况。与其简单地罗列学生要理解的知识，不如确定他们描述或展示所学知识的能力。这些"能力"与你的评估密切相关。课程设计应分别体现内容目标和思维技能目标。

提炼狭义大概念和广义大概念。第八章介绍了如何提炼大概念，这与核心问题和课程设计密切相关。大概念分为两种：

- 狭义大概念——可在同一学习单元内迁移的概念。
- 广义大概念——一般是从狭义大概念中提炼的更抽象的可迁移的概念。

构建有助于思维技能迁移的衔接原则。第三章介绍了如何创建相关的衔接原则，以帮助学生将思维技能迁移到其他内容领域。MiCOSA 强调主动学习，鼓励学生创建自己的衔接原则。但是，教师最好提前考虑潜在的衔接原则，对学生进行指导或给他们提供范例，并借助学生创建的衔接原则评估他们利用新思维技能掌握大概念的情况。

学习评估方案：哪些评估可以反映学生的理解水平？

评估可以反映学生的学习情况及其对原有知识的深入理解情况。教师可以利用预评估，在"规划图"中标记自己的"目的地"，在设计评估方案时，最好在脑海中先设定一个目标，然后向着"目的地"反推。因此，在预评估之前，教师应该设计核心问题和总结性评估。希望学生回答哪些核心问题？教师要先列出核心问题，并根据核心问题制定总结性评估方案，再制定预评估方案，确保这些手段与 MiCOSA 教学法一致，重点评估学生的原有知识文化基础。利用预评估，教师可以了解学生关于学习内容和相关思维技能的原有知识。表现任务和其他形成性评估可以提供重要反馈，帮助教师进行教学调整。表 10-3 展示了评估学习的手段及具体方法示例。

表 10-3　学习评估方案：哪些评估可以反映学生的理解水平？

步骤	示例
提出核心问题 1. 提出内容核心问题 2. 提出思维技能核心问题（选一个用于教学）	内容核心问题： （1）如果将某种动植物从一个生态系统迁移到另一个生态系统，对其有什么影响？对原来的生态系统有什么影响？ （2）生态系统中生命体和非生命体之间有什么关系？ （3）为什么有些动植物比其栖息地的其他动植物生存得更好？ 思维技能核心问题： （1）_____和_____之间有什么关联？ （2）两者之间是如何相互影响的？ （3）寻找关联对你有什么帮助？ （4）寻找关联对你理解和记住新知识有什么帮助？
设计总结性评估方案 （整合内容和思维技能）	课后评估： （1）学生将确定四种生态系统中生命体和非生命体之间的关系，展现对"寻找关联"思维技能的理解和运用。 （2）学生将分别写一段话回答两个核心问题。 （3）提炼两个狭义大概念和一个广义大概念，对这部分知识进行总结。

续表

步骤	示例
设计预评估方案 1. 确定原有知识 2. 确定原有思维技能水平 3. 结合文化基础	原有知识： 让学生以小组为单位，设想动植物离开栖息地会怎样。为了回答这一问题，学生必须利用现有的生态系统知识，并整合生态系统各元素之间的关联。教师可以利用一个核心问题指导他们组织答案。 思维技能预评估和文化基础： 让学生从家里带一些照片，两人一组分享自己与照片中人物的关联。他们会分享关于照片中人物的记忆，无论是自己亲身经历的还是他人讲的"故事"，介绍自己与照片中人物除亲属关系之外的多种关联。
设计形成性评估方案（表现任务）	（1）让学生在信息结构图上列出生态系统的生命体和非生命体，对其进行归类，回答老师提出的问题，体现他们对各元素之间关联的理解。 （2）让学生利用"拼图"这种合作学习策略，向其他人介绍自己研究的生态系统。教师可以通过观察和提问开展非正式形成性评估。

提出针对内容和思维技能的核心问题。 教师可以设置一些激发学生批判性思维和探究精神的核心问题。第九章介绍了这一过程。内容核心问题可以帮助学生了解相关标准中的大概念，思维技能核心问题有助于思维技能的发展和迁移。通过回答核心问题，学生可以整合所学知识，形成一些可以迁移到未来学习中的狭义大概念、广义大概念和衔接原则。

在进行课程设计时，教师要设计几个可以指导课程发展的核心问题，利用它们把思维技能和教学内容结合起来。教师要利用核心问题指导学生进行知识迁移、加深理解，还要利用提炼出来的狭义大概念、广义大概念及衔接原则。

设计总结性评估方案。 总结性评估也称课后评估，旨在通过任务体现学生的学习情况。学生对核心问题的回答可以体现对所学知识的理解。他们学到了哪些大概念？他们能否迁移这些大概念？第九章介绍了很多课后评估手段，包括口头与视觉项目展示和写论文等形式，让学生简单总结和反思每日学习也很有帮助。

选择针对内容和思维技能的预评估方案。 原有知识和文化基础的作用不容低估（其中就包括作为预评估的基础）。设计与学生文化相关的任务可以了解学生的相关经历，增强学生的归属感。教师要利用预评估的反馈将学生的经历和新知识结合起来。

教师要基于学生的原有知识和思维技能制定评估方案。表 10 - 3 介绍了《MiCOSA 课程设计指南》的相关内容，展示如何对基于学生原有文化背景的教学内容和思维技能进行预评估。通常情况下，教师只需要进行一次预评估，因为在整个教学过程中，教师会不断地在非正式场合发现学生的原有知识，从而可以寻找其原有知识与生活背景之间的关联。

制定与课后评估和核心问题相关的形成性评估手段。教师设计的教学活动应有助于学生达成教学目标。为此，设计一些形成性评估手段以检测学习情况尤为重要。这些评估要包含表现任务和学生自我评估，以及一些非正式手段。教师要为学生明确评分标准。这些形成性评估手段可以反馈学生对知识的掌握情况，帮助教师评估学生的知识迁移能力。可以让学生思考："运用衔接原则，想一想你们还可以在哪些情境中运用这些思维技能？并与大家分享。"

教学方案：哪些方法（程序）可以激发学生的动力、促进学生的学习？

《MiCOSA 课程设计指南》最后一部分详细介绍了如何撰写教学方案，这对授课过程非常重要。《MiCOSA 课程设计指南》整合了框架中各重要元素，在最后一部分介绍了两种课程设计模式——详细设计和简洁设计。

MiCOSA 课程设计模式

确定好教学目标并设计好评估方案后，就要准备开始教学了。为此，教师要利用 MiCOSA 课程设计模式来设计教学方法与程序，激励学生参与，促进学生学习。这要求教师合理安排授课内容：要兼顾引导对话，以及发展学生思维技能和批判性思维。此外，教师还要提出指导性核心问题，进行形成性评估，帮助学生知识迁移。下面的内容将有助于教师在进行课程设计时思考规划学生学习的方法：

（1）围绕与文化或个人相关的问题（事件）开展活动。

（2）评估原有知识和文化基础，以衔接新的学习。

（3）发展相关思维技能，并将其与内容相结合。

（4）利用引导对话检验和引导学生对学习的理解。

（5）基于狭义大概念和广义大概念开发内容深度。

（6）利用相关策略和活动帮助学生掌握学习内容。

（7）利用相关策略和活动进行形成性评估。

（8）利用反馈调整教学。

（9）鼓励团队合作。

（10）将总结性评估和知识迁移融入教学。确定下一步行动。

MiCOSA 介绍了两种课程设计模式——详细设计和简洁设计。详细设计可以帮助教师规划学生的学习过程，在熟悉学习过程后，就可以利用简洁设计了。

《MiCOSA 课程设计指南》之详细课程设计

详细课程设计对学习过程非常有帮助，能体现出各种教学活动的重要意义，以确保教师正确引导学生提高思维技能，掌握教学内容。进行完整的规划可以让教师预先思考各教学要点，例如，介绍思维技能，预评估学生的文化基础，引导不擅长某些思维技能的学生以帮助其深入理解教学内容等。

表 10 - 4 是根据《MiCOSA 课程设计指南》制定的详细课程设计。生态系统是重点教学内容，"寻找关联"是要传授的思维技能。在该课程中，教师可以发现前面介绍过的引导对话、思维技能、教学内容和课堂活动等教学环节被整合起来。利用各栏内容，你可以认真寻找引导对话、思维技能、教学内容和课堂活动的内在联系。教师可设计问题和对话，帮助自己进行预先思考并安排相关的教学环节，并随时对课程设计进行调整。尽管无法准确预测学生的各种回答，但教师还是应该在课程设计过程中预测学生的回答并有所借鉴。此外，在实际教学中你可能还会遇到课程设计中没有的"教学时刻"，这些时刻也可以支持学生的学习。

确定内容（教学步骤）和思维技能。教师简要标注教学步骤，提示何时讲解何种内容、任务或活动，这也是教学实践中的常规做法。借助 MiCOSA 开展教学时，教师应有针对性地标注何时讲授何种思维技能、评估方法、核心问题、狭义大概念、广义大概念、衔接原则和某些观点。这些简短的备注是课程设计的重点，也是授课的重要参考。

标注引导对话。为了确保用到所有五种引导对话，教师在课程设计备注用到的引导对话名称，五种引导对话分别是目的互动型、引导意义型、衔接思维型、自我调节型和培养能力型。这些引导对话有助于学生理解相关思维技能。表 10 - 4 涉及了每种引导对话，但并非按照序号顺序排列。教师要正确使用引导对话，就具体问题与学生展开互动。比如，在引导学生了解课程意义或将新知识衔接到其他情境的过程中，教师就要在设计引导对话时做好标注，以便对其进行整合。这样做可以帮助教师多方检查是否遗漏了任何引导对话，并在后面的教学中做出调整。

设计引导对话，加入提示问题。设计引导对话可以让教师真正与学生开展互动。如何开场？如何给出提示或提出关键问题？利用引导对话，教师可以检查教学设计中的各元素，确保所做的工作符合自己的想法。例如，在介绍一种新思维技能之前，教师要让学生了解教学目的，引导学生运用该思维技能。教师可以在引导对话旁边标明目的，并设计活动，组织语言，帮助学生参与互动和学习，引导学生理解思维技能的意义以调节自己的学习，从而能充分发挥自己的思维技能并利用外界的反馈。教师应该如何激励学生提高能力，并最终进行知识迁移？

表 10 - 4　详细课程设计：选自课程"寻找生态系统之间的关联"

教学方案：哪些方法（程序）可以激发学生的动力、促进学生的学习？			
教学步骤和思维技能	引导对话类型	引导对话和提示问题	活动和素材
第一天：约20分钟提出一个核心问题，对学生有关生态系统的原有知识进行预评估。	目的互动型	第一天：圣迭戈海滩有北极熊吗？（学生回答）圣迭戈山里有袋鼠吗？（学生发笑）没有！你为什么会这样认为？	第一天：展示一张生活在栖息地的北极熊照片和一张海滩的照片。展示一张生活在栖息地的袋鼠照片和一张大山的照片。
寻找关联	自我调节型	请大家认真思考这个问题，在白板上至少写出3个自己的观点。该核心问题（指向问题）将帮助你提高思维技能。让我们一起读出这个问题："如果我们……"现在，思考自己的观点，然后一起讨论。你们有3分钟时间思考并写下自己的观点。	上课之前，把下面的核心问题贴在教室前面：如果我们把某种动植物从一个生态系统迁移到另一个生态系统，对该动植物有什么影响？对其移出的生态系统有什么影响？一起读出该问题。
	培养能力型	（认可学生从原有知识获取观点的能力。）你们中有些人的观点很特别、很重要，让我印象深刻。有些人把多条信息整合到一起。我们要认真思考这些观点之间的关联，你们已经开了一个好头。	白板：当学生在白板上写自己的观点的时候，教师要观察学生的思维并提供相应的支持。
团队合作善用关键词	目的互动型	4人一组分享观点，并通过交流发现新观点。团队合作有助于发现新观点。每人有6分钟时间从白板上选出最喜欢或最感兴趣的问题，将其写到卡片上，并与组员分享。	给每个学生发一张卡片，让学生4人一组，对卡片内容进行讨论，然后口述卡片上的重要观点。
	培养能力型（将原有知识与新知识结合起来）	最后，展示你们的观点，并根据这些观点进行下一步学习。	走动/观察/支持。学生展示自己的回答，各组分享6~8个最佳答案并进行点评。
	培养能力型	在我四处走动，倾听你们讨论的过程中，我听到了"生态系统"一词。我知道墙上	

续表

教学方案：哪些方法（程序）可以激发学生的动力、促进学生的学习？			
教学步骤和思维技能	引导对话类型	引导对话和提示问题	活动和素材
善用关键词	目的互动型	有这个词，它是核心问题的一部分，我很高兴你们发现了这种关联。这正是我们要学习的内容——生态系统及其独立性。 这是科学书上的定义。我把它展示出来，随着学习的深入，你们可以将该定义作为参考，检查自己的理解情况。让我们一起读出来……"生命体和非生命体"是什么意思？和同学讨论一下。〔帮助学生理解（如，生命体＝植物、动物和细菌等有机体，非生命体＝水、阳光、氧气、温度和土壤）〕	给出定义：生态系统是一种环境，由生命体和非生命体组成，系统内各组成部分相互联系。为学生展示核心问题。
学生基于核心问题提炼初步的狭义大概念	引导意义型	现在，让我们回到课程开始时提出的核心问题：如果我们把某种动植物从一个生态系统迁移到另一个生态系统，对该动植物有什么影响？对其移出的生态系统有什么影响？这其实是一个非常复杂的问题，只有学习更多知识，我们才能给出全面的答案。但是，现在你们要根据现有知识，在日志中写下可以帮助你回答核心问题的观点。我希望你们能提出一些问题。你们还想要知道什么？你们还想发现什么？这对未来的学习很重要。 本单元学习结束时，你们要展示自己对所学内容相关大概	让学生再次关注核心问题：如果我们把某种动植物从一个生态系统迁移到另一个生态系统，对该动植物有什么影响？对其移出的生态系统有什么影响？让学生在日志上写下对该问题的回答。 关注课后评估 A——（整合内容和与思维技能）学生将确定四种不同生态系统中生命体和非生命体之间的关系，以此展示对"寻找关联"思维技能的理解和运用。

续表

教学方案：哪些方法（程序）可以激发学生的动力、促进学生的学习？			
教学步骤和思维技能	引导对话类型	引导对话和提示问题	活动和素材
		念的理解。我在这里介绍两种课后评估方案，这样你们就可以知道对自己学习情况的评估方法。请认真听。（读课后评估方案 A 和 B。）你们已经思考了第一个核心问题，明天我将向你们提出第二个核心问题。现在，请上交你们的日志本，让我了解你们对知识的掌握情况，以规划明天的教学。	关注课后评估 B——学生写下两段话，分别回答与"生态系统及其独立性"相关的两个核心问题，以此展示对"寻找关联"思维技能的理解和运用。 收集学生的日志。根据预评估和学生日志的反馈调整第二天的教学内容与方法。
第二天课程的开场内容：阅读了学生的日志之后，教师对学生关于生态系统的原有知识有了一定了解。她注意到，很多人开始明白一个大概念，即动植物都需要生活在满足其需求的环境中（例如，适宜生存的食物、水、温度和生长地）。她将注意力重新放在第二个核心问题上：生态系统中生命体和非生命体之间有什么关联？她介绍了"寻找关联"思维技能，并将其定义为"找出不同信息之间的联系和关系"。接下来，利用一项活动将思维技能与学生的个人生活结合起来。她分享了两个女人的照片，并讲述了与照片人物之间的联系和关系。然后让学生两人一组，寻找自己与家庭照片人物的联系和关系，并相互分享。为了帮助学生进一步理解联系和关系，教师展示了一份蛋糕食谱。			
提出提示问题，利用类比将文化与思维技能结合起来。 寻找关联 制作三奶蛋糕	衔接思维型 目的互动型 自我调节型	让我们看一下三奶蛋糕的做法，了解蛋糕制作过程中的各种联系和关系有助于你们理解"寻找关联"思维技能。 蛋糕在很多文化中是庆祝场合不可或缺的元素。（列举不同文化的例子。）制作这种美味的墨西哥传统蛋糕对我们理解联系和关系有什么帮助？不要只讨论蛋糕的各种原料和用法，试着去了解蛋糕制作各环节或流程对成品的影响。比如，合适的温度对烤蛋糕有什么重要作用？和同学讨论这一问题，然后分享你们的观点。	展示蛋糕图和做法，提出提示问题：制作这种美味的墨西哥传统蛋糕对我们理解联系和关系有什么帮助呢？ 利用白板，两人一组进行分享。教师在教室里走动并观察。看看哪些学生的回答不仅提到了原料与蛋糕之间的关系，还提到了烘焙方法与蛋糕之间的关系：容器类型、在烤箱中的位置、温度和烘焙时间等等。思考这些因素对蛋糕烘焙成功与否有什么影响。

续表

教学方案：哪些方法（程序）可以激发学生的动力、促进学生的学习？			
教学步骤和思维技能	引导对话类型	引导对话和提示问题	活动和素材
衔接原则	培养能力型 衔接思维型	（分享学生观点。）哇，我听到了一些很棒的观点！你们理解了蛋糕制作各环节的重要作用，知道各环节缺一不可。如果某个环节缺失或失败，蛋糕制作就不会成功。"寻找关联"思维技能帮助我们理解了各种信息如何相互影响、相互关联。让我们一起根据所学知识创建一个衔接原则，这样我们就可以牢记并反复利用该原则，以解决以后遇到的问题。 现在，在你们的日志中写下新的衔接原则，并举一个可以利用该原则解决问题的例子。 现在我们要利用这一思维技能学习生态系统。	分享学生的观点。 和学生一起创建衔接原则并展示。比如，当我运用"寻找关联"思维技能时，可以发现各信息之间是如何相互关联的。 思维技能日志：学生在日志中写下该衔接原则，并举一个自己迁移该原则的例子。
第二天课程的其他内容：教师熟练地将"寻找关联"思维技能衔接到生态系统的学习中，要求学生通过协作式小组活动（拼图），扮演四种生态系统领域的科学家：沙漠、珊瑚礁、雨林、苔原。教师给每个小组提供了参考资料：他们所研究的生态系统的相关资料，以及四个生态系统生命体和非生命体的图片。经过仔细阅读，每个小组挑选了所需图片。学生将利用信息结构图来整理发现的关系和联系。每名"专家"要与其他三个生态系统的"专家"分享所在小组的发现，最终让全体学生了解四个生态系统。他们在信息结构图上记录新信息，回家后将继续研究这些信息，为第二天的掷方块游戏做准备。当学生进行小组协作时，教师要引导他们利用"寻找关联"思维技能，将自己的观察纳入非正式形成性评估方案。			
第三天：对知识和课后评估活动 A、B 进行整合	目的互动型	今天我们要评估大家对生态系统及其独立性的掌握情况。在进行下一项活动之前，我会给你们 5 分钟时间回顾昨天的问卷调查和信息结构图。你们还有什么问题吗？（回答	收集作业。回收调查问卷，获得相关反馈并据此修改教学方案。 关注课后评估 A——（整合内容与思维技能）。

续表

教学方案：哪些方法（程序）可以激发学生的动力、促进学生的学习？			
教学步骤和思维技能	引导对话类型	引导对话和提示问题	活动和素材
课后评估 A（表现任务 II）——检查知识掌握情况	引导意义型	学生关切的问题。）准备，开始。 既然大家已经掌握了四种生态系统的相关知识，那么你们在探究不同生态系统时要利用"寻找关联"思维技能！每个小组都有一个方块和四张索引卡。每张卡上面写着一种生态系统名称，方块的每个面上都有一个关于生态系统内部关联的问题，这些问题和大家之前回答的问题类似。大家轮流掷方块，再选一张索引卡，确定要回答的问题是关于哪种生态系统的哪个方面。具体操作是这样的（示范）。	学生将确定四种生态系统中生命体和非生命体之间的关系，体现对"寻找关联"思维技能的理解和运用。 （互动性掷方块活动可以使学生随机选择要回答的问题。）
	团队合作型	首先，选择一张卡片，这张卡片会告诉你要关注哪种生态系统。研究该生态系统的人出来掷方块，然后，每名组员用钢笔在本子上悄悄写下自己的答案。大家有 1 分钟时间思考。然后，每个人与"专家"分享自己的答案，"专家"将告诉你们答案正确与否，并帮助你们改进自己的答案。用铅笔修改自己的答案，这样我们可以看出你是如何利用团队合作改变自己思维的。如果有的小组有两名"专家"，那么该组学生可以共享两位"专家"的帮助。	给每个小组提供一个方块和四张索引卡（每张卡上写有一个生态系统的名称）。学生写下自己的答案，活动结束后将答案交给教师进行评估或反馈。 活动期间：利用相关问题引导学生利用联系和关系运用"寻找关联"思维技能。比如：你为什么选择生态系统中的这种动物？它与温度和植物有什么联系？你为什么选择这种环境？你是如何寻找关联做出这

续表

教学方案：哪些方法（程序）可以激发学生的动力、促进学生的学习？			
教学步骤和思维技能	引导对话类型	引导对话和提示问题	活动和素材
	培养能力型	准备好了吗？去分享你们的专业知识吧！ 我在教室走动时，发现有的小组协作得非常好。我看到你们向他人提问、回答他人问题、对自己最初的回答进行修改。非常棒！我听到了有人发现生命体与非生命体之间隐晦联系时兴奋不已。 这部分课后评估分为三项内容： （1）回答2个核心问题。 （2）提炼2个狭义大概念。 （3）提炼1个广义大概念。	种决定的？植物、温度和动物之间有什么关系？ 收集信息结构图、问卷调查表和答案纸，用于进行形成性评估或反馈。 学生做这项任务时要用到钢笔和铅笔。教师应观察并给与支持。
课后评估——提炼广义大概念 第三天：对知识和课后评估A、B进行整合	目的互动型	让我们回到2个核心问题。（让学生把注意力放在2个核心问题上。）第一个问题是：如果我们把某种动植物从一个生态系统迁移到另一个生态系统，对该动植物有什么影响？对其移出的生态系统有什么影响？你们昨天回答了这个问题，但是当时你们还不具备现在的某些知识。重温你们在思维技能日志中写下的答案，使之更加完善。然后，回答第二个核心问题：生态系统中生命体和非生命体之间有什么关联？你们的答案将反映某些基于内容的大概念，记住这些大概念非常重要。	关注课后评估B——学生将写下两段话，分别回答与生态系统及其独立性相关的2个核心问题，展示对"寻找关联"思维技能的理解和运用。学生将提炼2个狭义大概念和1个广义大概念，对答案进行归纳总结。

续表

教学方案：哪些方法（程序）可以激发学生的动力、促进学生的学习？			
教学步骤和思维技能	引导对话类型	引导对话和提示问题	活动和素材
归纳总结 课后评估——提炼狭义大概念		各用一段话回答两个问题，然后再用一句话总结每段答案。这就是狭义大概念。我将告诉你们一套评分标准，帮助你们了解评估打分方法。这也有助于你们提炼自己的狭义大概念。 选择 1 个狭义大概念，试着从中提炼 1 个广义大概念。我知道你们在其他内容领域已经进行过类似工作，对此已经很熟悉了。关于如何提炼大概念你们还有什么问题吗？（回答学生问题）我会告诉你们评分标准，帮助你们提炼自己的大概念。在开始之前，你们有 3 分钟时间与同学分享想法或提出问题。明天课上我们将讨论提炼广义大概念的方法。	回顾 2 个核心问题。给每名学生提供一套有关狭义大概念和广义大概念的评分标准。 学生回顾自己的思维技能日志，重新审视并重塑自己的思维。在开始前的 2 分钟不要写任何东西，3 分钟后，学生必须安静地独立完成自己的工作。
接下来回到衔接原则，将其迁移到本单元之外的学习内容中。 利用衔接原则进行知识迁移 提出第三个核心问题，将其作为家庭作业。	衔接思维型	我希望你们关注之前写下的衔接原则，当运用"寻找关联"思维技能时，我可以发现各种信息之间是如何相互关联的。你将如何运用"寻找关联"思维技能解决在学校和家里遇到的其他问题？让学生进行头脑风暴。 我想给你们提一个问题当作家庭作业，该问题建立在你们目前学到的知识的基础上：为什么有的动植物比栖息地的其他动植物生存得要好？运用新学到的有关生态系统和思维技能找到该问题的答案。	学生把答案写在便笺纸上，本阶段学习结束后，教师可以把答案收集起来用于评估或反馈。 写下学生利用头脑风暴想出的观点。 家庭作业：布置关于内容的核心问题。

为了保证课程的流畅性，教师可以先写下设计的引导对话，然后再对其进行标注。通读写下的引导对话，再确定和标注要利用的思维技能。在授课期间，教师如何引导学生运用思维技能？要注意随时调整引导对话以确保涵盖各种类型。表 10 - 5 介绍了各类思维技能的提示性问题，以帮助教师引导学生运用思维技能。

表 10 - 5　MiCOSA 教学法中思维技能的提示问题

收集信息的思维技能	
1. 系统搜索	让我们回顾所有信息以防遗漏。 让我们系统地……，从哪里开始……然后……？ 哪些策略可以帮助我们收集所需信息？ 我们该如何收集所需信息？ 我们必须要做什么？ 你认为我们现在必须做什么？为什么？ 哪些线索可以帮你找到所需信息？
2. 保持专注	为什么收集信息时保持专注很重要？ 你准备好了吗？ 你能告诉我在哪里找到所需信息吗？ 请看这里。 下一步该干什么？ 你还有 1 分钟。 如果把桌子上不用的东西清理掉，是否有利于你保持专注？
3. 善用关键词	我把这个词语放在其他句子中，看看能否帮助你理解其意义。 它让你想起哪个词？ 让我们看看该词的这个部分能否提示我们该词的意义（前缀、后缀或词根）。
4. 比对多源信息	是的，还有其他哪些信息可以起到帮助作用？ 我们还需要考虑什么？ 我看到你做了……但你还需要考虑…… 再告诉我一些（或一个）。 你还看到了什么？
5. 判断空间位置	看向或指向（左、右、前、后）。 画出你（右边或左边）的画面。 这些空间词对我们有什么帮助？ 试着把书放到你面前，帮助你从书中找到所需的词语。 你能把书还到图书馆吗？你要往哪个方向走？你能给我指一下路吗？你靠哪些地标认路？

6. 把握时间位置	我们做这件事有没有一个主要的顺序（首先……然后……）？ 你似乎很难将正在阅读的内容进行排序。你能把读到的内容按时间排序吗？我想这会对你有所帮助。 过渡词对我们理解事件的顺序有什么帮助？ 这件事之后会发生什么？之前会发生什么？ 你认为做这件事需要多长时间？写下预估的时间。我们将给你设定时间，看看你能否按时完成！
7. 保持信息精准	我们收集信息时为什么要保持精准？ 把要求盖住，只给你们看部分内容。它要求我们做什么？ 我们怎样才能知道所读内容是否真实（准确）？ 哪个答案最不可能正确？为什么？
通用问题	你看到了什么？ 你认为需要做什么？ 你认为问题出在哪里？为什么？ 此处有什么含义？ 这是谁的观点？ 我们阅读时做了哪些假设？
转换信息的思维技能	
8. 设定目标	我们来谈谈你的目标——你想达成什么目标？ 好的计划需要有目标、步骤和结果，我们一起思考一下。 你为什么做这件事？ 你这么做的目的是什么？ 你要达成什么目标？ 你要解决什么问题？ 让我们把进度做成图表。 你能解释一下课程目标并告诉我希望从中学到什么吗？
9. 制订计划	你有计划吗？（如果没有）我们制订一个计划，看看有什么帮助？ 计划对你达成目标有什么帮助？ 哪种信息结构图能帮你确定和运用思维技能？ 你能告诉我工作计划吗？如何更高效地制订计划？ 写之前先闭上眼睛思考，整理自己的思维。

10. 比较判断	你怎么知道它是什么样子？ 这与你之前做过的事类似吗？好的，让我们来比较一下它们有什么异同，并对这些信息加以利用。 我们该如何进行比较？ 让我们把自己的思维和模型进行比较。 比较对我们进行分类有什么帮助？ ⓐ有什么特征？ⓑ有什么特征？它们有什么区别？ 它们之间有什么异同点？ 哪种信息结构图能帮助我们理解某些比较关系？
11. 排序分类	对信息进行分类对你有什么帮助？ 什么应放在第一位？ 如何对它们进行分组？它们有什么共同之处？ 该信息属于哪类？
12. 寻找关联	你能发现什么关联？ _____和_____有什么关联？ 这与问题有什么关联？ 我们所说的与我提供的证据有关联吗？ 我来帮助你把这些新知识和你已知的知识关联起来，帮你更好地理解新知识。 这些部分之间有什么关联？ 我是否得到了解决该问题所需的信息？
13. 视觉化	你能描述一下吗？ 它长什么样？ 先停止阅读，闭上眼睛，描述你脑海中的画面。然后继续读，再停下来，闭上眼睛描述脑海中的画面，画面有什么变化？ 你的写作如何帮助读者在脑海中形成画面？ 视觉化对你进行假设有什么帮助？
14. 逻辑推理	将所有线索放在一起，会发生什么？ 你能解读自己的思维吗？ 你如何得出结论？ 有没有可能还有其他结论？ 哪些线索帮助你得出那个结论？

15. 因果假设	原因是什么？ 结果是什么？ 让我们在信息结构图中记录思维，以理解因果关系。 因果关系对我们进行假设有什么帮助？ 根据数据结果，你能进行什么假设？ 利用"如果……那么……"框架帮助自己进行假设。 哪些是因果关系提示词（因为、如果或结果）？
16. 归纳总结	主要观点是什么？ 读完这一页后，总结读过的内容，再继续阅读。这有助于你保持意思的连贯性。 你昨天学到了什么？ 你提炼的主要观点是什么（大概念）？ 在笔记上画符号可以帮助你总结关键词，这有助于你了解所学内容的本质。 你能在信息结构图上记下要点吗？ 你得出了什么结论？ 修改内容的主旨是什么？
通用问题	告诉我你做这件事时的想法。 你将如何做？ 你说对了，是的，为什么不是……（一个错误答案）？ 你的信息依据是什么？ 你那样想的依据是什么？ 你需要重新思考这个问题吗？ 你有什么假设？
传达信息的思维技能	
17. 善用关键词	你能想出更准确的词表达想说的内容吗？ 你能把想表达的词画出来吗？有时候这样有助于你理解该词，也有助于你为其找到合适的定义标签。 给你想用的词找出同义词。 你能想出一个类比或比喻吗？ 你能否利用更多感官细节帮助我在脑海中形成画面？
18. 精准表述	你认为应该精准到什么程度？ 你能提供更多细节（更精确）吗？ 你能更具体（精确）点儿吗？ 你如何证明自己的思维是正确的？ 反思一下它是否准确、是否有意义。

19. 恰当用语	如果……你将怎么办？ 你考虑他人的观点吗？
20. 调节反馈	如果别人给你提建议，你会怎么办？ 开始之前进行缜密的思考，并整理自己的思维，这会对你有所帮助。 你认为该如何提高该思维技能？ 让我们记录你的进步情况，找到你认为自己工作进步很大的原因！你现在跟以前相比做了哪些改变？你还能把该策略应用到哪些地方？ 你喜欢你的工作吗？发现自己的优势对改进其他领域的工作有什么帮助？
21. 团队合作	与他人合作对你有什么帮助？ 你会听取他人意见吗？ 你会在小组活动中提出自己的观点吗？ 与他人协作会改变你的观点吗？
通用问题	完成一项任务之后，你对所学知识有什么感受？ 你觉得你的表现怎么样？找到一件让你兴奋的事和一件你想做的事。

标注活动和素材。教师可以在引导对话旁边做好标注，提醒自己可以利用哪些具体活动提高学生的参与度，以及课堂上要用到哪些材料。例如，提示向学生展示一些资料、把学生分成小组、非正式地观察学生学习、向学生分发一些材料，或让学生写电子日志等。这样可以提示和辅助教学，还可以更好地促进学生的学习。教师应利用多种机会，让学生协作完成一些项目或短期任务，帮助他们表达、思考和学以致用。

《MiCOSA 课程设计指南》之简洁课程设计

第二种课程设计是简洁设计，了解了详细完整的课程设计后，我们会发现这种简洁课程设计更快捷实用。简洁课程设计是一种"摘要"，是一种简单的信息结构图，可以辅助教师记下主要观点和概念，同时提炼大概念。表 10 - 6 展示了简洁课程设计，虽然还是以生态系统为例，但形式更为简单。

简洁课程设计的前半部分与详细课程设计相同，都是确定主要标准、思维技能、教学目标、狭义大概念和广义大概念，以及评估方法。表 10 - 6 展示了简洁课程设计的部分内容，主要是引导对话和对引导对话、活动、素材和内容顺序的提示标注。在简洁课程设计中，我们将内容和程序进行了简化，但保留了重要的对话、说明和概念。如果利用简洁课程设计过程中出现问题（例如，如何实现课程内容的过渡和衔接），那么以下内容可以帮助你写出详细的引导对话。教师可以根据需要调整课程设计的长度，以便在授课前解决所有的难点，从而更好地进行教学。

表 10-6　简洁课程设计：选自课程"寻找生态系统之间的关联"

教学方案：哪些方法（程序）可以激发学生的动力、促进学生的学习？			
教学步骤和思维技能	引导对话类型	引导对话和提示问题	活动和素材
第一天：提出一个核心问题，对学生有关生态系统的原有知识进行预评估。 善用关键词 归纳总结	目的互动型 引导意义型 衔接思维型 培养能力型	圣迭戈海滩有北极熊吗？我们的山里有袋鼠吗？ **核心问题一：如果我们把某种动植物从一个生态系统迁移到另一个生态系统，对该动植物有什么影响？对其移出的生态系统有什么影响？** 给出定义：生态系统是一种环境，由生命体和非生命体组成，系统内各组成部分相互联系。 你想到了哪些主要观点？	提出核心问题一，展示北极熊或袋鼠的照片。让学生4人一组，在白板上展开头脑风暴，选择一个重要观点写在卡片上。展示并分享。 展示定义并让学生一起读出来。 学生对核心问题进行回答并在日志中记录主要观点。
第二天：回顾核心问题一，提出核心问题二 介绍思维技能：寻找关联 看照片活动：结合思维技能	衔接思维型 衔接思维型	概述昨日内容，提出核心问题二：**我们如何根据生态系统中的生命体和非生命体确定该生态系统的类型？** 为了更好地理解各种生态系统，我们将学习一种新的思维技能，叫作"**寻找关联**"，意思是找出不同信息之间的**联系和关系。**	提出核心问题二，让学生一起读出来。 示范如何从朋友照片中寻找关联

	引导意义型	这是我认识的两个女人的照片。我们是朋友……是写作伙伴……我们分享家庭故事……幽默。你们在我的故事中发现了什么关联？	停下来引导学生进行回答并运用思维技能。
	自我调节型	现在，拿出你们从家里带来的照片。在相互分享时，你们要尽可能多地寻找关联。不要仅仅说："这是弗里德叔叔。"要尽可能多地寻找关联。	引导学生两人一组分享照片中的关联，并与全组分享。用箭头表示主要关系，突出重点关系。

基于思维技能的三级课程设计

第一级。每次向学生介绍一种思维技能，帮助他们深入理解这种思维技能，使其理解技能的意义并熟悉该技能。学生可以看到该思维技能与家庭文化背景及原有经验的关联，因此教师可以利用引导对话帮助他们整合思维技能与学习内容，以便深化理解。在利用衔接原则迁移该技能时，学生将探索这种思维技能在其他内容中的应用。教师可以把思维技能卡做成海报贴在墙上，提醒学生运用该思维技能。PDToolkit 上提供了一份利用单一思维技能制定的完整课程设计。

第二级。当学生在学习中可以运用四五种思维技能后，教师可以在介绍新的思维技能之前在课程中同时运用多种思维技能，这有助于巩固学生的学习，使他们自然流畅地将多种思维技能运用到学习中。教师可以对课程设计稍作调整，以反映思维技能目标的变化。表 10-6 展示了二级课程设计的范例，并用黑体表示第一级到第二级的变化。

> 内容和思维技能目标：学生能够口头描述并书面解释生态系统内的关联，确定某个生态系统中的生命体和非生命体，并对其进行分类，还能够利用多源信息对不同生态系统中的生命体和非生命体进行比较。

教师要对引导对话进行调整。了解学生在表现任务或项目中将如何利用各种思维技能。借用上文的例子，在进行形成性评估之前，了解学生在开展生态系统项目时将如何利用"寻找关联"思维技能。让他们查看说明，思考任务，并写下利用"比较判断"、"排序分类"和"比对多源信息"等思维技能。

第三级。当学生能够熟练运用多种思维技能时，教师就可以给他们更大的自主权。第三级课程设计要求学生批判性地分析某个任务或项目，并提出完成任务所需的思维技能。第三级课程设计是由第二级课程设计发展而来的。但是，第三级课程设计不是告诉学生相关的思维技能，也不是体现思维技能对完成任务或项目的帮助，而是让学生思考眼前任务的本质并确定需要哪些思维技能，以及需要这些思维技能的原因。这是最复杂的元认知，即思考自己的思维。看到学生进行这一层次的思考是令人兴奋的。

第三级课程设计保留了之前的大部分内容，但是不会列出思维技能目标，因为学生会自己设定目标。教师可能需要构建更复杂的衔接原则，帮助学生将课程与大概念和核心问题结合起来。比如，他们可能会说："利用'寻找关联'思维技能，我可以整合当前知识与过去经验，更好地理解所学知识的意义。它还可以帮助我找到因果关系、进行分类，以及有效地进行比较。"教师需要对引导对话进行必要的修改，以适应第三级课程设计。表10-7展示了第三级课程设计的范例，内容是关于"文学与生活"的，我们用黑体表示第二级到第三级的变化。

表 10-7 第三级课程设计节选

确定学习目标：哪些知识是核心知识？	
确定内容标准及其核心理念	英语语言艺术通用核心课程标准五年级文学阅读标准5.2a：根据文中的细节，了解小说或戏剧中人物应对挑战的做法，或诗歌作者对话题的思考，确定故事、戏剧或诗歌的主题，并对文章进行总结。
确定目标思维技能（突出重点技能或在重点技能下画横线）	**学生将批判性地分析一些项目或表现任务，以确定所需的思维技能，并描述如何利用这些技能。**
制定内容目标	学生将定义故事主题中的某个概念，并批判性地探索其在文学和生活中的应用。他们将给故事《一个"慢"男孩》（五年级课本）确定一个主题，并从故事中寻找相关论据支撑该主题。然后，学生将从自己文化中选择一个故事，确定其主题，介绍故事人物如何应对挑战。学生将寻找相关的支撑性论据，并以展示的形式与大家分享。

续表

确定学习目标：哪些知识是核心知识？	
制定思维技能目标	学生将确定项目所需的思维技能，并描述如何利用这些技能。
提炼狭义大概念	故事的主题一般反映作者的观点和价值观，可以教会我们人生的哲理。
提炼广义大概念	不论是文学作品的主题还是生活中的文化主题，都可以让我们体会作者的人生经验、见解和价值观。就世代相传的文化故事而言，其"作者"代表了一种处世的文化方式。
构建衔接原则（选一两个用于教学）	学生将基于自己确定和选择的思维技能构建相关的衔接原则。教师可以问：在这个项目中你将利用哪些思维技能？对你有什么帮助？
学习评估方案：哪些评估可以反映学生的理解水平？	
提出核心问题 1. 提出内容核心问题 2. 思维技能核心问题（选一个用于教学）	内容核心问题：（1）你对"主题"一词有什么认识？为什么有必要学习主题？（2）每个故事的主题分别是什么？我们能否将这些主题应用到生活中？如何应用？（3）哪些论据可以帮助你将学习与拉科塔文化传统结合起来？（4）你从故事中总结出哪些价值观和见解？如何得出的？与主题有什么关联？ 思维技能核心问题：（思维技能名称）对我们完成该项目有什么帮助？
设计总结性评估方案（整合内容和思维技能）	课后评估：学生将总结故事中与主题相关的拉科塔（苏族）习俗、历史、语言和传统。他们将把这些内容与课堂上的其他文化进行比较，并寻找关联。学生将把该主题的与自己文化中类似主题故事联系起来，并说明故事人物如何应对挑战，用重要论据支持自己的推理。他们将以书面形式展示自己的故事，并与全班同学分享。他们将向全班展示他们的故事和主题，并用至少3个论据支持自己的观点。

续表

学习评估方案：哪些评估可以反映学生的理解水平？	
设计预评估方案 1. 确定原有知识 2. 确定原有思维技能水平 3. 结合文化基础	**原有知识**：学生对"主题"一词进行定义。他们将利用一系列批判性问题展示对该概念的原有理解，并思考他人的观点。 **思维技能预评估和文化基础**：（1）发现课堂上的多样性文化。（2）课程的最后，学生将从自己的文化故事中寻找主题。这些故事可能是父母或其他亲属讲的，也可能是传说、神话或童话。
设计形成性评估方案（表现任务）	（1）学生将定义"主题"一词。（2）他们要对《一个"慢"男孩》进行正确的总结。（3）学生要对自己文化中的故事进行正确的总结。（4）他们将确定并阐释合适的思维技能，帮助他们完成项目。

教学方案：哪些方法（程序）可以激发学生的动力、促进学生的学习？			
教学步骤和 思维技能	引导对话类型	引导对话和提示问题	活动和素材
引导思维技能 团队合作	目的互动型 引导意义型 自我调节型	我们已经对相关思维技能及其在家庭和学校中给予我们的帮助进行了广泛讨论。**要成功完成该项目需要哪些思维技能？** 以小组为单位，一名学生负责记录。首先进行头脑风暴，想出6～10种你们认为完成该项目所需的思维技能。通过小组协作选出3种最有效的思维技能，并说明原因。准备与全班同学分享你们的观点。 我们开始进行小组分享。其他小组有别的看法吗？别的组还有吗？	学生分组进行讨论。 第一个小组提出一种思维技能。解释如何利用该技能，如果该技能与任务或项目不相关，教师要对学生进行引导。各小组在提出思维技能时，要将思维技能列在白板上，务必让他们解释选择这种思维技能的原因。

续表

教学方案：哪些方法（程序）可以激发学生的动力、促进学生的学习？		
培养能力型	你们想到了很多我们在该项目中将用到的思维技能，但更重要的是，你们解释了为什么要用到这些思维技能。在进行该项目时，你们要不断地利用这些思维技能。	

Common Core State Standards for English Language Arts（2010），Reading Standards for Literature K5，Grade 5，RL 5.2.

自我评估

MiCOSA 鼓励自我评估，也鼓励学生参与评估过程。教师也可以通过反思自己的工作获得很多收获。

小结

● 《MiCOSA 课程设计指南》主要围绕三个问题展开：第一个问题是"哪些知识是核心知识"，该问题有助于教师制定学习目标，包括内容目标、思维技能目标和相关大概念。第二个问题是"哪些评估可以反映学生的理解水平"，该问题有助于教师设计核心问题，以及进行总结性评估和形成性评估。第三个问题是"哪些方法（程序）可以激发学生的动力、促进学生的学习"，该问题有助于教师组织教学环节、整合思维技能和教学内容，帮助学生掌握和进行知识迁移。

● MiCOSA 课程设计主要有两种形式，可以帮助教师组编写教学方案。作为一种教学手段，详细课程设计可以帮助学生展开学习。掌握了课程设计过程后，教师也可以将简洁课程设计作为常用形式。

● 在第一级课程设计中，教师要逐个讲解思维技能，让学生对其有深入的理解，并学会构建衔接原则或迁移思维技能。在第二级课程设计中，教师可同时传授多种思维技能，让学生将这些思维技能与表现任务结合起来。第三级课程设计要求学生批判性地分析并确定思维技能，并能够对思维技能进行迁移。

● 教师自我评估准则（详见 PDToolkit 网站）可供教师在进行课程设计时使用。

参考文献

Wiggins, G., & McTighe, J. (2006). *Understanding by design* (expanded 2nd ed.). Upper Saddle River, NJ: Pearson.

第四编

MiCOSA 教学法的
意义和启示

Part IV

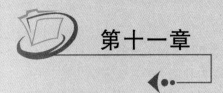

第十一章

提高对学生的期望，
增强学生心理承受力

教师、学生和家长共同构成了强大的三方期望，教师和家长对学生的积极期望可以增强学生的心理承受力，提高学生的学习能力。MiCOSA 介绍的引导框架可以指导教师积极地对学生保持高期望。

还记得你最喜欢的老师吗？他或她有什么独到之处？如果你的故事和我们很多人的故事一样，你肯定会说你最喜欢的老师是那些真心关心和相信你的老师。他们可能曾帮你摆脱学业和情感上的困惑。你与这些老师关系密切，你信任他们、仰慕他们，他们是你的榜样。你可能会发现自己因为他们而更加努力，在他们的课堂上对自己的能力更有信心。他们触动了你，也触动了我们多数人，这种触动不仅在于对某个话题的精辟分析或陈述，更在于他们让我们感受到他人的关怀和自己的能力。现在，我们自己也成了为教育工作者，成为了能对学生产生积极影响的关键人物和榜样，我们可以为学生的幸福和成功注入热情和激情，就像我们学生时代最喜欢的老师们做的那样。

在《危险游戏》（*Dangerous Minds*）、《吾爱吾师》（*To Sir With Love*）、《生命因你而动听》（*Mr. Holland's Opus*）和《奇迹缔造者》（*The Miracle Worker*）等经典电影中，那些良师身上有哪些特质让你体会到教育的强大力量？每一部电影中的教师都对学生抱有很高的期望，还会通过适当的方式把这种期望传达给学生，让他们相信自己有能力达到老师的期望并为此付出努力。

十多年来，相关研究已经证明了高期望的价值（例如，Achieve，2009；Benard，2004；De Jesus & Antrop-Gonzalez，2006）。相信你的学生具有深入的思考能力、批判性的思维能力、解决问题的能力和创造力，要向学生传达你的信念，这样你就已经成功了一半。为了使高期望的作用最大化，教师还要了解两个重要原则：第一，当家长和社区成员对学生抱有很高的期望时，学生会获得额外的支持，更容易相信自己的潜力；第二，学生对自己抱有很高的期望并对自己的学习能力充满信心，也会有更好的表现。这种强大的三方（教师、家长和学生）期望是学生成功的基础。每方期望在学生的成功中都发挥着独特的作用。

教师的期望和学生的心理承受力

有时候，学生刚上课时缺乏面对困难任务的动力或情感意愿。当被要求进行批判性思考时，他们会局限于情感因素而无法进行有效思考。但是，动力和积极的情感是可以加强的，教师的期望在其中发挥着关键作用。好的教师实际上能帮助学生提高心理承受力，而心理承受力能帮助学生在思考自我价值、灵活解决问题以及实现人生价值的过程中建立起强大的内心。

在多年的教育中，心理承受力差的学生被称为"存在风险的学生"。有些学生来自单亲家庭或曾遭受家庭暴力，这些风险因素会让人认为这些学生更容易失败，需要更多的支持。这些学生往往经济上处于劣势或来自各种非主流背景（Wlodkowski & Ginsberg，1995）。尽管他们在生活中面临各种挑战，但仍有一些能够生存下来，甚至茁壮成长。他们是如何做到的呢？这些学生都是心理承受力强的学生，他们在逆境中成功地适应环境甚至变得更强。他们能够在跌倒的地方重新站起来，在巨大的困难面前表现出很强的决心，能够解决困难，从错误中吸取教训。他们拥有一系列策略，可以应对当前及今后面临的挑战。这些学生能够全身心投入学习，对未来充满希望，希望自己成为有爱心、有能力的社会成员。心理承受力强的学生更容易积极地看待自己，也更容易与他人建立积极的关系。

知道该做什么有助于教师对学生保持较高期望。我们现在越来越清楚教师应如何提高学生的心理承受力，越来越多的学生因此受益。保护因素可以保护学生免受风险，并增强其心理承受力。保护因素分为两类：与学生内心力量相关的因素被称为自我保护因素，从外部支持学生的因素被称为外部保护因素，例如老师、家长和社区的帮助。表 11-1 总结了研究中发现的心理承受力主要组成部分（Benard，2004；Resilience Research Center，2010；Resnick，Irland，Borowsky，2004；Ungar，2005）。

表 11-1 自我及外部保护因素

外部保护因素（老师、家长和社区）	自我保护因素（学生自身）
他人的关怀	社交能力/积极的关系
高期望	自我效能感/能力自信
有意义的参与	目的感/人生目标
	善于解决问题

外部保护因素一：他人的关怀

当学生感受到老师和同学的亲近和关怀时，其学术水平会得到提高，危险行为也会减少（McNeely，Nonemaker，& Blum，2002）。这些关系有多重要呢？发表在《美国医学会杂志》（*Journal of the American Medical Association*）上的一项纵向研究发现，与教师建立积极的关系比班级人数多少、教师授课内容如何、课堂规则和学校政策更能保护学生免受破坏行为的影响（Resnick et al. ，1997）。

如何让学生知道你关心他们？首先，教师必须承认关怀很重要。尽管很多学生没有"透露"你对他们的重要性，但你要让他们知道你很关心他们。事实上，通常是那些最有可能"存在风险"的学生不相信你在乎他们。因此，当你第一次去关心他们时，他们可能会表现得好像不相信你说的话，甚至第二次或第三次仍然如此。很多学生会考验你，甚至拒绝你，看看你是否会抛弃他们。不管怎样，你还是要关心他们。

如何去关心这些学生呢？尽管本章内容都是关于如何帮助提高学生心理承受力，但这里有一些方法可以让你立刻展现出对学生的关怀。你可以在欢迎他们来上课时说出他们的名字以示尊重；可以了解他们的课外活动和爱好，并询问他们的情况；可以告诉他们你知道他们刚结束一场艰难的比赛，预祝他们在即将到来的游泳比赛中取得好成绩，或者祝贺他们在乐队比赛中取得了好成绩；还可以对他们社区逝去的人表示哀悼。这样，你就可以让他们知道你把他们当作有意义的完整个人，而不是充当人数的数字。你要了解对学生可能很重要的社区事件，并在对话中提及，要在他们的活动中露面并为他们欢呼。私下里，你要告诉他们对他们的欣赏。你可以主动给他们家里打电话，让他们的家长和监护人知道他们在学校表现优异，哪怕是很小的成功。你要对他们完成的工作做出积极的评价，而不仅仅是指出错误。你可以主动提出放学后帮助他们做家庭作业；如果你的学生遇到了问题，你也可以做一个倾听者，并表达你的共鸣。

你要通过适当的机会向学生系统地展示相互关心的重要性，并让学生们践行这种关系。同学之间的相互关心非常重要。

外部保护因素二：高期望

很多在学校因种种原因表现不佳的学生都认为自己没有能力；而且，他们还感觉老师也认为他们没有能力、愚蠢或懒惰。在这种自我暗示下他们可能真的会变成那样。学生必须知道，你相信他们能够学习并取得成功，并且你希望看到他们成功。那些可以保证学生顺利毕业并进入大学的学校会吸引大批的学生（和他们的家长），因为这些学生知道老师相信他们，并会向他们传达这一信念。不要通过"所有孩子都能学习"这种没有针对性的信息向学生传达你对他们的高期待，你最好更有针对性地让每名学生都知道：你希望他们好好表现，因为你观察过他们的行为并对他们充满信心。你可以向学生提供支持并给予他们高期望，从而证明你对他们的信任。他们会逐渐相信自己有能力满足你的高期望，这会成为一种重要的保护因素，可以帮助他们培养心理承受力，做到自信、自主、乐观。

你可以马上做一些事，例如，认真对待学生。你可以去发现学生们的潜能，并教他们开发自己的潜能，让他们知道你可以帮助他们兑现自己的潜能。你可以向他们展示他人克服重重困难达成目标的案例，并给他们提供真正的挑战，因为当他们掌握了这些能力时会非常兴奋。

外部保护因素三：有意义的参与

当学生在学校内被赋予责任时，他们会在学校形成情感纽带和自豪感。如果没有责任感，他们往往感受不到与学校的关联。在学校和课堂上，你可以通过各种有意义的活动，利用各种机会鼓励学生进行批判性思考、提高解决问题的能力、增强协作意识、提高制订计划的能力、提高设定目标的能力和做到相互帮助（Wehlage，Rutter，Smith，Lesko，& Fernandez，1989）。你要为学生创造责任。你可以让学生们在教室里做很多事。通过给学生分派职务，让学生找到自己有意义的定位。有些老师会让学生自己申请要承担的责任。

当学生享受到民主时，也就是让他们参与管理和制定政策（例如，课堂规章）时，他们的参与会更有意义。有意义地参与课堂活动意味着教师会征求和采纳他们的意见。他们会一起思考并分享观点（参见 MiCOSA 的协作策略）。你可以通过批判性思维和对话鼓励学生有意义地参与课堂讨论。基于项目的学习为学生有意义地参与课堂活动创造了良好的环境。教师可以让学生参与制定评估准则及其他评估策略。

教师可以为学生提供多种选择，从而挖掘他们的不同兴趣并激发其动机。你可以推动他们参与各种团体甚至学校俱乐部，从而帮助他们感受、拥有并切身体会忠诚、价值和成功。让学生参与社区服务可以扩展学生参与活动的意义。这样可以增强学生的社交能力和自我效能感，使他们获得目标感和未来感。

提高学生的自我期望

心理承受力强的学生身上通常有四个自我保护因素：社交能力、自我效能感、目的感和善于解决问题。MiCOSA 的引导性互动可以帮助教师向学生传达对他们的信任，这反过来可以提高学生的自信。你要明白，潜力往往隐藏在不安全感、自我怀疑甚至心理创伤下，因此，教师首先要有支持和激发学生最大潜力的意愿。你要找机会与学生互动，让学生看到自己的潜力。这意味着，你所设计的旨在传递期望的互动不仅要考虑学生的思维因素，还要考虑学生的情感和动力因素。因此，下面各范例都使用了 MiCOSA 引导对话，以帮助学生发展自我保护因素。

自我保护因素一：社交能力——建立积极的关系

能够建立和保持积极社会关系的学生可以得到他人的友善相待并与他人建立积极的关系。他们处事灵活，能与他人产生情感共鸣，能真诚地关心他人。他们能够自嘲，能在困难或荒谬中发现幽默。他们会为自己设定学术目标和社交目标，他们明白自己在学术上的成功与周围各种学习小组的伙伴和老师等的评价分不开。因此，他们知道要与他人建立积极、周到的关系（Wentzel & Wigfield，1998）。

迈克尔是一名八年级学生。他刚来到一所学校，但从一进门就表现出自信和热情。他捡起一本掉在他身边的书，微笑着把它还给了主人。他既不"喋喋不休"，也不会拒绝他人的交谈。他评估了班级的气氛和动态，知道可能要向班上一些更自信的人证明自己，但不急于今天。他在一开始更多是进行观察，了解应该避开哪些人，应该找机会和哪些人建立更积极的关系（那些和自己有着相似兴趣和价值观的人）。

社交能力不足的学生。 与迈克尔相反，蒂姆初到这所中学时阴沉着脸，他低着头，把双手插在口袋里。一本书掉在他脚边，他转过身，瞪着"冒犯者"，低声咕哝。不像迈克尔，蒂姆因来到一所新学校而愤怒，因为离开了他唯一的朋友，他把自己禁锢在自己的情感世界里，无法了解班级的气氛和动态，也无法做出适当的反应。他没有与同学们建立积极的关系。排斥他人以及较差的社交能力将影响他的学业进步及课外生活。教师要在事态升级之前帮他扭转这种局面。

引导蒂姆与他人建立积极的关系。 该案例中可以用到全部五种引导对话。但这些引导对话不需要固定的顺序，事实上，这些引导对话都是同时进行的。

（1）目的的互动型对话。桑切斯老师首先希望帮蒂姆建立起目的和互动，帮助他建立积极而不是消极的关系，培养积极的自我意识，让他自信地抬起头，而不是整天低着头。为了向蒂姆传达这种目的，她首先向他演示了一种积极的关系。"蒂姆，欢迎来上课。我很期待认识你。"从他最初的消极情感中可以推断，要与他建立互动关系需要花费一定的时间，所以她主动说："我想放学后和你一起待五分钟。"在这五分钟里，她向蒂姆解释道，了解学生的相关情况有助于她因材施教，所以她想知道蒂姆过去在校内外有哪些很棒的学习经历。她想发现一些可以作为他们未来沟通基础的事件——一两次蒂姆认为自己进行过积极回应的经历。她利用蒂姆不生气而且缺乏信心的时间进行谈话，希望最终能够将他过去好的表现迁移到新情境中。

（2）引导意义型对话。桑切斯老师倾听着蒂姆的经历，想方设法帮助蒂姆发展积极的关系。她评论道："蒂姆，我设计了一些小组学习活动。这些活动不仅可以帮助大家学习，还可以使大家相互尊重，因为我们在受到尊重时会表现得更好，而且我们都应该得到尊重（引导积极关系的意义）。班上大多数同学以前都参加过这些活动，但你是新成员，我知道这可能会有点挑战性。我非常乐意提供一些帮助，让你知道自己什么时候表现得比较好（目的是让他成功）。如果你不介意的话，每当我看到你有礼貌地参与讨论，或者当我看到别人对你表现出尊重时（指导他进行自我调节），我会轻轻地敲你的桌子。"随后，她可能会注意到蒂姆的行为有所改善，然后悄悄地对他说："蒂姆，看来莎拉和亚历桑德罗期待着与你合作这个项目。我很高兴看到你建立了这些友谊。"

（3）自我调节型对话和培养能力型对话。桑切斯老师知道要让蒂姆发生改变需要一定的时间，需要反复使用各种引导对话。她考虑利用六周时间帮助蒂姆做出积极的转变。随着时间的推移，她寻求各种方法帮助他建立积极的关系，利用各种机会向他引导发生转变的意义。从"轻轻地敲桌子"到更直接的对话，她使蒂姆可以更直观地感受到对他的观察，并使这些观察更有意义。她私下和蒂姆分享自己的想法，不让其他同学听到。为了不让蒂姆感觉被区别对待，她在给予蒂姆积极评价的同时也会悄悄地对同组的其他一两个人给予积极的评价。例如，她可能会说："蒂姆，我注意到当你跟大家讲关于项目的看法时，迈克和哈维尔好像都理解了你的观点。""你今天对布丽安娜很体贴，我真的非常欣慰。我注意到当你帮她找到位置时，她看起来很感激你。很高兴看到你与班上同学建立这些积极的关系。"这些耳语和手势认可了蒂姆的成功，不仅向蒂姆表明老师注意到了他进行自我调节的努力，还帮助他建立了一种能力感。这种能力感可以使他继续主动建立积极的互动关系。

（4）衔接思维型对话。为了保证蒂姆在课堂外延续他的新表现，桑切斯老师寻找各种方法帮助他衔接和迁移这些积极的关系。例如，发现他的兴趣和长处后，她介绍他加入艺术俱乐部，给他介绍导师。丰富的环境为蒂姆继续进行积极的互动提供坚实的基础。此外，她还帮助他为自己新建立的积极关系找到了"观众"，让其他重要人物可以从不同的角度了解他。她采取了多种方式，包括当他表现好时给他家里打电话，向其他老师讲述他的积极故事等。因此，蒂姆的名声开始改变。她还通过一些外界期待帮助蒂姆采取更多积极的行为。

自我保护因素二：自我效能感——知道我行

具有强烈自我效能感的学生往往有很强的自我认同感。他们行动独立，表现得自律且自信。在社交方面，他们可以主动与他人建立并维持关系。自我效能感强的学生相信他们有能力实现自己设定的目标。他们还相信自己能对周围环境产生影响，并对其有一定的控制力。他们能够"退一步"，使自己远离危机，继续手头工作。他们不会因不幸而责备他人。他们相信自己可以通过自己的行为和行动控制事件对他们的影响，也就是说，他们有很高的心理控制点。最后，这些学生拥有自主性，可以自己根据相关信息做出负责的决定。他们为人正直，感觉可以掌控自己的命运。以三年级学生加勒特为例，他走进教室后，拿出书本，开始整理书桌。昨晚，他按时通过 Blackboard 把作业发给了老师。当周围同学在聊天时，加勒特在查看电子白板，更新当天的计划。在进行团队合作项目时，加勒特准备充分，自信地分享自己的看法。同学们都尊重他。

自我效能感差的学生。莎拉也是一名三年级学生，她走进教室后，一开始在小组里很不起眼。啊，她在那儿，抬头看着小组的"领导"，听着每一个字。今天跟往常一样。收作业时，莎拉向老师解释她为什么没有完成作业。在整个课程中，莎拉单独做任何工作都犹豫不决。她总是环顾四周，看看其他人在做什么，试图靠过去寻求帮助。在小组合作时她总是坐在后面，感到相当无力；她没有做准备，对小组的活动贡献很少。

通过 MiCOSA 框架引导学生培养自我效能感。莎拉的老师博兹曼通过 Mi-COSA 指导框架与莎拉互动，在课堂上表现出对莎拉的关怀，对她寄予了较高期望，希望她进行有意义的参与。

（1）目的互动型对话。博兹曼老师首先确立了目的和互动。她的目的是帮助消除莎拉的无力感，帮助她意识到自己的能力。她希望莎拉能掌控自己的处境，而不是让别人的行动和决定控制她。她打算帮助莎拉培养自我效能感。博兹曼老师从莎拉的家庭作业入手，因为作业影响着她对团队的贡献和整体表现。博兹曼老师没有给莎拉指出问题所在并帮助她加以解决，而是要求莎拉积极参与，帮助她自己确定自己的问题及后果。对莎拉来说，未能及时完成家庭作业会使她在课上准备不足，因此，她的成绩没有反映出她的真正能力。

（2）引导意义型对话。莎拉认识到自己的问题后，博兹曼老师和她进行了这样的对话：

> 博兹曼老师：莎拉，你觉得这怎么样？
>
> 莎拉：不好……但不全是我的错。
>
> 博兹曼老师：听起来你好像觉得自己没有控制好完成作业的时间。我知道你有时候能控制好时间并及时上交作业。告诉我你什么时候感觉自己可以控制好自己的作业，莎拉？你做了哪些不同的事？
>
> 莎拉：当我感觉头脑清醒时我先做难的作业，然后，当我疲惫时，我就只需要考虑简单的工作了！
>
> 博兹曼老师：你计划得很好，制订计划是一个很好的策略。及时完成作业后你有什么感受？
>
> 莎拉：感觉非常好！第二天我在小组中也感觉很好，因为我知道自己可以说什么，也知道别人在说什么。
>
> 博兹曼老师：很好，莎拉。我想你已经知道该怎样应对自己在作业方面的问题了。

（3）自我调节型对话和培养能力型对话。

> 博兹曼老师：好的，莎拉，今晚你打算怎么做，才能有信心按时完成作业？
>
> 莎拉：先做难的事！
>
> 博兹曼老师：我很高兴你借鉴了先前的做法。让我们一起在此基础上制订一个计划。首先，列出今晚的家庭作业，优先处理"困难的事情"并设定好时间限制，以便把每件事都做完。你认为对你来说什么比较困难、什么比较容易？

莎拉制订了她的计划。她现在有了一个可以帮助她成功的策略。

（4）衔接思维型对话。博兹曼老师继续鼓励莎拉优先考虑家庭作业的主次顺序，并把自己的计划说出来，以便她能够继续保持一种成功的模式。她和莎拉一起创建了一个衔接原则——"当我按照计划安排我的工作时，我就会成功。"博兹曼老师每天都会与莎拉对照检查这个原则，并问她一些问题，比如"昨晚工作组织得有效吗，你又成功了吗？"然后，她开始扩大该原则的衔接范围，她问莎拉对工作进行规划和安排还有什么作用。博兹曼老师让莎拉自己说出自我效能感给她带来的影响，帮助她将新的行为迁移到其他情境中。

自我保护因素三：目的感——知道我想要什么

具有强烈目的感的学生知道自己想要什么。有了自我效能感以后，他们觉得对自己的处境和成功有了一定的掌控力。他们不仅看到了自己的能力，而且有了动力和决心。有强烈的目的感是非常重要的，它预示着学生将有一个积极的未来。学生满怀希望、自我激励、顽强拼搏，为实现自己的梦想和抱负而设定个人目标。当他们期望有很高的成就时，就更容易顺利毕业。目的感不仅可以使他们抵制吸毒等负面影响，还可以让他们知道自己有责任去积极地影响他人。

苏玛从小就梦想成为一名兽医。她加入了 4H 俱乐部，并利用午餐时间参加了"连接者"组织，这是一个提供社区外服务的团体，她希望在那里筹集资金，提高人们对动物受虐问题的关注。她还参加田径比赛，在学校合唱团唱歌。苏玛在功课上也很努力，尽管她参加许多课外活动，但总是能按时交作业。事实上，当她知道学校作业和课外活动有冲突时，她会问老师是否可以提前拿到作业，这样就可以规划自己的工作量，及时完成相关任务。苏玛的目的感保护着她。

目的感不强的学生。与苏玛不同，克拉丽莎拖着沉重的步伐来到罗斯老师的英语课上，她懒洋洋地瘫坐在椅子上，身子侧向一方，好像不想上课。她的作业没有完成。她甚至都没有一个不完成作业的理由。她只是耸耸肩，喃喃地说这堂课无聊而愚蠢。当任务开始时，克拉丽莎仍然心不在焉。老师要求她开始任务时，她说自己没有笔，然后转来转去找人借笔，不断地打扰他人。

罗斯老师认为他需要多了解一下克拉丽莎，于是看了她的档案。他发现，她在学校大部分时间一直存在阅读困难，她对学业有着一种挫败感。因此，她"选择"了逃避而不让人以为她能力差。她无法看到自己光明的未来，所以她每一天都活得很另类。她故意忽略今天的所作所为会对明天造成影响这一事实，这样想她太痛苦了，因为今天的失败意味着未来的失败。她很容易认为同学和作业愚蠢而不认为自己愚蠢。

引导克拉丽莎培养目的感。

（1）目的互动型对话。罗斯老师首先确立了自己的目的，并找机会与克拉丽莎进行互动。他打算帮助克拉丽莎融入班级，参与学习，并感到成功。罗斯老师知道，克拉丽莎需要认识到自己的优势，并找机会让大家发现她的优势，从而得到同学的尊重和接受。只有这样，她才能积极地看待自己的未来。

要想知道罗斯老师如何为克拉丽莎创造积极的学习环境，我们有必要回顾一下当时的场景。克拉丽莎还没到教室，罗斯老师就已经在门口准备迎接她了，他从一开始就发出了一个积极的信息——他关心她。当克拉丽莎说这是一门枯燥、愚蠢的课程时，罗斯先生同情她的处境，并将她话语中的"枯燥"和"愚蠢"换成"困难"："你听起来好像遇到一些困难，我想看看能帮你做点什么。我之前见你想出过一些好主意，所以我认为我们可以解决这个问题。课间休息的时候来找我，我们一起来解决困难。"这样，罗斯老师就站在了帮助克拉丽莎的立场上，而不会让她心怀戒备或感到失败。他明确了自己的目的是帮助她解决困难。罗斯老师知道自己现在无法在全班同学面前满足克拉丽莎的需求，因此他要求私下与她会面，一起思考和讨论可能的解决方案。罗斯老师通过这种方式表现了对克拉丽莎的尊重，这让克拉丽莎知道他倾听过她的声音并认为她的想法很重要。她知道老师在邀请她一起解决问题（邀请她进行互动）。

（2）引导意义型对话。当克拉丽莎来上课时，尽管罗斯老师知道她不高兴，但他还是称赞她在课堂上表现得很克制并且尽力安静地学习。他看到她脸上掠过一丝微笑，尽管她仍然说她觉得这门课"枯燥、愚蠢"。他问克拉丽莎想怎么解决这个难题。她说她想放弃这门课。罗斯老师并未做出过激反应，而是问她如果放弃英语会有什么后果。克拉丽莎沉默了一会儿。她很想毕业，所以放弃这门课不是个正确的选择。她把自己的想法告诉了罗斯老师。他温和地请克拉丽莎讲讲她未来的梦想，以及英语在她实现职业目标的过程中将扮演什么角色。如果她能回答这个问题，他会帮助她取得成功。克拉丽莎开始慢慢有了目的感和未来感！

接下来，罗斯老师让克拉丽莎告诉他可以通过什么方式帮助她（建立目的和互动）。她说她在阅读理解方面存在困难：克拉丽莎"讨厌"阅读。罗斯老师问她是否喜欢看电影（为她寻找意义），克拉丽莎说她喜欢。他向她保证，如果她喜欢看电影，她也一定可以喜欢阅读，她只是还没有找到合适的书而已。罗斯老师愿意帮助她找到合适的"好书"，他认为她一定会喜欢，这样她就可以在脑海里把书中的内容想象成电影。他记下她的兴趣，这样就可以向她推荐一些有趣且难度较低的书，从而引起她的阅读兴趣（Beers，2003）。

（3）自我调节型对话和培养能力型对话。在罗斯老师的帮助下，克拉丽莎设定了切实可行的个人目标：每天晚上从老师推荐的"好书"中找一本阅读二十分钟。她在一张阅读记录表上记录每天阅读的页数，并记下一两句关于阅读内容的话。每周她都会把自己的记录单交给罗斯老师，并告诉他自己喜欢或不喜欢某本书的理由，以及阅读给她带来的变化。为了配合克拉丽莎的安排，罗斯老师还在课后俱乐部每周安排了两次课程。在这里，她得到了同学在阅读和作业上的支持，并且更有动力去做出改变。罗斯老师知道，一旦她开始获得成功，她将更有动力，即使没有他的帮助，克拉丽莎也会继续努力。他与克拉丽莎讨论有必要参加为期一个月的俱乐部活动，虽然她最初不愿意参加，但通过这次活动她可以有效地评估自己的进步情况。在这段时间里，他鼓励克拉丽莎每天在学校日程本上记录自己的作业，并于每天下课前检查记录是否准确。

（4）衔接思维型对话。为期一个月的俱乐部活动结束时，克拉丽莎把自己成果的书面反馈给了罗斯老师。他们一起评估了付出时间和努力的重要性。他指导她不要光看当下的进步，还要看当前的努力对她毕业和实现职业目标有什么帮助。罗斯老师使用的衔接原则是："当我知道未来真正想要什么时，我会想方设法去实现它"。他们讨论了具有明确目标在当前及未来的重要作用。

自我保护因素四：解决问题——找到解决问题的方法

善于解决问题的学生会采用具体方法解决面临的学业或社交问题。他们会做出判断，进行反思，决定采取什么行动，并最终提出解决方案。也就是说，他们开始"批判性地"进行思考。作为批判性的思考者，学生会根据自己的观察、解释、分析、推论和评估做出决定。他们的思维变得灵活，能够寻找和发现一些模式和关联，并将这些新知识迁移到想要解决的其他问题上。

以十年级学生德斯蒙德为例，他周二和周三无法来上课。因为不想落下课程，于是自己动手解决学业问题。首先，他上网查了一下课堂作业。为了弄明白其中一个步骤，他先尝试自己解决该问题，然后给同学发电子邮件看看自己做得对不对。他星期四回到学校时已经把所有的作业都完成了。德斯蒙德还很擅长解决社交问题。回到学校后，他开始参与一个小组协作项目——"节约：汽车工业的能源效率"。德斯蒙德很快发现小组中有一名成员达米恩没有参与讨论。他设法让小组成员倾听达米恩的意见，使他有价值感和参与感。

不擅长解决问题的学生。乔治也缺课了，并且要完成和德斯蒙德一样的学业任务。与德斯蒙德不同的是，他缺课时没有想方设法补课，而是空手而归。老师让他放学后留下来补课后，他才尝试着补习他的功课。然而，即使在放学后进行补习，他也没能完成该完成的作业。乔治一开始似乎没有看出问题所在。当陷入困境时，他似乎没有"自助"技能，心里不知道该如何一步一步地解决问题。他没有尝试去解决面临的挑战，而是选择了"放弃"。

遗憾的是，不擅长解决问题的学生往往也不擅长社交，乔治也不例外。他午饭时经常与他人发生冲突。例如，有一天他想坐在一张长凳上，其他男孩已经坐在那里了。他没有等着别人让他坐过去，而是挤在两人中间，破坏了良好的气氛。尽管这类事情的最后结果通常是乔治被打，满脸通红、怒气冲冲地被孤立，但他好像一直在不断重复地"冒犯"他人。他似乎没有意识到是自己的原因导致了这一系列问题，也没有去积极地解决这些问题。他很快就成了社交弃儿。

引导乔治培养解决问题的技能。

（1）目的互动型对话。迪伊老师首先与乔治确立了目的和互动。他的目的是帮助乔治找出自己的问题、原因以及这些问题对自己和他人生活的影响。除此之外，作为乔治的老师，迪伊还想与乔治建立一种积极的联系。最终，他希望这种联系不仅可以使乔治感受到更好的人生和人际关系，还可以帮助他了解如何掌控自己的人生。

（2）引导意义型对话。迪伊老师开始引导乔治发现解决问题的意义。他指导乔治确定自己的问题并引导他解决问题。他该怎么做？每种做法会带来什么后果？哪种做法能得到他想要的结果？乔治开始明白他以前的行为造成了多么恶劣的学业和社交影响。

（3）自我调节型对话和培养能力型对话。迪伊老师选择引导乔治运用"因果假设"和"调节反馈"思维技能。他认为，运用这些思维技能对乔治的学业进步和社交能力都有帮助。学业上，乔治把自己成绩差（结果）归因于能力不足，不认为是由自己未能完成作业造成的。如果乔治意识到了自己行为造成的影响并开始思考自己的行为，迪伊老师就可以帮助他制订一个计划，解决他落下课程的问题。

迪伊老师分析了乔治一直面临的社交困难问题，他发现乔治并没有理解造成问题的原因（他的消极行为）及对他人的影响。因此，当乔治觉得自己有可能重蹈覆辙时，他不知道该怎么做。为了帮助乔治反思自己的社交问题，迪伊老师使用了 SWBS 策略（Beers，2003）来帮助乔治"走出自我"，去理解他人的观点和自己行为对他人的影响。该策略如下：

某人（S，乔治）想要（W）_____ 但是（B）_____ 因此（S）_____。（乔治的观点）

某人（S，其他男孩）想要（W）_____ 但是（B）_____ 因此（S）_____。（他人的观点）

乔治开始填写空白处，具体如下：

乔治："我想坐在亚历克斯旁边，但是另一个小孩杰森坐在那里，所以我把他推开，然后坐在那里。"

迪伊老师："乔治，现在让我们从杰森的角度来看这件事。准备好了吗？杰森想要……你来完成这个 SWBS 框架，乔治。"

乔治："杰森想坐在亚历克斯旁边，但是我把他推开，所以他生气了，冲我大喊大叫，把我推开，然后其他孩子也开始冲我大喊大叫。"

迪伊老师："很好，乔治。我相信你已经开始看到问题所在了，你已经看到了自己行为的原因和影响。你怎么做才能平息杰森和其他孩子的愤怒呢，乔治？让我们回到当时的场景。现在是休息时间，你走近桌子，想坐在亚历克斯旁边。这次你能做出什么改变呢？"

乔治："我可以请求杰森让我坐在那里。"

（4）衔接思维型对话。尽管 SWBS 策略可以帮助乔治在问题发生后认识到问题所在，但迪伊老师希望乔治能将刚学会的"因果假设"思维技能应用到其他情境。为此，迪伊老师介绍了"停下—观察—反思—关联"策略，他要求学生在行动之前先停下来，仔细观察，反思并解读自己的观察结果，然后将反思结果与行动关联起来。该策略可以引导乔治在做出行动之前调节自己的消极观点。因此，当他向同学表现出积极的行为时，开始体验到一种能力感。这种能力感对他的学习也产生了积极的影响。乔治不再让迟交或完不成作业的情况发生，而是制订计划安排自己的学习。当老师鼓励他对该策略进行迁移，看看对他未来解决类似问题有什么帮助时，乔治看到了该策略的有效性和高效性。例如，当乔治离开两个月去看望他的祖父母时，他需要在去之前向老师询问作业，并且制订一个计划，在离开期间完成作业。随着时间的推移，乔治变得越来越出色。乔治的成功在一定程度上是因为他能够发现自己的问题，并能够制定出解决问题的策略。

停下—观察—反思—关联

为了鼓励学生对某个问题做出谨慎且适当的反应，或者为了避免某个问题的发生，教师可以让学生在做出反应或进行互动之前先停下来，环顾四周观察他们的所见所闻。就像优秀的侦探一样，他们会观察并记录下事情的来龙去脉。在这一阶段，他们不必试图做出判断或想出解决方案，只需通过多种方式收集"证据"。现在，教师可以鼓励学生反思和解读自己的观察结果。他们可以采取哪些方法来解决这个问题？每种方法对自己和他人都会产生什么影响？最后，让他们将反思结果与积极有效的行动或互动结合起来，从而帮助他们解决问题。

家长的期望：重新思考家长的作用

尽管不同的家长在教师、家长、学生三者关系中发挥着不同的作用，但家长对孩子的高期望对所有人都会有积极的影响。家长的期望会影响学生的期望，学生对自己的期望也容易影响家长对学生的期望。同样，相应的期望和相应的成就也会相互影响（Zhang，Haddad，Torres，& Chen，2011）。教师应该如何与学生家长合作，让家长向子女传达较高期望并通过有意义的方式参与子女教育？

教师应该首先考虑什么对家长有意义。首先要向家长传达你的信念：学生对教学内容和思维技能的学习始于家庭，基于他们的原有文化和语言。因此，你希望充分利用学生从家里带到学校的这些宝贵学习成果。

家长参与学生教育的形式多种多样。尽管在一些学校，卖包装纸、帮忙运食物、充当调查监护人都算"参与"。但一般来说，家长参与学生教育是指帮忙做家庭作业、与老师交流以及参与学校活动。但是，家长参与学生教育还指辅助进行"认知刺激活动"（Yamamoto & Holloway，2010，p.204）。家长是学生的第一任老师和学习引导人，当教师利用 MiCOSA 教学法与家长合作时，可以直接在家长角色的基础上开展相关教学。家长是学生思维技能发展的重要支撑。

与家长一起引导学生发展思维技能

在家庭和社区的多种情境下都可以确定和运用相关思维技能，包括组织用餐、学习传统舞蹈或理解文化事件的意义。教师可以向家长解释这一点，并举例说明他们如何在家里与子女一起培养相关思维技能。例如，当他们计划用餐时，会使用"制订计划"思维技能，当他们准备活动时，他们将运用"比对多源信息"思维技能来确定需要做的工作。了解这些简单的案例后，家长可以创新方法，甚至创造情境帮助学生练习和加强相关思维技能。在家庭文化背景下，利用家长和学生曾经共同参与的活动来练习思维技能效果会更好。家长会感到非常兴奋，因为他们可以基于做过、了解和看重的事情在子女教育中扮演有意义角色。此外，学习如何学习或者运用思维技能可以在任何语言环境下进行，并都可以迁移到课堂上。语言的多样性有助于弥合语言差异和文化差异，创造新的合作形式。

家长对参与学生教育的看法

家长对参与孩子教育的看法各不相同，特别是不同的文化群体之间看法差异很大。原因包括不同文化中家长对学校的期望不同、家长文化水平不同和资源差异等等。例如，在一些文化中，家长强烈认为教育孩子是学校的工作，家长过多"参与"可能被视为对教育的干预。这些家长可能认为他们的工作就是确保孩子的行为符合传统。反之，教师也可能将家长自认为是参与学生教育的行为视为对教育的"干预"。例如，一位非裔美国母亲非常担心课堂上其他学生的种族主义会干扰到孩子的教育。在这位家长的心目中，她认为自己的担心是一种重要的参与形式，而老师则认为她的担心是抱怨或批评。如果不能将这种"冲突"看成家长的参与，并通过多种方式进行沟通，教师可能就会错过让家长参与孩子教育的机会。

一些学生的家长可能英语水平不高，导致直接交流有困难，所以会离得远远的。还有一些家长可能交通不便或不方便照顾孩子，因此无法去学校开会。反之，教师也可能会认为某些家长资源过于丰富（以及权利意识过于强烈），这些家长可能认为家长的参与就是要倡导孩子的"权利"。同样，如果你能转变思维，欢迎家长的这种参与，就可以避免那些咄咄逼人或不尊重的行为，这些行为最终会使家长和学校教职人员之间相互疏远。这并不是意味着家长可以时常干预教师的工作。但是，如果教师能在保持自尊的同时，拓宽对家长参与教学的认识、尊重个体差异，就可以进一步支持学生的学习。

小结

- 对学生抱有较高的期望并向学生传达这些期望，可以极大地提高学生的学习动力，帮助他们成功。教师、家长和学生的三方期望，是学生参与学习的强大基础。

- 如果教师知道自己该做什么，就可以最大限度地维持教师对学生的期望。教师要采取相应措施提高学生的心理承受力，为学生应对困难工作提供情感和动力支撑。基于学生的潜力，教师提高学生心理承受力的方法包括：更多地关心学生，有针对性地对不同学生寄予不同的期望，给学生创造机会参与有意义的活动，等等。

- 如果学生能够学会建立积极的人际关系，并认为自己可以掌控自己的命运、有目的感，且擅长解决问题，那么他们的心理承受力就会提高。教师可以通过五种引导对话来加强这些保护因素。

- 家长和社区的期望是学生强大而稳定支撑体系的重要组成部分。教师应该重视家长和社区在学生学习教学内容和思维技能方面发挥的重要作用，从而帮助家长对学生保持高期望值。

参考文献

Achieve. (2009). Closing the expectations gap. American Diploma Project Network. Retrieved from www.achieve.org/files/50-state-2009.pdf

Beers, K. (2003). *When kids can't read: What teachers can do: A guide for teachers 6–12*. Portsmouth, NH: Heineman.

Benard, B., (2004) *Resiliency: What we have learned*. San Francisco, CA: WestED

De Jesus, A. & Antrop-Gonzalez, R. (2006). Instrumental relationships and high expectations: Exploring critical care in two Latino community-based schools. *Intercultural Education, 17*(3), 281–299.

McNeely, C., Nonemaker, J., & Blum, R. (2002). Promoting school connectedness: Evidence from the National Longitudinal Study of Adolescent Health. *Journal of School Health, 72*, 138–146.

Resilience Research Center. (2010). *What is resilience?* Retrieved from www.resilienceproject.org/

Resnick, M. D., Bearman, P. S., Blum, R. W., Bauman, K. E., Harris, K. M., Jones, J., et al. (1997). Protecting adolescents from harm: Findings from the national longitudinal study on adolescent health. *The Journal of the American Medical Association, 278*(10), 823–832. doi: 10.1001/jama.1997.03550100049038

Resnick, M. D., Ireland, M., & Borowsky, I. (2004). Youth violence perpetration: What protects? What predicts? Findings from the National Longitudinal Study of Adolescent Health. *Journal of Adolescent Health, 35*(424), e1–e10.

Ungar, M. (2005). Introduction: Resilience across cultures and contexts. In M. Ungar (Ed.). *Handbook for working with children and youth: Pathways to resilience across cultures and contexts* (pp. xv–xxxix). Thousand Oaks, CA: Sage Publication.

Wehlage, G. G., Rutter, R. A., Smith, G. A., Lesko, N., & Fernandez, R. R. (1989). *Reducing the risk: Schools as communities of support.* New York: Falmer Press.

Wentzel, K. R., & Wigfield, A. (1998). Academic and social motivational influences on students' academic performance. *Educational Psychology Review, 10,* 155–173.

Wlodkowski, R. J., & Ginsberg, M. B. (1995). *A framework for culturally responsive teaching. Educational Leadership, 53*(1), 17–21.

Yamamoto, Y., & Holloway, S. D. (2010). Parental expectations and children's academic performance in sociocultural context. *Educational Psychology Review, 22,* 189–214. doi: 10.1007/s10648-010-9121-z

Zhang, Y., Haddad, E., Torres, B., & Chen, C. (2011). The reciprocal relationship among parents' expectations, adolescents' expectations, and adolescents' achievement: A two-wave longitudinal analysis of the NELS Data. *Journal of Youth and Adolescence, 40,* 479–489. doi: 10.1007/s10964-010-9568-8

MiCOSA 教学法的支撑策略

章节	引导对话类型 或思维技能	本书介绍的策略 及其位置	培生集团 PDToolkit 网站 上的策略及其位置
第三章: 强化思维 的引导对话	目的互动型	● 感官联系 ● 快速记录 ● 研讨会	
	引导意义型	● 基于项目的学习 ● 拼图 ● 交换观点	
	衔接思维型	● 思维技能日志 ● 思维技能时间	
	自我调节型	● 选择"信息结构图" ● 用图表记录成功 ● 倾听你的心声 ● 与艺术相结合 ● 不要本末倒置	
	培养能力型	● 构建框架 ● MiCOSA 思维技能卡 ● 在白板上快速检验	
第四章: 收集信息 的思维技能	系统搜索	● 帮助学生确定目标 ● 提供预期性指南 ● 强化略读和浏览 ● 展示相关的事件 ● 利用电子游戏练习	● 夏洛克·福尔摩斯 ● 寻宝

续表

章节	引导对话类型 或思维技能	本书介绍的策略 及其位置	培生集团 PDToolkit 网站 上的策略及其位置
	保持专注	• 引导学生保持专注 • 支持学生保持专注 • 加强选择性保持专注的能力 • 通过信号转换注意力 • 帮助学生分散注意力	• 引导学生保持专注：准备好了吗？ • 支持学生保持专注：碎片 • 加强选择性保持专注的能力：少了什么？ • 通过信号转换注意力：图书发布会 • 帮助学生分散注意力：学生笔记：整合技术
	善用关键词	• 明确某些标签 • 在"单词配对"中发掘同源词 • 创建词汇库 • 列表、分组和贴标签 • 画出并解释概念 • 列出描述性词语 • 利用技术手段练习	• 摸口袋 • 词语介绍 • 精彩开头 • 找词根 • 定义概念
	比对多源信息	• 引导学生成功 • 延长思考时间 • 组织团队学习	• 非言语手段支持 • 资源搜索
	判断空间位置	• 根据记忆绘制地图 • 通过技术手段定位 • 识别空间标签 • 使用非语言手段 • 比较方向 • 缩短距离	• 动觉 • 感知工作 • 我们怎么到那里？ • 多远？ • 3D 模型
	把握时间位置	• 置身于图片中 • 构建时间线 • 识别时间线索 • 梳理主题句时间线 • 利用网络游戏辅助学习 • 创建信息结构图	• 时间标签 • 随时间变化 • 阅读时间 • 操纵时间 • 回到未来 • 接下来会发生什么？
	保持信息精准	• 从自然界汲取技能 • 使用转折性指示 • 指示性绘画	• 画出细节 • 电话树

续表

章节	引导对话类型 或思维技能	本书介绍的策略 及其位置	培生集团 PDToolkit 网站 上的策略及其位置
第五章： 转换信息的 思维技能	设定目标	● 设定个人目标 ● 确定每日目标 ● 制定进度表记录重大进展	● 职业准备目标 ● 目标海报
	制订计划	● 引入真实计划 ● 阐明"制订计划"的概念 ● 利用信息结构图制订计划 ● 创造制订计划的机会 ● 基于评估标准制订计划	● "阴谋诡计" ● 规划未来
	比较判断	● 利用范例引导学生理解 　"比较判断" ● 复制与改写 ● 解释某些属性 ● 非语言手段 ● 分享差异	● 摸口袋 ● 排除异类？ ● 比喻性语言 ● Me We Books
	排序分类	● 从基础开始 ● 厘清人物关系 ● 必备词汇和概念 ● 在家进行分类	● 主题句 ● 理清混乱局面 ● 谈话时间
	寻找关联	● 使用 KWHL 图表 ● 使用 Inspiration 等网络 　应用 ● 利用信息结构图 ● 促进自由联想 ● 开展类比游戏 ● 整合各类知识 ● 通过卡片加深关联 ● 讲述"缺了一颗钉"的 　故事	● 交换观点 ● 理清人物关系 ● 利用比喻性语言 ● 基于文本联想自我 　进行文本间转换 　基于文本联想世界
	视觉化	● 基于提示开展"视觉化" 　联想 ● 创作思维影片 ● 制作故事板 ● 向同学推荐书目 ● 画出旋律	● 看懂概念 ● 画出概念 ● 添加地标 ● 思维影片：续集 ● 放飞想象：公园历险记

续表

章节	引导对话类型 或思维技能	本书介绍的策略 及其位置	培生集团 PDToolkit 网站 上的策略及其位置
	逻辑推理	● 利用 Quia 网练习 ● 苏格拉底式问题研讨 ● 利用推理猜谜网站 ● 实施"深层"策略 深层策略 1：符号和手势 深层策略 2：标志 深层策略 3：图片 深层策略 4：文本	● 头脑宝藏 ● 背景提示 ● 问题答案点评 ● 阅读推理书籍
	因果假设	● 绘制线索图 ● "如果……"游戏 ● "因果配对"	● 问我原因 ● 原因或排序？ ● 从文学看因果关系 ● 浏览句子 ● 重温科学方法 ● SWBS
	归纳总结	● 利用组合技巧记笔记 ● 略读 ● 检索信息 ● "保留"与"剔除" ● 总结文章要点 ● 把总结画出来 ● 使用故事导图	● 解释分享 ● 记录总结 ● 强调总结 ● 练习总结 ● 故事导图 ● SWBS ● 制作信息结构图
第六章： 传达信息的 思维技能	善用关键词	● 真实的情境练习 ● 鼓励元认知写作 ● 合唱式朗读提升流畅度 ● 积极开展手工活动减少焦虑 ● 清除写作障碍 ● 共同写作 ● 借助故事袋 ● "分类词袋" ● 分享茶话会 ● 接力发言 ● 创造佳句	● 我的定义标签是什么？ ● 摸口袋 ● 由开头说开去 ● 词汇库 ● 列表、分组和贴标签 ● 复述 ● 口述故事导图 ● 语言经验法 ● 选择信息结构图 ● 复制变化 ● 谈话片段 ● 多重方案

续表

章节	引导对话类型或思维技能	本书介绍的策略及其位置	培生集团 PDToolkit 网站上的策略及其位置
第六章：传达信息的思维技能	精准表述	• 利用有意义的背景知识 • 调整节奏保持精准 • 培养精准的洞察力 • 构建精准表述模型 • 利用网上标点游戏	• 沙漏计时器 • 精准记忆 • 精准背景 • 错误！ • 约翰的来信
	恰当用语	• 角色扮演 • 示范恰当的语用策略 • 语用策略情景练习	• 有说服力的开头 • 对话和讲故事技巧
	调节反馈	• 使用记事簿 • 基于感觉进行检查 • 大声说出想法 • 设定个人目标 • 写反思日志（www.slideserve.com） • 制定自我调节标准 • 使用网上"教练" • 结合写作与绘画	• 阅读记录 • 监视我 • 鱼碗 • 行为记录 • 基于反馈的行动 • 修正反馈
	团队合作	• 纠正团队合作误区 • 认真倾听 • 分配拼图任务 • 利用技术手段 • 制定评估标准 • 合作完成文档 • 使用团队思维用语	• 协作氛围 • 结果 • 交换观点 • 家庭乐趣
第十一章：提高对学生的期望，增强学生心理承受力	社交能力：建立积极的关系		• 协作学习策略 • 拼图 • 寻找某人 • 相互检查（比较） • 演练社交技巧 • "很快"解决 • 能力培养 • 相互学习 • 民主辩论与讨论 • 专注倾听 • 放声大笑（LOL）

续表

章节	引导对话类型或思维技能	本书介绍的策略及其位置	培生集团 PDToolkit 网站上的策略及其位置
第十一章：提高对学生的期望，增强学生心理承受力	自我效能感：知道我行		• 待租用品 • 协作学习体验 • 我与问题：战斗不止 • 能力培养 • 我的选择 • 迈向成功
	目的感：知道我想要什么		• 英雄与灵感 • 猜猜是谁？ • 迁就一下我 • 培养自我效能感获得策略 • 今天和明天的目标 • 重构框架
	解决问题：找到解决问题的方法	• SWBS • 停下—观察—反思—关联	• 社会科学研究中的苏格兰式剧情法 • 深入、广泛、发人深省 • 与科学思维相联系 • 停下—观察—反思—关联 • SWBS • 将鸡蛋做熟的 N 种方法 • 深入调查

MiCOSA 学生思维技能调查表

学习者的自我认知：思维技能调查表

收集信息：当你需要为某项任务收集信息时，按照 1～4 分的标准，你会给自己的下列技能各打几分？1＝我没有运用该思维技能或用得不好，4＝我一直在运用该思维技能。

黄色	橙色	红色	绿色
1	2	3	4
用得不好	偶尔使用	经常使用	一直使用

1. 系统搜索

当我需要为某项任务收集信息时，我会寻找相关线索帮助自己收集信息。例如，我会阅读说明并查看标题和图表。（1 2 3 4）

2. 保持专注

a. 要开始一项新任务时，我马上就变得专注。（1 2 3 4）

b. 我会一直保持专注，直到收集完所需的所有信息。（1 2 3 4）

c. 当教室外有割草机或汽车噪声等干扰音时，我能保持专注。（1 2 3 4）

d. 当发生有人走进教室等干扰授课的行为时，我能够在走神后立即将注意力转移回课堂。（1 2 3 4）

e. 我能一边看着投影仪一边听老师讲课而不走神。（1 2 3 4）

3. 善用关键词

我能找到合适的词表达我的想法，能理解这些词背后的概念。我能理解同义词和反义词，知道很多词语有多个意思。我不会困惑于看到或听到的词语。

（1 2 3 4）

4. 比对多源信息

我能在脑海里比对多源信息并将其有效整合。（1 2 3 4）

5. 判断空间位置

我能比较形状和大小。我能理解方向和距离（远近）。我不会颠倒字母的顺序和形状，我能分清左右。（1 2 3 4）

6. 把握时间位置

我能理解过去（如小时、周、月、年、十年）的概念。我能理解首先、然后、突然、同时等过渡词。我能理解时间线，能制定时间表并按时完成作业。我通常很守时。（1 2 3 4）

7. 保持信息精准

我可以精确而准确地收集信息。例如，我能准确地阅读指令，正确地写出标识、数字、字母和词语。在数学课上，我可以准确画出柱状图。（1 2 3 4）

转换信息：当你完成某项任务或解决某个问题时，通常会如何运用这些技能帮助自己？你会给自己打几分？

黄色	橙色	红色	绿色
1	2	3	4
用得不好	偶尔使用	经常使用	一直使用

1. 设定目标

我会寻找并设定学习的目标。（1 2 3 4）

2. 制订计划

找到所需信息后，我会做好计划并按步骤工作，确保成功完成目标。

3. 比较判断

我会把当前的任务或问题与之前做过的进行比较。我知道所比较事物的特点。例如，我能比较读过的故事人物。

4. 排序分类

我能成功地对信息、物品、观点和数字进行排序、分组和分类，我能寻找和发现其中的模式或规律。（1 2 3 4）

5. 寻找关联

我能发现事物之间的联系。我能将过往经验与新观点联系起来，并寻找和发现其中的模式或规律。（1 2 3 4）

6. 视觉化

我能在脑海中想象画面，比如故事中的形象、观点或概念。我能基于新信息对画面做出修改。我能在脑海中记住这些画面并在日后进行应用。（1 2 3 4）

7. 逻辑推理

我能通过所见、所闻和所读得出逻辑结论。我能从过往经验中获得信息并利用这些信息做出决定。(1 2 3 4)

8. 因果

我可以寻找并理解因果关系（如果……那么……）。我可以预见某（些）行为的结果。(1 2 3 4)

9. 假设

我在脑海里思考各种可能性，比如："如果发生了……，那么结果会怎样?"（如果/那么）(1 2 3 4)

10. 归纳总结

我能把信息组合起来，整合关键要素，得出最终结论。(1 2 3 4)

传达信息：想想你的学习。想一想当你准备好说、写或展示自己的成果和观点时，会产生什么结果。按照 1～4 分的标准，你会给自己的下列技能各打几分？1＝我没有运用该思维技能或用得不好，4＝我一直在运用该思维技能。

黄色	橙色	红色	绿色
1	2	3	4
用得不好	偶尔使用	经常使用	一直使用

1. 善用关键词

我能理解表达自己观点所需的定义标签、词汇和概念，不需要搜索所需的词语。我能使用同义词而不重复使用相同词语，让读者或听众明白我表达的内容。(1 2 3 4)

2. 精准表述

我在必要时可以做到精准表述。例如，我可以选择恰当的词语来表达我的意思，我会考虑句子结构和标点。我在学习理科课程时能够保持数据精准。(1 2 3 4)

3. 恰当用语

和他人相处时，我会考虑说话的内容和时机。尽管他人可能不同意我的观点，但他们能理解我想表达的意思。我能紧紧围绕讨论话题与他人交流。我在乎他人的感受。(1 2 3 4)

4. 调节反馈

在完成工作之前我会对其进行检查。我很看重老师和同学的反馈。必要时我会尽力去改进。我会调整自己的学习或工作节奏来提高效率。遇到不掌握的知识点我会求助他人。(1 2 3 4)

5．团队合作

我在小组中或与同伴一起工作时可以轻松完成工作。我会倾听他人的观点并分享我的观点，通过向别人学习我会改变自己的观点。（1 2 3 4）

学习者的自我认知

1．社交能力——积极的人际关系

我和他人保持着积极的关系，有时他人会对我展示最好的一面。我真心关心他人，享受协作，面对困难时我能保持幽默。（1 2 3 4）

2．自我效能感——知道我行

我相信自己是一名很有能力的学习者。我可以独自轻松完成工作，但必要时也会求助他人。我渴望挑战。我会自我激励，不依靠老师鼓励完成自己的项目（任务）。（1 2 3 4）

3．目的感——人生方向

我能掌控自己的工作，对自己期望很高。我有自己的目标和梦想，动力强劲，决心坚定。（1 2 3 4）

4．善于解决问题

我有办法解决老师布置的问题，或工作和社交中遇到的问题。（1 2 3 4）

姓名＿＿＿＿＿＿＿＿　日期＿＿＿＿＿＿＿＿

课程＿＿＿＿＿＿＿＿＿＿＿＿＿＿＿＿

教师＿＿＿＿＿＿＿＿　时间＿＿＿＿＿＿＿＿

利用学生思维技能结构图（附件 C）记录调查结果。根据色彩编码（黄、橙、红、绿）将合适的颜色填到适当的位置。

学生思维技能结构图

说明：根据调查（附件 C 和 PDToolkit）获得的色彩编码，将合适的颜色填到合适的位置。你将利用该结构图记录自己的进步情况。

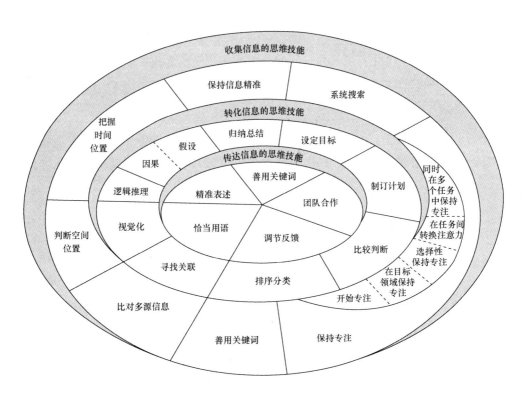

附件 D

原有知识和文化基础

学生姓名：＿＿＿＿性别：＿＿＿＿年级：＿＿＿＿年龄：＿＿＿＿

家长或老师：＿＿＿＿＿＿与学生关系：＿＿＿＿＿＿

采访人（如果有）：＿＿＿＿＿＿地点：＿＿＿＿＿＿

日期：＿＿＿＿＿＿语言一：＿＿＿＿＿＿语言二：＿＿＿＿＿＿

学生文化背景简介（比如，源文化、受源文化影响的深度、被当前文化同化程度）：＿＿＿＿＿＿＿＿＿＿＿＿＿＿＿＿＿＿＿＿＿＿＿＿＿＿＿＿＿＿

＿＿＿＿＿＿＿＿＿＿＿＿＿＿＿＿＿＿＿＿＿＿＿＿＿＿＿＿＿＿＿＿＿＿＿＿＿

您见证了学生本阶段的学习过程，应当了解学生如何思考、如何学习，以及如何解决问题。我想向您调查学生在学习中的强项和弱项，您不必回答所有问题，但任何分享都会给予我们莫大的帮助。

您发现学生成功学到了什么知识或技能：＿＿＿＿＿＿＿＿＿＿＿＿＿＿＿

您发现学生在学习中有哪些方面的困难：＿＿＿＿＿＿＿＿＿＿＿＿＿＿＿

1. 请回顾学生的学习过程（重点考虑前文提到的技能），根据＿＿＿＿＿＿接到新任务并为其收集信息的表现，按照 1～4 的评分标准（1＝学生感到困难，4＝学生表现优异）为其在以下方面的表现打分：

	评分（1 2 3 4）
在任务开始时会阅读说明并寻找提示	
新任务开始时能立刻集中精力	
在收集所需信息时一直保持专注	
在有干扰的情况下能保持专注	
受到打断或干扰后能迅速将注意力转移回工作中	

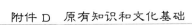

能一边阅读（听讲），一边做笔记	
掌握充足的词汇和概念来理解所读、所闻或表达自己的想法与问题	
脑海中能同时抓住两个或多个信息	
能明白大小、形状、距离和方向（如左、右、远、近）	
能理解时间概念，给时间排序，制定完成任务所需的弹性时间表	
能精准收集信息（如正确阅读标识、数字、词语和说明）	

补充问题或相关事例：＿＿＿＿＿＿＿＿＿＿＿＿＿＿＿＿＿＿＿＿

＿＿＿＿＿＿＿＿＿＿＿＿＿＿＿＿＿＿＿＿＿＿＿＿＿＿＿＿＿＿＿

＿＿＿＿＿＿＿＿＿＿＿＿＿＿＿＿＿＿＿＿＿＿＿＿＿＿＿＿＿＿＿

2. 根据＿＿＿＿＿＿＿＿完成任务或解决问题时转换信息的表现，请按照1～4 的评分标准（1＝学生感到困难，4＝学生表现优异）为其在以下学习和思维技能方面的表现打分：

	评分（1 2 3 4）
寻找并设定自己的学习目标	
规划完成任务或实现目标的步骤	
比较原有信息和新信息，或比较事物属性和特征	
对物品、观点和数字进行排序、分组和分类	
寻找关联	
在脑海中形成画面、观点或概念（视觉化）	
根据所见、所闻或所读得出逻辑结论（逻辑推理）	
发现因果关系（如果……那么……）	
提出假设或考虑替代选项（如果……那么……）	
善于整合要点，得出结论	

补充问题或相关事例：

＿＿＿＿＿＿＿＿＿＿＿＿＿＿＿＿＿＿＿＿＿＿＿＿＿＿＿＿＿＿＿

＿＿＿＿＿＿＿＿＿＿＿＿＿＿＿＿＿＿＿＿＿＿＿＿＿＿＿＿＿＿＿

＿＿＿＿＿＿＿＿＿＿＿＿＿＿＿＿＿＿＿＿＿＿＿＿＿＿＿＿＿＿＿

3. 请再思考一下＿＿＿＿＿＿＿＿传达信息的能力，请按照1～4 的评分标准（1＝学生感到困难，4＝学生表现优异）为其展示工作或表达观点的表现打分：

	评分（1 2 3 4）
掌握相关的词汇和概念，可以有意义地表达自己的观点，让读者和听众明白自己要表达的意思	
必要时能够做到精准表述（词汇选择、句子结构和标点符号）	
和他人谈话会考虑说话的内容和时机	
在完成工作前进行检查和自我修正，重视并接受他人的反馈	
协作时能够倾听他人意见，并分享自己的想法	

补充问题或相关事例：

_____

_____

_____

4. 学习者的自我认知和心理承受力：

	评分（1 2 3 4）
能与他人发展积极的关系，成全他人的成功；真诚地关心他人	
认为自己是有能力的学习者，能接受具有挑战性的任务，并进行自我激励	
感觉可以掌控自己的工作，有目标、有理想和很高的自我期望	
有能力解决在家里或社会遇到的问题	

补充问题或相关事例：

_____

_____

_____

5. 您还想让我知道关于孩子（学生）的哪些信息？

_____

_____

_____

_____

图书在版编目（CIP）数据

　　如何培养学生的批判性思维：写给教师的 MiCOSA 教学法/（美）卡罗尔·罗宾逊·萨纳图，（美）帕特丽西娅·多尔，（美）杰奎琳·波特曼著；祝莉丽译. --北京：中国人民大学出版社，2021.3
　　（教育新视野）
　　ISBN 978-7-300-29139-0

　　Ⅰ.①如… Ⅱ.①卡…②帕…③杰…④祝… Ⅲ.①教学法-研究 Ⅳ.①G424.1

　　中国版本图书馆 CIP 数据核字（2021）第 049908 号

教育新视野
如何培养学生的批判性思维：写给教师的 MiCOSA 教学法
　　卡罗尔·罗宾逊·萨纳图（Carol Robinson-Zañartu）
[美]帕特丽西娅·多尔（Patricia Doerr）　　　　　　　　　　　著
　　杰奎琳·波特曼（Jacqueline Portman）
祝莉丽　译
Ruhe Peiyang Xuesheng de Pipanxing Siwei

出版发行	中国人民大学出版社				
社　　址	北京中关村大街 31 号		**邮政编码**	100080	
电　　话	010 - 62511242（总编室）		010 - 62511770（质管部）		
	010 - 82501766（邮购部）		010 - 62514148（门市部）		
	010 - 62515195（发行公司）		010 - 62515275（盗版举报）		
网　　址	http://www.crup.com.cn				
经　　销	新华书店				
印　　刷	涿州市星河印刷有限公司				
规　　格	185 mm×260 mm　16 开本		**版　　次**	2021 年 3 月第 1 版	
印　　张	17.25 插页 1		**印　　次**	2021 年 3 月第 1 次印刷	
字　　数	324 000		**定　　价**	88.00 元	

尊敬的老师：

您好！

为了确保您及时有效地申请培生整体教学资源，请您务必完整填写如下表格，加盖学院的公章后传真给我们，我们将会在2-3个工作日内为您处理。

请填写所需教辅的开课信息：

采用教材			□中文版 □英文版 □双语版	
作　者		出版社		
版　次		ISBN		
课程时间	始于　年　月　日	学生人数		
	止于　年　月　日	学生年级	□专科　　□本科 1/2 年级 □研究生　□本科 3/4 年级	

请填写您的个人信息：

学　校				
院系/专业				
姓　名		职　称	□助教 □讲师 □副教授 □教授	
通信地址/邮编				
手　机		电　话		
传　真				
official email（必填） （eg：×××@ ruc. edu. cn）		email （eg：×××@ 163. com）		
是否愿意接受我们定期的新书讯息通知：　　□是　　　□否				

系/院主任：＿＿＿＿＿＿（签字）

（系/院办公室章）

＿＿＿＿年＿＿＿＿月＿＿＿＿日

资源介绍：

——教材、常规教辅（PPT、教师手册、题库等）资源：请访问 www. pearsonhighered. com/educator；　　（免费）

——MyLabs/Mastering 系列在线平台：适合老师和学生共同使用；访问需要 Access Code；　　（付费）

100013　北京市东城区北三环东路 36 号环球贸易中心 D 座 1208 室 100013

Please send this form to：copub. hed@ pearson. com

Website：www. pearson. com